기출로 합격까지

윤영기 기출문제

공인중개사법·중개실무 2차

박문각 공인중개사

이 책의 머리말

어느 시기, 어느 곳에서, 어떤 책으로 공부했든지 반드시 읽어야 할 필독서!

윤영기 교수의 기출문제집!

최근 공인중개사 자격시험의 전반적인 출제경향은 횟수를 거듭하면서 난이도가 높아져 일정한 수준을 유지하고 있습니다. 따라서 시험에 합격하기 위한 학습의 절대량이 필요하기 때문에 일반인들이 단기간에 간단히 공부해서는 합격하기 쉽지 않습니다.

이러한 변화에 발맞추어 본 과목도 단순한 암기형 문제보다는 종합적인 이해를 요구하는 문제, 판례 및 다른 법률의 지식을 반영한 문제가 다수 출제되고 있습니다. 타 과목에 비해 학습 부담이 적긴 하나 수험생 여러분의 고득점을 위해서는 기본이론의 철저한 이해를 기초로 한 다양한 유형의 문제풀이가 필수적이라 할 것입니다.

본 기출문제집은 적은 노력으로 고득점하는, 효율적이고 경제적인 수험준비로 공인중개사 시험에 합격하고자 하는 수험생분들의 욕구를 충족시키고자 다음과 같이 구성하였습니다.

01 ┃ 최근 10여 년간의 기출문제를 엄선하여 기본서의 목차에 부합하도록 배열함으로써 학습의 편의성을 도모하였습니다. 이에 기본서를 통하여 이론을 정립하신 분들이 필수서와 본서를 함께 공부한다면 보다 적은 노력으로 높은 효율을 얻을 수 있을 것입니다.

02 ┃ 목차에 따라 주제별로 대표 문제를 선정하여 상세한 해설로 분석·정리하였습니다. 대표 문제를 먼저 학습한 이후에 유사 기출문제들을 풀어볼 수 있도록 배치함으로써 보다 효과적으로 학습할 수 있도록 하였습니다.

03 ┃ 과거의 기출문제 중에서 최근의 출제경향과 부합하지 않는 문제들은 배제하고 제36회 시험을 대비하는 데 적합하도록 편성하여 고득점 할 수 있도록 하였습니다. 다만, 과거의 기출문제가 현재의 법령과 상이한 경우에는 현실에 맞게 수정하였습니다.

이상과 같이 구성된 본 문제집은 수험생 여러분의 제36회 시험 준비에 충분한 역할을 할 것이며, 각자에 맞는 효율적인 수험계획을 수립하여 이를 꾸준히 실천해 나간다면 합격이라는 좋은 결실을 맺을 것으로 믿습니다.

끝으로 수험생 여러분의 합격을 간절히 기원하며 본서의 출간에 아낌없는 노력을 기울여 주신 모든 분들의 노고에 진심으로 감사를 드립니다.

2025년 1월

윤영기 드림

CONTENTS

이 책의 차례

PART
01

공인중개사
법령

제1장 총 칙 · · · · 8

제2장 공인중개사제도 · · · · 18

제3장 중개사무소의 개설등록 · · · · 30

제4장 중개업무 · · · · 44

제5장 중개계약 및 부동산거래정보망 · · · · 79

제6장 개업공인중개사 등의 의무 · · · · 90

제7장 중개보수 및 실비 · · · · 114

제8장 보 칙 · · · · 124

제9장 공인중개사협회 · · · · 130

제10장 지도·감독 및 벌칙 · · · · 137

제1장 부동산거래신고제 · · · · 166

제2장 외국인 등의 부동산 취득 등 특례 · · · · 178

제3장 토지거래허가제 · · · · 183

PART

02

부동산
거래신고 등에
관한 법령

제1장 중개대상물의 조사 · 확인 · · · · 198

제2장 거래계약의 체결 · · · · 216

제3장 개별적 중개실무 · · · · 218

PART

03

중개실무

박믄각 공인중개사

제 1 장   총 칙
제 2 장   공인중개사제도
제 3 장   중개사무소의 개설등록
제 4 장   중개업무
제 5 장   중개계약 및 부동산거래정보망
제 6 장   개업공인중개사 등의 의무
제 7 장   중개보수 및 실비
제 8 장   보 칙
제 9 장   공인중개사협회
제10장   지도 · 감독 및 벌칙

공인중개사법령

제1절 | **용어의 정의**

 대표 문제

공인중개사법령에 관한 내용으로 틀린 것은? (다툼이 있으면 판례에 따름)   제30회

① 개업공인중개사에 소속된 공인중개사로서 중개업무를 수행하거나 개업공인중개사의 중개업무를 보조하는 자는 소속공인중개사이다.

② 개업공인중개사인 법인의 사원으로서 중개업무를 수행하는 공인중개사는 소속공인중개사이다.

③ 무등록 중개업자에게 중개를 의뢰한 거래당사자는 무등록 중개업자의 중개행위에 대하여 무등록 중개업자와 공동정범으로 처벌된다.

④ 개업공인중개사는 다른 개업공인중개사의 중개보조원 또는 개업공인중개사인 법인의 사원·임원이 될 수 없다.

⑤ 거래당사자간 지역권의 설정과 취득을 알선하는 행위는 중개에 해당한다.

해설 ③ 비록 거래당사자가 개설등록을 하지 아니한 중개업자에게 중개를 의뢰하거나 미등기 부동산의 전매에 대하여 중개를 의뢰하였다고 하더라도, 공인중개사법의 처벌규정들이 중개행위를 처벌 대상으로 삼고 있을 뿐이므로 그 중개의뢰행위 자체는 위 처벌규정들의 처벌 대상이 될 수 없으며, 또한 중개의뢰인의 중개의뢰행위를 중개업자의 중개행위와 동일시하여 중개행위에 관한 공동정범 행위로 처벌할 수도 없다고 해석하여야 한다(대판 2013도3246).

정답 ③

01 **공인중개사법령에서 사용하는 용어의 정의로 옳은 것은?** 제22회

① 공인중개사는 이 법에 의한 공인중개사자격을 취득하고 중개업을 영위하는 자를 말한다.

② 개업공인중개사는 이 법에 의하여 중개사무소의 개설등록을 한 공인중개사를 말한다.

③ 중개업은 다른 사람의 의뢰에 의하여 일정한 보수를 받고 중개를 업으로 행하는 것을 말한다.

④ 중개보조원은 공인중개사가 아닌 자로서 개업공인중개사에 소속되어 일반서무 및 중개업무를 수행하는 자를 말한다.

⑤ 소속공인중개사는 개업공인중개사에 소속된 공인중개사로서 개업공인중개사의 중개업무와 관련된 현장안내 및 단순한 업무를 보조하는 자를 말한다.

> 해설 ① '중개업을 영위하는'이라는 표현이 빠져야 옳다.
> ② '공인중개사'라는 표현이 빠져야 옳다.
> ④ '중개업무를 수행하는'이라는 표현이 빠져야 옳다.
> ⑤ '중개업무를 수행하거나'라는 표현이 들어가야 옳다.

02 **공인중개사법령상 용어에 관한 설명으로 옳은 것은?** 제34회

① 중개대상물을 거래당사자 간에 교환하는 행위는 '중개'에 해당한다.

② 다른 사람의 의뢰에 의하여 중개를 하는 경우는 그에 대한 보수를 받지 않더라도 '중개업'에 해당한다.

③ 개업공인중개사인 법인의 임원으로서 공인중개사인 자가 중개업무를 수행하는 경우에는 '개업공인중개사'에 해당한다.

④ 공인중개사가 개업공인중개사에 소속되어 개업공인중개사의 중개업무와 관련된 단순한 업무를 보조하는 경우에는 '중개보조원'에 해당한다.

⑤ 공인중개사 자격을 취득한 자는 중개사무소의 개설등록 여부와 관계없이 '공인중개사'에 해당한다.

> 해설 ① 중개대상물에 대해 거래당사자 간에 교환하는 행위 자체는 '중개'에 해당하지 않는다.
> ② 다른 사람의 의뢰에 의하여 '일정한 보수를 받고' 중개를 업으로 해야 '중개업'에 해당한다.
> ③ 개업공인중개사인 법인의 임원으로서 공인중개사인 자가 중개업무를 수행하더라도 개업공인중개사가 아니라 '소속공인중개사'에 해당한다.
> ④ 공인중개사가 개업공인중개사에 소속되어 개업공인중개사의 중개업무와 관련된 단순한 업무를 보조하는 경우에는 '소속공인중개사'에 해당한다.

정답 ▶ 01 ③ 02 ⑤

03 공인중개사법령상 용어의 설명으로 틀린 것은? 제33회

① 중개는 중개대상물에 대하여 거래당사자 간의 매매·교환·임대차 그 밖의 권리의 득실변경에 관한 행위를 알선하는 것을 말한다.

② 개업공인중개사는 이 법에 의하여 중개사무소의 개설등록을 한 자를 말한다.

③ 중개업은 다른 사람의 의뢰에 의하여 일정한 보수를 받고 중개를 업으로 행하는 것을 말한다.

④ 개업공인중개사인 법인의 사원 또는 임원으로서 공인중개사인 자는 소속공인중개사에 해당하지 않는다.

⑤ 중개보조원은 공인중개사가 아닌 자로서 개업공인중개사에 소속되어 개업공인중개사의 중개업무와 관련된 단순한 업무를 보조하는 자를 말한다.

> **해설** ④ 개업공인중개사인 법인의 사원 또는 임원으로서 공인중개사인 자도 소속공인중개사에 해당한다.

04 공인중개사법령상 용어의 정의로 틀린 것은? 제29회

① 개업공인중개사라 함은 공인중개사 자격을 가지고 중개를 업으로 하는 자를 말한다.

② 중개업이라 함은 다른 사람의 의뢰에 의하여 일정한 보수를 받고 중개를 업으로 행하는 것을 말한다.

③ 소속공인중개사라 함은 개업공인중개사에 소속된 공인중개사(개업공인중개사인 법인의 사원 또는 임원으로서 공인중개사인 자 포함)로서 중개업무를 수행하거나 개업공인중개사의 중개업무를 보조하는 자를 말한다.

④ 공인중개사라 함은 공인중개사 자격을 취득한 자를 말한다.

⑤ 중개라 함은 중개대상물에 대하여 거래당사자 간의 매매·교환·임대차 그 밖의 권리의 득실변경에 관한 행위를 알선하는 것을 말한다.

> **해설** ① 개업공인중개사라 함은 공인중개사법에 의하여 중개사무소의 개설등록을 한 자를 말하며, 부칙상 개업공인중개사는 공인중개사 자격이 없어도 개업공인중개사로 인정된다.

05 공인중개사법령상 용어와 관련된 설명으로 옳은 것을 모두 고른 것은? (다툼이 있으면 판례에 따름) 제27회

> ㉠ 개업공인중개사란 「공인중개사법」에 의하여 중개사무소의 개설등록을 한 자이다.
> ㉡ 소속공인중개사에는 개업공인중개사인 법인의 사원 또는 임원으로서 중개업무를 수행하는 공인중개사인 자가 포함된다.
> ㉢ 공인중개사로서 개업공인중개사에 고용되어 그의 중개업무를 보조하는 자도 소속 공인중개사이다.
> ㉣ 우연한 기회에 단 1회 임대차계약의 중개를 하고 보수를 받은 사실만으로는 중개 를 업으로 한 것이라고 볼 수 없다.

① ㉠, ㉡ ② ㉠, ㉢ ③ ㉠, ㉡, ㉣
④ ㉡, ㉢, ㉣ ⑤ ㉠, ㉡, ㉢, ㉣

해설 ㉠㉡㉢㉣ 모든 지문이 옳은 내용이다.

06 공인중개사법령상 용어와 관련된 설명으로 옳은 것은? (다툼이 있으면 판례에 따름) 제28회

① "공인중개사"에는 외국법에 따라 공인중개사 자격을 취득한 자도 포함된다.
② "중개업"은 다른 사람의 의뢰에 의하여 보수의 유무와 관계없이 중개를 업으로 행하는 것을 말한다.
③ 개업공인중개사인 법인의 사원으로서 중개업무를 수행하는 공인중개사는 "소속 공인중개사"가 아니다.
④ "중개보조원"은 개업공인중개사에 소속된 공인중개사로서 개업공인중개사의 중 개업무를 보조하는 자를 말한다.
⑤ 개업공인중개사의 행위가 손해배상책임을 발생시킬 수 있는 "중개행위"에 해당 하는지 여부는 객관적으로 보아 사회통념상 거래의 알선·중개를 위한 행위라고 인정되는지에 따라 판단해야 한다.

해설 ⑤ 중개행위에 해당하는지 여부는 개업공인중개사가 진정으로 거래당사자를 위하여 거래를 알선, 중개하려는 의사를 갖고 있었느냐고 하는 개업공인중개사의 주관적 의사에 의하여 결정할 것이 아니라 개업공인중개사의 행위를 객관적으로 보아 사회통념상 거래의 알선, 중개를 위한 행위라고 인정되는지 여부에 의하여 결정하여야 할 것이다(대판 94다47261).
① 외국법에 따라 자격을 취득한 자는 「공인중개사법」상 '공인중개사'에 해당하지 않는다.
② 보수를 받지 않는 무상중개의 경우는 중개업에 해당하지 않는다.
③ 개업공인중개사인 법인의 사원으로서 공인중개사인 자도 소속공인중개사이다.
④ 중개보조원은 '공인중개사가 아닌 자'로서 개업공인중개사에게 소속된 자이어야 한다.

정답 03 ④ 04 ① 05 ⑤ 06 ⑤

07 공인중개사법령상 용어와 관련된 설명으로 옳은 것은? (다툼이 있으면 판례에 따름)

제26회

① 법정지상권을 양도하는 행위를 알선하는 것은 중개에 해당한다.
② 반복, 계속성이나 영업성 없이 단 1회 건물매매계약의 중개를 하고 보수를 받은 경우 중개를 업으로 한 것으로 본다.
③ 외국의 법에 따라 공인중개사 자격을 취득한 자도 「공인중개사법」에서 정의하는 공인중개사로 본다.
④ 소속공인중개사란 법인인 개업공인중개사에 소속된 공인중개사만을 말한다.
⑤ 중개보조원이란 공인중개사가 아닌 자로서 개업공인중개사에 소속되어 중개대상물에 대한 현장안내와 중개대상물의 확인·설명의무를 부담하는 자를 말한다.

> **해설** ② 1회성 중개에 해당할 뿐 중개업에 해당하지 않는다.
> ③ 「공인중개사법」상 공인중개사에 해당하지 않는다.
> ④ 법인이 아닌 개업공인중개사에게 소속된 공인중개사도 소속공인중개사에 포함된다.
> ⑤ 중개보조원이 확인·설명의무를 부담하지는 않는다.

08 공인중개사법령상 중개업에 관한 설명으로 틀린 것은? (다툼이 있으면 판례에 의함)

제22회

① 타인의 의뢰에 의하여 보수를 받고 금전소비대차의 알선에 부수하여 부동산에 대한 저당권의 설정에 관한 행위의 알선을 업으로 한 경우 중개업에 해당한다.
② 개업공인중개사가 실제 계약당사자가 아닌 자에게 전세계약서를 작성·교부하여, 그가 이를 담보로 금전을 대여 받음으로써 대부업자에게 손해를 입힌 경우 주의의무 위반에 따른 손해배상책임이 있다.
③ 변호사가 중개업을 하고자 하는 경우 공인중개사법령상의 중개사무소 개설등록의 기준을 적용받아야 한다.
④ 우연한 기회에 1회 중개하고 보수를 받은 사실만으로는 알선·중개를 업으로 한 것으로 볼 수 없다.
⑤ 중개사무소 개설등록을 하지 않고 부동산거래를 중개한 자가 거래당사자들에게서 단지 보수를 받을 것을 약속하거나 요구하는 데 그친 경우라도 공인중개사법령상 처벌대상이 된다.

> **해설** ⑤ 단지 보수를 받을 것을 약속하거나 요구하는 데 그친 경우에는 처벌대상이 되지 않는다.

09 공인중개사법령상 용어와 관련된 설명으로 틀린 것은? (다툼이 있으면 판례에 의함)

① 법인인 개업공인중개사의 소속공인중개사는 그 개업공인중개사의 중개업무를 보조할 수 있다.

② 거래당사자 사이에 부동산에 관한 환매계약이 성립하도록 알선하는 행위도 중개에 해당한다.

③ 부동산 컨설팅에 부수하여 반복적으로 이루어진 부동산 중개행위는 중개업에 해당하지 않는다.

④ 공인중개사 자격취득 후 중개사무소 개설등록을 하지 않은 자는 개업공인중개사가 아니다.

⑤ 중개보조원이 개업공인중개사를 대신하여 특정 중개업무를 수행하였더라도 해당 거래계약서에 중개보조원을 개업공인중개사로 기재해서는 안 된다.

> **해설** ③ 중개업이 아닌 다른 사업에 부수하여 중개업을 영위하더라도 중개업에 당연히 해당한다.

10 공인중개사법령상 중개업에 관한 설명으로 옳은 것은? (다툼이 있으면 판례에 의함)

① 반복, 계속성이나 영업성이 없이 우연한 기회에 타인 간의 임야매매 중개행위를 하고 보수를 받은 경우, 중개업에 해당한다.

② 중개사무소의 개설등록을 하지 않은 자가 일정한 보수를 받고 중개를 업으로 행한 경우, 중개업에 해당하지 않는다.

③ 일정한 보수를 받고 부동산 중개행위를 부동산 컨설팅행위에 부수하여 업으로 하는 경우, 중개업에 해당하지 않는다.

④ 보수를 받고 오로지 토지만의 중개를 업으로 하는 경우, 중개업에 해당한다.

⑤ 타인의 의뢰에 의하여 일정한 보수를 받고 부동산에 대한 저당권설정행위의 알선을 업으로 하는 경우, 그 행위의 알선이 금전소비대차의 알선에 부수하여 이루어졌다면 중개업에 해당하지 않는다.

> **해설** ① 우연한 기회에 타인 간의 임야매매 중개행위를 하고 보수를 받은 경우, 중개업에 해당하지 않는다.
> ② 중개업이 성립하기 위한 개념요소에 등록 유무를 불문한다.
> ③ 일정한 보수를 받고 부동산 중개행위를 부동산 컨설팅행위에 부수하여 업으로 하는 경우에도 중개업에 해당한다.
> ⑤ 저당권설정행위의 알선을 업으로 하는 경우, 금전소비대차의 알선에 부수하여 이루어졌더라도 중개업에 해당한다.

정답 ▶ 07 ① 08 ⑤ 09 ③ 10 ④

제2절 중개대상물

 대표 문제

공인중개사법령상 중개대상물에 해당하는 것을 모두 고른 것은?   제29회

⊙ 특정 동·호수에 대하여 수분양자가 선정된 장차 건축될 아파트
ⓛ 「입목에 관한 법률」의 적용을 받지 않으나, 명인방법을 갖춘 수목의 집단
ⓒ 콘크리트 지반 위에 볼트조립방식으로 철제 파이프 기둥을 세우고 3면에 천막을 설치하여 주벽이라고 할 만한 것이 없는 세차장구조물
ⓔ 토지거래허가구역 내의 토지

① ⊙   ② ⊙, ⓔ   ③ ⓛ, ⓒ
④ ⊙, ⓛ, ⓔ   ⑤ ⓛ, ⓒ, ⓔ

해설 ⓒ 세차장구조물은 중개대상물에 해당하지 않는다. 콘크리트 지반 위에 볼트조립방식으로 철제 파이프 또는 철골 기둥을 세우고 지붕을 덮은 다음 삼면에 천막이나 유리를 설치한 세차장구조물은 주벽이라고 할 만한 것이 없고, 볼트만 해체하면 쉽게 토지로부터 분리·철거가 가능하므로 이를 토지의 정착물, 즉 건물이라 볼 수는 없을 것이다(대판 2008도9427).
⊙ 중개대상물로 규정된 '건물'에는 기존의 건축물뿐만 아니라 장래에 건축될 건물도 포함되어 있는 것으로 볼 것이므로, 아파트의 특정 동·호수에 대한 피분양자로 선정되거나 분양계약이 체결된 후에 특정 아파트에 대한 매매를 중개하는 행위 등은 중개대상물인 건물을 중개한 것으로 볼 것이다(대판 2004도62).
ⓛ 명인방법을 갖춘 수목의 집단은 토지와 독립하여 거래의 대상이 되는 토지의 정착물이므로 중개대상물에 해당한다(행정심판 2004−01961).
ⓔ 토지거래허가구역 내의 토지라 하더라도 거래가 가능하므로 중개대상물에 해당한다.

정답 ④

11 **공인중개사법령상 중개대상에 관한 설명으로 틀린 것은?**   제26회

① 중개대상물인 '건축물'에는 기존의 건축물뿐만 아니라 장차 건축될 특정의 건물도 포함될 수 있다.
② 공용폐지가 되지 아니한 행정재산인 토지는 중개대상물에 해당하지 않는다.
③ 「입목에 관한 법률」에 따라 등기된 입목은 중개대상물에 해당한다.
④ 주택이 철거될 경우 일정한 요건하에 택지개발지구 내에 이주자 택지를 공급받을 지위인 대토권은 중개대상물에 해당하지 않는다.
⑤ "중개"의 정의에서 말하는 '그 밖의 권리'에 저당권은 포함되지 않는다.

해설 ⑤ 저당권·전세권 등 포함된다.

12 개업공인중개사가 중개의뢰인에게 「입목에 관한 법률」상의 입목에 대해 설명한 내용으로 틀린 것은? 제20회

① 토지소유권 또는 지상권의 처분의 효력은 입목에 미치지 아니한다.

② 입목을 목적으로 하는 저당권의 효력은 입목을 벌채한 경우에 그 토지로부터 분리된 수목에 대하여는 미치지 않는다.

③ 입목의 경매 기타 사유로 인하여 토지와 그 입목이 각각 다른 소유자에게 속하게 되는 경우에는 토지소유자는 입목소유자에 대하여 지상권을 설정한 것으로 본다.

④ 입목에 관한 등기에 관하여 이 법에 특별한 규정이 있는 경우를 제외하고는 「부동산등기법」을 준용한다.

⑤ 지상권자에게 속하는 입목이 저당권의 목적이 되어 있는 경우에는 지상권자는 저당권자의 승낙없이 그 권리를 포기하거나 계약을 해지할 수 없다.

해설 ② 입목을 목적으로 하는 저당권의 효력은 입목을 벌채한 경우에 그 토지로부터 분리된 수목에 대하여 미친다.

13 공인중개사법령상 중개대상에 해당하는 것을 모두 고른 것은? (다툼이 있으면 판례에 따름) 제31회

> ㉠ 「공장 및 광업재단 저당법」에 따른 공장재단
> ㉡ 영업용 건물의 영업시설·비품 등 유형물이나 거래처, 신용 등 무형의 재산적 가치
> ㉢ 가압류된 토지
> ㉣ 토지의 정착물인 미등기 건축물

① ㉠   ② ㉠, ㉡   ③ ㉠, ㉢, ㉣

④ ㉡, ㉢, ㉣   ⑤ ㉠, ㉡, ㉢, ㉣

해설 ㉡ 영업용 건물의 영업시설·비품 등 유형물이나 거래처, 신용, 영업상의 노하우 또는 점포 위치에 따른 영업상의 이점 등 무형의 재산적 가치는 중개대상물이라고 할 수 없다(대판 2005도6054).

정답 11 ⑤   12 ②   13 ③

14 공인중개사법령상 중개대상물이 될 수 없는 것을 모두 고른 것은? (다툼이 있으면 판례에 의함)

제25회

> ㉠ 20톤 이상의 선박
> ㉡ 콘크리트 지반 위에 쉽게 분리·철거가 가능한 볼트조립방식으로 철제 파이프 기둥을 세우고 지붕을 덮은 다음 3면에 천막을 설치한 세차장구조물
> ㉢ 거래처, 신용, 영업상의 노하우 또는 점포 위치에 따른 영업상의 이점 등 무형의 재산적 가치
> ㉣ 주택이 철거될 경우 일정한 요건하에 택지개발지구 내에 이주자 택지를 공급받을 지위인 대토권

① ㉠, ㉡   ② ㉢, ㉣
③ ㉠, ㉡, ㉣   ④ ㉡, ㉢, ㉣
⑤ ㉠, ㉡, ㉢, ㉣

해설 ⑤ ㉠㉡㉢㉣ 모두 중개대상물이 될 수 없다.

15 공인중개사법령상 중개대상물에 해당하는 것을 모두 고른 것은? (다툼이 있으면 판례에 따름)

제34회

> ㉠ 근저당권이 설정되어 있는 피담보채권
> ㉡ 아직 완성되기 전이지만 동·호수가 특정되어 분양계약이 체결된 아파트
> ㉢ 「입목에 관한 법률」에 따른 입목
> ㉣ 점포 위치에 따른 영업상의 이점 등 무형의 재산적 가치

① ㉠, ㉣   ② ㉡, ㉢
③ ㉡, ㉣   ④ ㉠, ㉡, ㉢
⑤ ㉠, ㉢, ㉣

해설 ㉠ 근저당권은 중개대상이 될 수 있으나, 피담보채권은 중개대상에 해당하지 않는다.
㉣ 점포 위치에 따른 영업상의 이점 등 무형의 재산적 가치는 중개대상물이 아니다(판례).

16 공인중개사법령상 중개대상물에 해당하는 것은? (다툼이 있으면 판례에 의함)

① 토지에서 채굴되지 않은 광물
② 영업상 노하우 등 무형의 재산적 가치
③ 토지로부터 분리된 수목
④ 지목(地目)이 양어장인 토지
⑤ 주택이 철거될 경우 일정한 요건하에 택지개발지구 내 이주자택지를 공급받을 수 있는 지위

해설 ① 국유재산으로서 중개대상물에 해당되지 않는다.
②③⑤ 중개대상물에 해당되지 않는다.

17 공인중개사법령상 중개대상물에 해당하는 것을 모두 고른 것은? (다툼이 있으면 판례에 따름)

> ㉠ 동·호수가 특정되어 분양계약이 체결된 아파트분양권
> ㉡ 기둥과 지붕 그리고 주벽이 갖추어진 신축 중인 미등기상태의 건물
> ㉢ 아파트 추첨기일에 신청하여 당첨되면 아파트의 분양예정자로 선정될 수 있는 지위인 입주권
> ㉣ 주택이 철거될 경우 일정한 요건하에 택지개발지구 내에 이주자택지를 공급받을 지위인 대토권

① ㉠, ㉡   ② ㉡, ㉢   ③ ㉢, ㉣
④ ㉠, ㉡, ㉣   ⑤ ㉠, ㉡, ㉢, ㉣

해설 ㉢ 특정한 아파트에 입주할 수 있는 권리가 아니라 아파트에 대한 추첨기일에 신청을 하여 당첨이 되면 아파트의 분양예정자로 선정될 수 있는 지위를 가리키는 데에 불과한 입주권은 중개대상물인 건물에 해당한다고 보기 어렵다(대판 90도1287).
㉣ 대토권은 주택이 철거될 경우 일정한 요건하에 택지개발지구 내에 이주자택지를 공급받을 지위에 불과하고 특정한 토지나 건물 기타 정착물 또는 법 시행령이 정하는 재산권 및 물건에 해당한다고 볼 수 없으므로 중개대상물에 해당하지 않는다(대판 2011다23682).

정답 14 ⑤   15 ②   16 ④   17 ①

공인중개사제도

제1절 **공인중개사 자격제도**

 대표 문제

1. 공인중개사법령상 공인중개사 정책심의위원회의 공인중개사 업무에 관한 심의사항에 해당하는 것을 모두 고른 것은? 제33회

> ⊙ 공인중개사의 시험 등 공인중개사의 자격취득에 관한 사항
> ⓒ 부동산 중개업의 육성에 관한 사항
> ⓒ 중개보수 변경에 관한 사항
> ⓔ 손해배상책임의 보장 등에 관한 사항

① ⊙　　　　② ⓒ, ⓒ　　　　③ ⓒ, ⓔ　　　　④ ⊙, ⓒ, ⓔ　　　　⑤ ⊙, ⓒ, ⓒ, ⓔ

해설 ⑤ 모두 공인중개사 정책심의위원회의 심의사항에 해당한다.

정답 ⑤

2. 공인중개사법령상 공인중개사자격시험 등에 관한 설명으로 옳은 것은? 제30회

① 국토교통부장관이 직접 시험을 시행하려는 경우에는 미리 공인중개사 정책심의위원회의 의결을 거치지 않아도 된다.
② 공인중개사자격증의 재교부를 신청하는 자는 재교부신청서를 국토교통부장관에게 제출해야 한다.
③ 국토교통부장관은 공인중개사시험의 합격자에게 공인중개사자격증을 교부해야 한다.
④ 시험시행기관장은 시험에서 부정한 행위를 한 응시자에 대하여는 그 시험을 무효로 하고, 그 처분이 있은 날부터 5년간 시험응시자격을 정지한다.
⑤ 시험시행기관장은 시험을 시행하고자 하는 때에는 시험시행에 관한 개략적인 사항을 전년도 12월 31일까지 관보 및 일간신문에 공고해야 한다.

해설 ① 미리 공인중개사 정책심의위원회의 의결을 거쳐야 한다.
　　② "국토교통부장관"이 아닌 "시·도지사"에게 제출해야 한다.
　　③ "국토교통부장관"이 아닌 "시·도지사"가 공인중개사자격증을 교부해야 한다.
　　⑤ 시험시행에 관한 개략적인 사항은 당해 연도 2월 말일까지 관보 및 일간신문에 공고해야 한다.

정답 ④

01 공인중개사법령상 공인중개사 정책심의위원회(이하 '위원회'라 함)에 관한 설명으로 옳은 것을 모두 고른 것은? 제32회

> ㉠ 위원회는 중개보수 변경에 관한 사항을 심의할 수 있다.
> ㉡ 위원회는 위원장 1명을 포함하여 7명 이상 11명 이내의 위원으로 구성한다.
> ㉢ 위원장은 국토교통부장관이 된다.
> ㉣ 위원장이 부득이한 사유로 직무를 수행할 수 없을 때에는 위원 중에서 호선된 자가 그 직무를 대행한다.

① ㉠, ㉡
② ㉠, ㉢
③ ㉢, ㉣
④ ㉠, ㉡, ㉢
⑤ ㉠, ㉡, ㉣

해설 ㉠㉡ 옳은 내용이다.
㉢ 위원장은 국토교통부 제1차관이 된다.
㉣ 위원 중에서 호선된 자가 ⇨ 위원장이 미리 지명한 자가

02 공인중개사법령상 공인중개사 정책심의위원회(이하 '위원회'라 함)에 관한 설명으로 틀린 것은? 제34회

① 위원은 위원장이 임명하거나 위촉한다.
② 심의사항에는 중개보수 변경에 관한 사항이 포함된다.
③ 위원회에서 심의한 사항 중 공인중개사의 자격취득에 관한 사항의 경우 시·도지사는 이에 따라야 한다.
④ 위원장 1명을 포함하여 7명 이상 11명 이내의 위원으로 구성한다.
⑤ 위원이 속한 법인이 해당 안건의 당사자의 대리인이었던 경우 그 위원은 위원회의 심의·의결에서 제척된다.

해설 ① 위원은 국토교통부장관이 임명하거나 위촉한다.

정답 01 ① 02 ①

03 공인중개사법령상 공인중개사 정책심의위원회에 관한 설명으로 틀린 것은?

제27회

① 위원장은 국토교통부 제1차관이 된다.
② 심의위원회는 위원장 1명을 포함하여 7명 이상 11명 이내의 위원으로 구성한다.
③ 심의위원회에서 중개보수 변경에 관한 사항을 심의한 경우 시·도지사는 이에 따라야 한다.
④ 심의위원회 위원이 해당 안건에 대하여 연구, 용역 또는 감정을 한 경우 심의위원회의 심의·의결에서 제척된다.
⑤ 위원장이 부득이한 사유로 직무를 수행할 수 없을 때에는 위원장이 미리 지명한 위원이 그 직무를 대행한다.

해설 ③ 심의위원회에서 공인중개사시험 등 공인중개사의 자격취득에 관한 사항을 정하는 경우 시·도지사는 이에 따라야 하는 것이나, 중개보수 변경에 관한 사항을 심의한 경우에는 그러하지 아니하다.

04 공인중개사법령상 공인중개사 정책심의위원회의 소관사항이 아닌 것은? 제28회

① 중개보수 변경에 관한 사항의 심의
② 공인중개사협회의 설립인가에 관한 의결
③ 심의위원에 대한 기피신청을 받아들일 것인지 여부에 관한 의결
④ 국토교통부장관이 직접 공인중개사자격시험 문제를 출제할 것인지 여부에 관한 의결
⑤ 부득이한 사정으로 당해 연도의 공인중개사자격시험을 시행하지 않을 것인지 여부에 관한 의결

해설 ② 공인중개사협회의 설립 인가권자는 국토교통부장관으로서 그 인가 여부는 공인중개사 정책심의위원회의 소관사항이 아니다.

05 공인중개사법령상 공인중개사 정책심의위원회에 관한 설명으로 틀린 것은?

제30회

① 국토교통부에 심의위원회를 둘 수 있다.
② 심의위원회는 위원장 1명을 포함하여 7명 이상 11명 이내의 위원으로 구성한다.
③ 심의위원회의 위원이 해당 안건에 대하여 자문을 한 경우 심의위원회의 심의·의결에서 제척된다.
④ 심의위원회 위원장이 부득이한 사유로 직무를 수행할 수 없을 때에는 부위원장이 그 직무를 대행한다.
⑤ 심의위원회의 회의는 제적위원 과반수의 출석으로 개의(開議)하고, 출석위원 과반수의 찬성으로 의결한다.

해설 ④ 위원장이 부득이한 사유로 직무를 수행할 수 없을 때에는 위원장이 미리 지명한 위원이 그 직무를 대행한다.

06 공인중개사법령상 공인중개사 정책심의위원회(이하 "위원회"라 함)에 관한 설명으로 옳은 것은?

제35회

① 위원회는 국무총리 소속으로 한다.
② 손해배상책임의 보장에 관한 사항은 위원회의 심의사항에 해당하지 않는다.
③ 위원회 위원장은 위원이 제척사유에 해당하는 데에도 불구하고 회피하지 아니한 경우에는 해당 위원을 해촉할 수 있다.
④ 위원회에서 심의한 중개보수 변경에 관한 사항의 경우 시·도지사는 이에 따라야 한다.
⑤ 국토교통부장관이 직접 공인중개사자격시험을 시행하려는 경우에는 위원회의 의결을 미리 거쳐야 한다.

해설 ① 위원회는 국토교통부 소속으로 한다.
② 손해배상책임의 보장에 관한 사항은 위원회의 심의사항에 해당한다.
③ 국토교통부장관이 위원을 해촉할 수 있다.
④ 법적 근거가 없는 내용이다.

정답 ▶ 03 ③ 04 ② 05 ④ 06 ⑤

07 공인중개사법령상 공인중개사에 관한 설명으로 틀린 것은? 제20회

① 시·도지사는 시험합격자의 결정 공고일부터 1개월 이내에 공인중개사자격증을 교부해야 한다.

② 공인중개사자격증교부대장은 전자적 처리가 불가능한 특별한 사유가 없으면 전자적 처리가 가능한 방법으로 작성·관리해야 한다.

③ 자격증 교부 시·도지사와 사무소 소재지 관할 시·도지사가 다른 경우 자격증 교부 시·도지사가 자격취소처분에 필요한 절차를 모두 이행한 후 사무소 소재지 관할 시·도지사에게 통보해야 한다.

④ 시·도지사가 공인중개사의 자격취소처분을 한 때에는 5일 이내에 이를 국토교통부장관에게 보고하고 다른 시·도지사에게 통지해야 한다.

⑤ 폐업신고 후 1년 이내에 중개사무소의 개설등록을 다시 신청하려는 자는 시·도지사가 실시하는 실무교육을 받지 않아도 된다.

해설 ③ 자격증 교부한 시·도지사와 사무소 소재지 관할 시·도지사가 서로 다른 경우 사무소 관할 시·도지사가 자격취소처분에 필요한 절차를 모두 이행한 후 자격증 교부한 시·도지사에게 통보해야 한다.

08 공인중개사법령상 공인중개사자격증에 관한 설명으로 틀린 것은? 제33회

① 시·도지사는 공인중개사자격시험 합격자의 결정·공고일부터 2개월 이내에 시험합격자에게 공인중개사자격증을 교부해야 한다.

② 공인중개사자격증의 재교부를 신청하는 자는 재교부신청서를 자격증을 교부한 시·도지사에게 제출해야 한다.

③ 공인중개사자격증의 재교부를 신청하는 자는 해당 지방자치단체의 조례로 정하는 바에 따라 수수료를 납부해야 한다.

④ 공인중개사는 유·무상 여부를 불문하고 자기의 공인중개사자격증을 양도해서는 아니된다.

⑤ 공인중개사가 아닌 자로서 공인중개사 명칭을 사용한 자는 1년 이하의 징역 또는 1천만원 이하의 벌금에 처한다.

해설 ① 2개월 이내에 ⇨ 1개월 이내에

09 **공인중개사법령상 공인중개사자격시험과 자격제도에 관한 설명으로 틀린 것은?**

제22회

① 이 시험은 국토교통부장관이 시행하는 것이 원칙이나 예외적으로 시·도지사가 시행할 수 있다.

② 이 시험의 응시원서 접수마감일의 다음 날부터 7일 이내에 접수를 취소한 자는 납입한 수수료의 100분의 60을 반환받을 수 있다.

③ 이 시험은 매년 1회 이상 시행해야 하나, 부득이한 사정이 있는 경우 공인중개사 정책심의위원회의 의결을 거쳐 당해 연도에는 시행하지 않을 수 있다.

④ 공인중개사 정책심의위원회의 구성 및 운영 등에 관하여 필요한 사항은 대통령령으로 정한다.

⑤ 공인중개사 자격이 취소된 자는 그 자격이 취소된 후 3년이 경과되어야 공인중개사가 될 수 있다.

해설 ① 시험시행기관의 장은 원칙적으로 시·도지사이며, 예외적으로 국토교통부장관이다.

정답 07 ③ 08 ① 09 ①

제2절 | 자격증의 양도·대여 및 사칭

 대표 문제

공인중개사법령상 공인중개사 등에 관한 설명으로 틀린 것은? 제31회

① 공인중개사의 자격이 취소된 후 3년이 지나지 아니한 자는 중개보조원이 될 수 없다.
② 공인중개사는 자기의 공인중개사자격증을 무상으로도 대여해서는 안 된다.
③ 자격정지처분을 받은 날부터 6개월이 경과한 공인중개사는 법인인 개업공인중개사의 임원이 될 수 있다.
④ 다른 사람에게 자기의 성명을 사용하여 중개업무를 하게 한 경우에는 자격정지처분사유에 해당한다.
⑤ 공인중개사가 아닌 자는 공인중개사 또는 이와 유사한 명칭을 사용하지 못한다.

해설 ④ 다른 사람에게 자기의 성명을 사용하여 중개업무를 하게 한 경우에는 자격취소사유에 해당한다.

정답 ④

10 공인중개사법령상 공인중개사자격증 등에 관한 설명으로 옳은 것은? (다툼이 있으면 판례에 의함) 제24회

① 공인중개사 자격증은 특정 업무를 위하여 일시적으로 대여할 수 있다.
② 무자격자인 乙이 공인중개사인 甲명의의 중개사무소에서 동업형식으로 중개업무를 한 경우 乙은 형사처벌의 대상이 된다.
③ 공인중개사자격증을 대여 받은 자가 임대차의 중개를 의뢰한 자와 직접 거래당사자로서 임대차계약을 체결하는 것도 중개행위에 해당한다.
④ 무자격자가 공인중개사의 업무를 수행하였는지 여부는 실질적으로 무자격자가 공인중개사의 명의를 사용하여 업무를 수행하였는지 여부에 상관없이 외관상 공인중개사가 직접 업무를 수행하는 형식을 취하였는지 여부에 따라 판단해야 한다.
⑤ 무자격자가 자신의 명함에 중개사무소 명칭을 '부동산뉴스', 그 직함을 '대표'라고 기재하여 사용하였더라도, 이를 공인중개사와 유사한 명칭을 사용한 것이라고 볼 수 없다.

해설 ② 무자격자 乙이 중개업무를 주도적으로 수행한 경우라면 처벌대상이 된다.
① 자격증은 일시적으로도 양도·대여하여서는 아니 된다.
③ 중개행위란 타인 간의 부동산 거래계약을 알선하는 것으로 본 사안은 중개행위에 해당하지 않으며, 자격증 대여에 해당할 뿐이다.
④ 무자격자가 공인중개사 업무를 수행하였는지 여부는 형식적 기준으로 판단하는 것이 아니라 실질적인 기준으로 판단한다.
⑤ 공인중개사와 유사한 명칭을 사용한 것으로 볼 수 있다.

11 공인중개사법령상 공인중개사의 자격 및 자격증 등에 관한 설명으로 틀린 것은?
(다툼이 있으면 판례에 따름) 제27회

① 시·도지사는 공인중개사자격시험 합격자의 결정·공고일부터 2개월 이내에 시험 합격자에 관한 사항을 공인중개사자격증교부대장에 기재한 후 자격증을 교부하여야 한다.

② 공인중개사의 자격이 취소된 후 3년이 경과되지 아니한 자는 공인중개사가 될 수 없다.

③ 공인중개사자격증의 재교부를 신청하는 자는 재교부신청서를 자격증을 교부한 시·도지사에게 제출해야 한다.

④ 공인중개사자격증의 대여란 다른 사람이 그 자격증을 이용하여 공인중개사로 행세하면서 공인중개사의 업무를 행하려는 것을 알면서도 그에게 자격증 자체를 빌려주는 것을 말한다.

⑤ 공인중개사가 다른 사람에게 자기의 성명을 사용하여 중개업무를 하게 한 경우, 시·도지사는 그 자격을 취소해야 한다.

해설 ① 2개월 이내에 ⇨ 1개월 이내에

12 공인중개사법령상 공인중개사 자격·자격증, 중개사무소등록증에 관한 설명으로 틀린 것은? (다툼이 있으면 판례에 따름) 제26회

① 자격증 대여행위는 유·무상을 불문하고 허용되지 않는다.

② 자격을 취득하지 않은 자가 자신의 명함에 '부동산뉴스(중개사무소의 상호임) 대표' 라는 명칭을 기재하여 사용한 것은 공인중개사와 유사한 명칭을 사용한 것에 해당한다.

③ 공인중개사가 자기 명의로 개설등록을 마친 후 무자격자에게 중개사무소의 경영에 관여하게 하고 이익을 분배하였더라도 그 무자격자에게 부동산거래 중개행위를 하도록 한 것이 아니라면 등록증 대여행위에 해당하지 않는다.

④ 개업공인중개사가 등록증을 타인에게 대여한 경우 공인중개사 자격의 취소사유가 된다.

⑤ 자격증이나 등록증을 타인에게 대여한 자는 1년 이하의 징역 또는 1천만원 이하의 벌금에 처한다.

해설 ④ 자격취소사유가 아니라 등록취소사유에 해당한다.

정답 10 ② 11 ① 12 ④

제3절 개업공인중개사 등의 교육

 대표 문제

공인중개사법령상 개업공인중개사 등의 교육에 관한 설명으로 틀린 것은? 제28회

① 실무교육은 그에 관한 업무의 위탁이 없는 경우 시·도지사가 실시한다.
② 연수교육을 실시하려는 경우 그 교육의 일시·장소를 관보에 공고한 후 대상자에게 통지해야 한다.
③ 실무교육을 받은 개업공인중개사 및 소속공인중개사는 그 실무교육을 받은 후 2년마다 연수교육을 받아야 한다.
④ 직무교육의 교육시간은 3시간 이상 4시간 이하로 한다.
⑤ 국토교통부장관, 시·도지사 및 등록관청은 필요하다고 인정하면 개업공인중개사 등의 부동산거래사고 예방을 위한 교육을 실시할 수 있다.

해설 ② 연수교육의 경우 교육대상자에게 통지하면 되고, 사전에 관보에 공고함은 법적 근거가 없다.

정답 ②

---

13 공인중개사법령상 개업공인중개사 등의 교육에 관한 설명으로 틀린 것은?

제24회

① 중개사무소의 개설등록을 신청하려는 공인중개사는 28시간 이상 32시간 이하의 실무교육을 받아야 한다.
② 폐업신고 후 1년 이내에 중개사무소의 개설등록을 다시 신청하려는 자는 실무교육이 면제된다.
③ 공인중개사가 중개사무소의 개설등록을 신청하려는 경우 등록신청일 전 1년 이내에 법인인 개업공인중개사가 실시하는 실무교육을 받아야 한다.
④ 시·도지사가 법령에 따른 연수교육을 실시하려는 경우에는 실무교육 또는 연수교육을 받은 후 2년이 되기 2개월 전까지 일시·장소·내용을 교육대상자에게 통지해야 한다.
⑤ 분사무소 설치신고의 경우에는 그 분사무소의 책임자가 그 신고일 전 1년 이내에 실무교육을 받아야 한다.

해설 ③ 실무교육의 실시권자는 법인인 개업공인중개사가 아니라 시·도지사이다.

14 공인중개사법령상 개업공인중개사 등의 교육에 관한 설명으로 옳은 것을 모두 고른 것은? (단, 다른 법률의 규정은 고려하지 않음) 　제29회

> ㉠ 실무교육을 받는 것은 중개사무소 개설등록의 기준에 해당한다.
> ㉡ 개업공인중개사로서 폐업신고를 한 후 1년 이내에 소속공인중개사로 고용신고를 하려는 자는 실무교육을 받아야 한다.
> ㉢ 연수교육의 교육시간은 28시간 이상 32시간 이하이다.
> ㉣ 연수교육을 정당한 사유 없이 받지 않으면 500만원 이하의 과태료를 부과한다.

① ㉠, ㉡
② ㉠, ㉣
③ ㉡, ㉢
④ ㉠, ㉢, ㉣
⑤ ㉡, ㉢, ㉣

해설 ㉡ 폐업신고 후 1년 내에 소속공인중개사로 고용신고를 하려는 자는 실무교육을 받지 않아도 된다.
㉢ 연수교육시간은 12시간 이상 16시간 이하로 한다.

15 공인중개사법령상 개업공인중개사 등의 교육에 관한 설명으로 옳은 것은? (단, 다른 법률의 규정은 고려하지 않음) 　제31회

① 중개사무소 개설등록을 신청하려는 법인의 공인중개사가 아닌 사원은 실무교육 대상이 아니다.
② 개업공인중개사가 되려는 자의 실무교육시간은 26시간 이상 32시간 이하이다.
③ 중개보조원이 받는 실무교육에는 부동산 중개 관련 법·제도의 변경사항이 포함된다.
④ 국토교통부장관, 시·도지사, 등록관청은 개업공인중개사 등에 대한 부동산거래사고 예방 등의 교육을 위하여 교육 관련 연구에 필요한 비용을 지원할 수 있다.
⑤ 소속공인중개사는 2년마다 국토교통부장관이 실시하는 연수교육을 받아야 한다.

해설 ① 법인의 사원은 공인중개사 자격 유무 불문하고 전원이 실무교육 대상이다.
② 개업공인중개사가 되려는 자의 실무교육시간은 28시간 이상 32시간 이하이다.
③ 중개보조원은 실무교육이 아닌 직무교육 대상이다.
⑤ 소속공인중개사는 2년마다 시·도지사가 실시하는 연수교육을 받아야 한다.

정답 　13 ③　14 ②　15 ④

16 공인중개사법령상 개업공인중개사 등의 교육에 관한 설명으로 틀린 것은? 제25회

① 실무교육과 연수교육은 시·도지사가 실시한다.
② 실무교육의 교육시간은 28시간 이상 32시간 이하이다.
③ 실무교육을 실시하려는 경우 교육실시기관은 교육일 7일 전까지 교육의 일시·장소·내용 등을 대상자에게 통지해야 한다.
④ 실무교육을 받은 개업공인중개사 및 소속공인중개사는 실무교육을 받은 후 2년마다 12시간 이상 16시간 이하의 연수교육을 받아야 한다.
⑤ 중개보조원이 고용관계 종료신고 후, 1년 이내에 다시 고용신고 될 경우에는 직무교육을 받지 않아도 된다.

> 해설 ③ 실무교육의 사전통지는 법적 근거가 없는 내용이다.

17 공인중개사법령상 개업공인중개사 등의 교육 등에 관한 설명으로 옳은 것은?

제34회

① 폐업신고 후 400일이 지난 날 중개사무소의 개설등록을 다시 신청하려는 자는 실무교육을 받지 않아도 된다.
② 중개보조원의 직무수행에 필요한 직업윤리에 대한 교육시간은 5시간이다.
③ 시·도지사는 연수교육을 실시하려는 경우 실무교육 또는 연수교육을 받은 후 2년이 되기 2개월 전까지 연수교육의 일시·장소·내용 등을 대상자에게 통지하여야 한다.
④ 부동산 중개 및 경영 실무에 대한 교육시간은 36시간이다.
⑤ 시·도지사가 부동산거래사고 예방을 위한 교육을 실시하려는 경우에는 교육일 7일 전까지 교육일시·교육장소 및 교육내용을 교육대상자에게 통지하여야 한다.

> 해설 ① 폐업신고 후 400일이면 1년이 경과하였으므로 중개사무소의 개설등록을 다시 신청하려는 자는 실무교육을 받아야 한다.
> ② 중개보조원의 직무수행에 필요한 직업윤리에 대한 교육시간은 3시간 이상 4시간 이내이다.
> ④ '부동산 중개 및 경영 실무'는 실무교육 및 연수교육의 내용이고 실무교육은 28시간 이상 32시간 이내이고, 연수교육은 12시간 이상 16시간 이내이다.
> ⑤ 시·도지사가 부동산거래사고 예방을 위한 교육을 실시하려는 경우에는 교육일 10일 전까지 교육일시·교육장소 및 교육내용을 교육대상자에게 통지하여야 한다.

18 공인중개사법령상 개업공인중개사 등의 교육에 관한 설명으로 옳은 것은?

제26회

① 실무교육을 받은 개업공인중개사는 실무교육을 받은 후 2년마다 시·도지사가 실시하는 직무교육을 받아야 한다.

② 분사무소의 책임자가 되고자 하는 공인중개사는 고용신고일 전 1년 이내에 시·도지사가 실시하는 연수교육을 받아야 한다.

③ 고용관계 종료신고 후 1년 이내에 다시 중개보조원으로 고용신고의 대상이 된 자는 시·도지사 또는 등록관청이 실시하는 직무교육을 받지 않아도 된다.

④ 실무교육은 28시간 이상 32시간 이하, 연수교육은 3시간 이상 4시간 이하로 한다.

⑤ 국토교통부장관이 마련하여 시행하는 교육지침에는 교육대상, 교육과목 및 교육시간 등이 포함되어야 하나, 수강료는 그러하지 않다.

> **해설** ① 직무교육 ⇨ 연수교육
> ② 연수교육 ⇨ 실무교육
> ④ 연수교육은 12시간 이상 16시간 이하로 한다.
> ⑤ 수강료에 관한 사항도 포함되어야 한다.

19 공인중개사법령상 개업공인중개사 등의 교육에 관한 설명으로 옳은 것은?

제27회

① 분사무소의 책임자가 되고자 하는 공인중개사는 고용신고일 전 1년 이내에 시·도지사가 실시하는 연수교육을 받아야 한다.

② 폐업신고 후 1년 이내에 중개사무소의 개설등록을 다시 신청하려는 공인중개사는 실무교육을 받지 않아도 된다.

③ 시·도지사는 연수교육을 실시하려는 경우 실무교육 또는 연수교육을 받은 후 2년이 되기 1개월 전까지 연수교육의 일시·장소·내용 등을 당사자에게 통지해야 한다.

④ 연수교육의 교육시간은 3시간 이상 4시간 이하이다.

⑤ 고용관계 종료신고 후 1년 이내에 고용신고를 다시 하려는 중개보조원도 직무교육은 받아야 한다.

> **해설** ① 고용신고일 ⇨ 분사무소 설치신고일 / 연수교육 ⇨ 실무교육
> ③ 1개월 전까지 ⇨ 2개월 전까지
> ④ 연수교육의 교육시간은 12시간 이상 16시간 이내이다.
> ⑤ 직무교육이 면제된다.

정답 16 ③ 17 ③ 18 ③ 19 ②

중개사무소의 개설등록

 대표 문제

공인중개사법령상 중개사무소의 개설등록에 관한 설명으로 옳은 것은? (단, 다른 법률의 규정은 고려하지 않음)   제31회

① 합명회사가 개설등록을 하려면 사원 전원이 실무교육을 받아야 한다.
② 자본금이 1,000만원 이상인 「협동조합 기본법」상 협동조합은 개설등록을 할 수 있다.
③ 합명회사가 개설등록을 하려면 대표자는 공인중개사이어야 하며, 대표자를 포함하여 임원 또는 사원의 3분의 1 이상이 공인중개사이어야 한다.
④ 법인 아닌 사단은 개설등록을 할 수 있다.
⑤ 개설등록을 하려면 소유권에 의하여 사무소의 사용권을 확보하여야 한다.

해설 ② 법인으로 중개사무소 개설등록을 하려면 자본금이 5,000만원 이상이어야 한다.
③ 법인의 대표자를 제외한 임원 또는 사원의 3분의 1 이상이 공인중개사이어야 한다.
④ 공인중개사 또는 법인만이 중개사무소 개설등록을 할 수 있으므로 법인이 아닌 사단은 등록을 할 수 없다.
⑤ 중개사무소 개설등록을 하려면 소유·전세·임대차 또는 사용대차 등의 방법에 의하여 사용권을 확보하여야 한다.

정답 ①

01 공인중개사법령상 법인이 중개사무소를 개설등록하려는 경우, 이에 관한 설명으로 옳은 것을 모두 고른 것은? (다른 법률에 의해 중개업을 할 수 있는 법인은 제외함) 제23회

> ㉠ 중개업 및 주택의 분양대행업을 영위할 목적으로 설립된 법인은 개설등록을 신청할 수 있다.
> ㉡ 자본금 5천만원 이상의 유한책임회사는 개설등록을 신청할 수 있다.
> ㉢ 대표자를 제외한 임원 또는 사원(합명회사 또는 합자회사의 무한책임사원을 말함)이 7명이라면 그중 2명이 공인중개사이면 된다.
> ㉣ 분사무소를 설치하는 경우, 그 분사무소의 책임자와 소속공인중개사는 실무교육을 받지 않아도 된다.

① ㉠, ㉡
② ㉠, ㉣
③ ㉡, ㉢
④ ㉡, ㉣
⑤ ㉢, ㉣

해설 ㉢ 대표자를 제외한 임원 또는 사원은 3분의 1 이상이 공인중개사이어야 하므로, 7명 중에 최소한 3명은 공인중개사이어야 한다.
㉣ 분사무소의 책임자와 소속공인중개사는 분사무소 설치신고일 전 1년 이내에 실무교육을 수료하여야 한다.

02 공인중개사법령상 법인이 중개사무소를 개설하려는 경우 그 등록기준의 내용으로 옳은 것을 모두 고른 것은? (다른 법률에 따라 중개업을 할 수 있는 경우는 제외함) 제26회

> ㉠ 「상법」상 회사 또는 「협동조합 기본법」상 협동조합으로서 자본금이 5천만원 이상일 것
> ㉡ 대표자는 공인중개사일 것
> ㉢ 대표자를 포함한 임원 또는 사원은 3분의 1 이상이 공인중개사 일 것
> ㉣ 법인의 대표자, 임원 또는 사원의 3분의 1 이상이 실무교육을 받았을 것

① ㉠
② ㉠, ㉡
③ ㉢, ㉣
④ ㉠, ㉡, ㉢
⑤ ㉠, ㉡, ㉢, ㉣

해설 ㉢ 대표자를 포함한 ⇨ 대표자를 제외한
㉣ 임원 또는 사원 전원이 실무교육을 받아야 한다.

정답 ▶ 01 ① 02 ②

03 공인중개사법령상 중개사무소 개설등록에 관한 설명으로 옳은 것을 모두 고른 것은?

제32회

> ㉠ 피특정후견인은 중개사무소의 등록을 할 수 없다.
> ㉡ 금고 이상의 형의 집행유예를 받고 그 유예기간 중에 있는 자는 중개사무소의 등록을 할 수 없다.
> ㉢ 자본금이 5천만원 이상인 「협동조합 기본법」상 사회적 협동조합은 중개사무소의 등록을 할 수 있다.

① ㉠
② ㉡
③ ㉠, ㉡
④ ㉠, ㉢
⑤ ㉡, ㉢

해설 ㉡ 옳은 내용이다.
㉠ 피특정후견인은 결격사유에 해당되지 않으므로 등록을 할 수 있다.
㉢ 「협동조합 기본법」상 사회적 협동조합은 비영리법인이므로 등록을 할 수 없다.

04 공인중개사법령상 중개사무소의 개설등록에 관한 설명으로 옳은 것은? 제22회

① 공인중개사가 개설등록을 신청하려는 경우 연수교육을 받아야 한다.
② 개설등록을 하고자 하는 자가 사용대차한 경우에는 개설등록할 수 없다.
③ 「건축법」상 가설건축물대장에 기재된 건축물에 개설등록 할 수 있다.
④ 법인의 경우 대표자는 공인중개사이어야 하며, 대표자를 포함한 임원 또는 사원의 3분의 1 이상은 공인중개사이어야 한다.
⑤ 외국에 주된 영업소를 둔 법인이 개설등록을 하기 위해서는 「상법」상 외국회사 규정에 따른 영업소의 등기를 증명할 수 있는 서류를 첨부해야 한다.

해설 ① 개설등록을 신청하려는 경우 실무교육을 이수하여야 한다.
② 사용대차한 건물에도 개설등록을 신청할 수 있다.
③ 가설건축물대장에 기재된 건축물에는 개설등록을 신청할 수 없다.
④ 대표자는 공인중개사이어야 하며, 대표자를 제외한 임원 및 사원 1/3 이상은 공인중개사이어야 한다.

05 공인중개사법령상 법인이 중개사무소를 개설하려는 경우 그 등록기준으로 옳은 것은? (다른 법률에 따라 중개업을 할 수 있는 경우는 제외함) 제27회

① 건축물대장에 기재된 건물에 $100m^2$ 이상의 중개사무소를 확보할 것
② 대표자, 임원 또는 사원 전원이 부동산거래사고 예방교육을 받았을 것
③ 「협동조합 기본법」에 따른 사회적 협동조합인 경우 자본금이 5천만원 이상일 것
④ 「상법」상 회사인 경우 자본금이 5천만원 이상일 것
⑤ 대표자는 공인중개사이어야 하며, 대표자를 포함한 임원 또는 사원의 3분의 1 이상은 공인중개사일 것

해설 ① 중개사무소는 면적의 제한이 없다.
② 거래사고 예방교육이 아니라 실무교육을 수료하여야 한다.
③ 사회적 협동조합은 비영리 법인이므로 등록이 불가능하다.
⑤ 대표자를 제외한 임원 또는 사원의 3분의 1 이상은 공인중개사이어야 한다.

06 공인중개사법령상 중개사무소 개설등록에 관한 설명으로 틀린 것은? (단, 다른 법률의 규정은 고려하지 않음) 제29회

① 법인은 주된 중개사무소를 두려는 지역을 관할하는 등록관청에 중개사무소 개설 등록을 해야 한다.
② 대표자가 공인중개사가 아닌 법인은 중개사무소를 개설할 수 없다.
③ 법인의 임원 중 공인중개사가 아닌 자도 분사무소의 책임자가 될 수 있다.
④ 소속공인중개사는 중개사무소 개설등록을 신청할 수 없다.
⑤ 등록관청은 개설등록을 하고 등록신청을 받은 날부터 7일 이내에 등록신청인에게 서면으로 통지해야 한다.

해설 ③ 개업공인중개사인 법인의 분사무소 책임자는 공인중개사이어야 한다. 따라서 공인중개사가 아닌 법인의 임원은 분사무소 책임자가 될 수 없다.
② 법인의 대표자는 반드시 공인중개사이어야 하므로 옳은 내용이다.
④ 소속공인중개사의 이중소속은 금지되므로 옳은 내용이다.

정답 ▶ 03 ② 04 ⑤ 05 ④ 06 ③

07 공인중개사법령상 중개사무소의 개설등록에 관한 설명으로 틀린 것은? (다만, 다른 법률의 규정에 의하여 중개업을 할 수 있는 경우를 제외함)　제21회

① 중개사무소 개설등록의 기준은 대통령령으로 정한다.

② 중개법인이 되려는 회사가 「상법」상 유한회사인 경우라도 자본금이 5천만원 이상이어야 한다.

③ 개업공인중개사는 중개사무소를 설치할 건물에 관한 소유권을 반드시 확보해야 하는 것은 아니다.

④ 부동산중개사무소 개설등록 신청과 인장등록신고를 같이 할 수 있다.

⑤ 개업공인중개사의 결격사유 발생시 중개사무소의 개설등록의 효과는 당연 실효된다.

> **해설** ⑤ 결격사유에 해당하더라도 등록취소처분이 있어야 등록의 효과가 실효된다.

08 공인중개사법령상 중개사무소의 개설등록기준에 관한 설명으로 옳은 것은? (다툼이 있으면 판례에 의함)　제24회

① 「농업협동조합법」에 따라 부동산중개업을 할 수 있는 지역농업협동조합도 공인중개사법령에서 정한 개설등록기준을 갖추어야 한다.

② 개설등록을 하기 위해서는 $20m^2$ 이상의 사무소 면적을 확보해야 한다.

③ 가설건축물대장에 기재된 건축물을 사무소로 확보한 등록신청자에 의한 중개업 등록은 허용된다.

④ 합명회사는 자본금이 5천만원 미만이더라도 개설등록을 할 수 있다.

⑤ 변호사가 부동산중개업무를 하기 위해서는 공인중개사법령에서 정한 기준에 따라 개설등록을 해야 한다.

> **해설** ① 지역농업협동조합은 「공인중개사법」상 등록을 요하지 아니하므로 등록기준을 갖출 필요가 없다.
> ② 중개사무소는 면적의 제한이 없다.
> ③ 가설건축물에 중개사무소를 설치한 경우에는 등록이 허용되지 않는다.
> ④ 중개사무소의 개설등록을 받으려면 회사의 종류에 관계없이 자본금은 5천만원 이상이어야 한다.

09 공인중개사법령상 중개사무소의 개설등록에 관한 설명으로 틀린 것은? (다른 법률에 의해 중개업을 할 수 있는 경우는 제외함)   제25회

① 법인이 중개사무소를 개설등록하기 위해서는 「상법」상 회사 또는 「협동조합 기본법」상 협동조합으로서 자본금 5천만원 이상이어야 한다.

② 공인중개사(소속공인중개사 제외) 또는 법인이 아닌 자는 중개사무소의 개설등록을 신청할 수 없다.

③ 개업공인중개사는 소속공인중개사·중개보조원이 될 수 없다.

④ 폐업신고 후 1년 이내에 중개사무소의 개설등록을 다시 신청하려는 공인중개사는 실무교육을 받지 않아도 된다.

⑤ 등록관청이 중개사무소등록증을 교부한 때에는 이 사실을 다음달 10일까지 국토교통부장관에게 통보해야 한다.

> **해설** ⑤ 등록증 교부사항은 다음 달 10일까지 '공인중개사협회'에 통보해야 할 사항이다.

10 공인중개사법령상 중개사무소의 개설등록에 관한 설명으로 틀린 것은?   제35회

① 금고 이상의 형의 집행유예를 받고 그 유예기간이 만료된 날부터 2년이 지나지 아니한 자는 개설등록을 할 수 없다.

② 공인중개사협회는 매월 중개사무소의 등록에 관한 사항을 중개사무소등록행정처분등통지서에 기재하여 다음 달 10일까지 시·도지사에게 통보하여야 한다.

③ 외국에 주된 영업소를 둔 법인의 경우에는 「상법」상 외국회사 규정에 따른 영업소의 등기를 증명할 수 있는 서류를 제출하여야 한다.

④ 개설등록의 신청을 받은 등록관청은 개업공인중개사의 종별에 따라 구분하여 개설등록을 하고, 개설등록 신청을 받은 날부터 7일 이내에 등록신청인에게 서면으로 통지하여야 한다.

⑤ 공인중개사인 개업공인중개사가 법인인 개업공인중개사로 업무를 하고자 개설등록신청서를 다시 제출하는 경우 종전의 등록증은 이를 반납하여야 한다.

> **해설** ② 공인중개사협회가 아닌 등록관청의 관할사항이다.

정답 07 ⑤   08 ⑤   09 ⑤   10 ②

11 공인중개사법령상 중개사무소의 개설등록을 위한 제출 서류에 관한 설명으로 틀린 것은? 제34회

① 공인중개사자격증 사본을 제출하여야 한다.

② 사용승인을 받았으나 건축물대장에 기재되지 아니한 건물에 중개사무소를 확보하였을 경우에는 건축물대장 기재가 지연되는 사유를 적은 서류를 제출하여야 한다.

③ 여권용 사진을 제출하여야 한다.

④ 실무교육을 위탁받은 기관이 실무교육 수료 여부를 등록관청이 전자적으로 확인할 수 있도록 조치한 경우에는 실무교육의 수료확인증 사본을 제출하지 않아도 된다.

⑤ 외국에 주된 영업소를 둔 법인의 경우에는 「상법」상 외국회사 규정에 따른 영업소의 등기를 증명할 수 있는 서류를 제출하여야 한다.

해설 ① 등록신청을 받은 등록관청은 공인중개사자격증을 발급한 시·도지사에게 공인중개사 자격 확인을 요청하여야 한다.

12 공인중개사법령상 중개사무소의 개설등록 및 등록증교부에 관한 설명으로 옳은 것은? 제28회

① 소속공인중개사는 중개사무소의 개설등록을 신청할 수 있다.

② 등록관청은 중개사무소등록증을 교부하기 전에 개설등록을 한 자가 손해배상책임을 보증하기 위한 조치(보증)를 하였는지 여부를 확인해야 한다.

③ 국토교통부장관은 중개사무소의 개설등록을 한 자에 대하여 국토교통부령이 정하는 바에 따라 중개사무소등록증을 교부해야 한다.

④ 중개사무소의 개설등록신청서에는 신청인의 여권용 사진을 첨부하지 않아도 된다.

⑤ 중개사무소의 개설등록을 한 개업공인중개사가 종별을 달리하여 업무를 하고자 등록신청서를 다시 제출하는 경우 종전의 등록증은 반납하지 않아도 된다.

해설 ① 소속공인중개사는 이중소속 금지규정에 위반되므로 등록을 신청할 수 없다.
③ '국토교통부장관'이 아니라 '등록관청'이 중개사무소등록증을 교부한다.
④ 신청인의 여권용 사진을 첨부하여야 한다.
⑤ 종전의 등록증은 반납하여야 한다.

13 공인중개사법령상 공인중개사자격증이나 중개사무소등록증의 교부에 관한 설명으로 틀린 것은?

① 자격증 및 등록증의 교부는 국토교통부령이 정하는 바에 따른다.

② 등록증은 중개사무소를 두려는 지역을 관할하는 시장(구가 설치되지 아니한 시의 시장과 특별자치도 행정시의 시장을 말함)·군수 또는 구청장이 교부한다.

③ 자격증 및 등록증을 잃어버리거나 못 쓰게 된 경우에는 시·도지사에게 재교부를 신청한다.

④ 등록증을 교부한 관청은 그 사실을 공인중개사협회에 통보해야 한다.

⑤ 자격증의 재교부를 신청하는 자는 당해 지방자치단체의 조례가 정하는 바에 따라 수수료를 납부해야 한다.

해설 ③ 등록증은 등록관청에 재교부를 신청한다.

14 공인중개사법령상 등록관청이 공인중개사협회에 통보해야 하는 경우로 틀린 것은?

① 중개사무소등록증을 교부한 때

② 중개사무소등록증을 재교부한 때

③ 휴업기간변경신고를 받은 때

④ 중개보조원 고용신고를 받은 때

⑤ 업무정지처분을 한 때

해설 ② 등록증 재교부사항은 공인중개사협회에 통보할 사항에 해당하지 않는다.
[등록관청이 공인중개사협회에 통보할 사항]
1. 등록증 교부사항
2. 등록취소처분·업무정지처분 등 행정처분
3. 분사무소 설치신고사항
4. 중개사무소 이전신고사항
5. 고용신고·고용관계 종료신고사항
6. 휴업·폐업·재개·변경신고사항

정답 ▶ 11 ① 12 ② 13 ③ 14 ②

15 공인중개사법령상 중개사무소의 개설등록에 관한 설명으로 틀린 것은? 제27회

① 사기죄로 징역 2년형을 선고받고 그 형의 집행이 3년간 유예된 경우, 그 유예기간이 만료된 날부터 2년이 지난 공인중개사는 중개사무소의 개설등록을 할 수 있다.

② 배임죄로 징역 2년의 실형을 선고받고 그 집행이 종료된 날부터 2년이 경과된 공인중개사는 중개사무소의 개설등록을 할 수 있다.

③ 등록관청은 이중으로 등록된 중개사무소의 개설등록을 취소해야 한다.

④ 개업공인중개사인 법인이 해산한 경우, 등록관청은 그 중개사무소의 개설등록을 취소해야 한다.

⑤ 등록관청은 중개사무소등록증을 교부한 경우, 그 등록에 관한 사항을 다음달 10일까지 공인중개사협회에 통보해야 한다.

해설 ② 집행이 종료된 날부터 3년이 경과되어야 결격사유에서 벗어나 중개사무소의 개설등록을 할 수 있다.

16 공인중개사법령상 이중등록 및 이중소속의 금지에 관한 설명으로 옳은 것을 모두 고른 것은? 제27회

㉠ A군에서 중개사무소 개설등록을 하여 중개업을 하고 있는 자가 다시 A군에서 개설등록을 한 경우, 이중등록에 해당한다.

㉡ B군에서 중개사무소 개설등록을 하여 중개업을 하고 있는 자가 다시 C군에서 개설등록을 한 경우, 이중등록에 해당한다.

㉢ 개업공인중개사 甲에게 고용되어 있는 중개보조원은 개업공인중개사인 법인 乙의 사원이 될 수 없다.

㉣ 이중소속의 금지에 위반한 경우 1년 이하의 징역 또는 1천만원 이하의 벌금형에 처한다.

---

① ㉠, ㉡   ② ㉢, ㉣

③ ㉠, ㉡, ㉢   ④ ㉡, ㉢, ㉣

⑤ ㉠, ㉡, ㉢, ㉣

해설 ㉠ 등록관청을 같이한 이중등록에 해당하므로 옳은 내용이다.
㉡ 등록관청을 달리한 이중등록에 해당하므로 옳은 내용이다.
㉢ 개업공인중개사, 소속공인중개사, 중개보조원 모두 이중소속은 금지되므로 옳은 내용이다.
㉣ 옳은 내용이다.

제2절 │ 등록의 결격사유 등

대표 문제

공인중개사법령상 중개사무소 개설등록의 결격사유에 해당하지 않는 자는? 제30회

① 공인중개사법을 위반하여 200만원의 벌금형의 선고를 받고 3년이 경과되지 아니한 자
② 금고 이상의 실형의 선고를 받고 그 집행이 종료되거나 집행이 면제된 날부터 3년이 경과되지 아니한 자
③ 공인중개사의 자격이 취소된 후 3년이 경과되지 아니한 자
④ 업무정지처분을 받은 개업공인중개사인 법인의 업무정지의 사유가 발생한 당시의 사원 또는 임원이었던 자로서 당해 개업공인중개사에 대한 업무정지기간이 경과되지 아니한 자
⑤ 공인중개사의 자격이 정지된 자로서 자격정지기간 중에 있는 자

해설 ① 공인중개사법을 위반하여 300만원 이상 벌금형의 선고를 받고 3년이 경과되지 아니한 자가 등록의 결격사유에 해당된다.
②③④⑤는 등록의 결격사유에 해당된다.

정답 ①

---

17 공인중개사법령상 중개사무소 개설등록의 결격사유에 해당하지 않는 자는?

제25회

① 파산선고를 받고 복권되지 아니한 자
② 형의 선고유예를 받고 3년이 경과되지 아니한 자
③ 만 19세에 달하지 아니한 자
④ 「공인중개사법」을 위반하여 300만원 이상의 벌금형의 선고를 받고 3년이 경과되지 아니한 자
⑤ 금고 이상의 실형의 선고를 받고 그 집행이 종료되거나 집행이 면제된 날부터 3년이 경과되지 아니한 자

해설 ② 형의 선고유예를 받은 자는 등록의 결격사유에 해당하지 않는다.

정답 15 ② 16 ⑤ 17 ②

18 공인중개사법령상 중개사무소 개설등록의 결격사유에 해당하는 자를 모두 고른 것은? 제29회

> ㉠ 피특정후견인
> ㉡ 형의 선고유예를 받고 3년이 경과되지 아니한 자
> ㉢ 금고 이상의 형의 집행유예를 받고 그 유예기간이 만료된 날부터 2년이 지나지 아니한 자
> ㉣ 공인중개사자격증을 대여하여 그 자격이 취소된 후 3년이 경과되지 아니한 자

① ㉠, ㉡　　　　　　② ㉠, ㉢
③ ㉡, ㉢　　　　　　④ ㉡, ㉣
⑤ ㉢, ㉣

해설 ㉠ 피한정후견인 및 피성년후견인은 결격사유자에 해당하나, 피특정후견인은 결격사유자가 아니다.
㉡ 형의 선고유예를 받은 자는 결격사유자가 아니다.

19 공인중개사법령상 중개사무소 개설등록의 결격사유를 모두 고른 것은? 제31회

> ㉠ 파산선고를 받고 복권되지 아니한 자
> ㉡ 피특정후견인
> ㉢ 공인중개사 자격이 취소된 후 3년이 지나지 아니한 임원이 있는 법인
> ㉣ 개업공인중개사인 법인의 해산으로 중개사무소 개설등록이 취소된 후 3년이 지나지 않은 경우 그 법인의 대표이었던 자

① ㉠　　　　　　　② ㉠, ㉢
③ ㉡, ㉢　　　　　　④ ㉡, ㉣
⑤ ㉠, ㉢, ㉣

해설 ㉡ 피한정후견인과 피성년후견인은 결격사유자이나, 피특정후견인은 결격사유자가 아니다.
㉣ 개업공인중개사인 법인의 해산으로 중개사무소 개설등록이 취소된 경우에는 3년의 결격기간이 적용되지 않는다.

20 공인중개사법령상 중개사무소 개설등록의 결격사유가 있는 자를 모두 고른 것은?

> ㉠ 금고 이상의 실형의 선고를 받고 그 집행이 면제된 날부터 2년이 된 자
> ㉡ 「공인중개사법」을 위반하여 200만원의 벌금형의 선고를 받고 2년이 된 자
> ㉢ 사원 중 금고 이상의 형의 집행유예를 받고 그 유예기간이 만료된 날부터 2년이 지나지 아니한 자가 있는 법인

① ㉠
② ㉡
③ ㉠, ㉢
④ ㉡, ㉢
⑤ ㉠, ㉡, ㉢

해설 ㉠ 금고 이상의 실형의 선고를 받은 자는 그 집행이 면제된 날부터 3년이 경과해야 결격사유에서 벗어난다.
㉢ 법인의 사원으로서 금고 이상의 형의 집행유예를 받고 그 유예기간이 만료된 날부터 2년이 지나지 아니한 자는 결격사유에 해당되므로 해당 법인도 결격사유에 해당된다.

21 공인중개사법령상 등록의 결격사유에 해당하지 않는 자는?

① 「집회 및 시위에 관한 법률」 위반으로 벌금형을 선고받고 3년이 경과되지 않은 자
② 법정대리인의 동의를 얻은 피성년후견인
③ 파산선고를 받고 복권되지 않은 자가 법인의 임원으로 있는 경우의 그 법인
④ 금고형의 집행유예를 받고 그 유예기간이 만료된 날부터 2년이 지나지 아니한 자
⑤ 징역형의 실형 선고를 받고 그 집행이 종료된 날부터 3년이 경과되지 않은 자

해설 ① 공인중개사법이 아닌 다른 법률을 위반하여 벌금형을 선고받은 자는 결격사유에 해당하지 않는다.
② 피성년후견인은 법정대리인의 동의를 얻은 경우라도 결격사유에서 벗어날 수 없다.

정답 ▶ 18 ⑤ 19 ② 20 ③ 21 ①

22 공인중개사법령상 등록의 결격사유에 해당하는 자를 고른 것은? 제24회

> ㉠ 미성년자가 임원으로 있는 법인
> ㉡ 개인회생을 신청한 후 법원의 인가 여부가 결정되지 않은 공인중개사
> ㉢ 공인중개사의 자격이 취소된 후 4년이 된 자
> ㉣ 음주교통사고로 징역형을 선고받고 그 형의 집행유예기간 중인 공인중개사

① ㉠　　　　　　② ㉠, ㉣　　　　　　③ ㉡, ㉢
④ ㉠, ㉡, ㉣　　　⑤ ㉡, ㉢, ㉣

해설 ㉠ 임원 중 1인이 결격사유에 해당하면 당해 법인도 결격사유에 해당한다.
㉣ 법률에 관계없이 집행유예를 받은 자는 당해 기간 동안 결격사유에 해당한다.
㉡ 개인회생을 신청한 자는 아직 파산선고를 받기 전이므로 애초부터 결격사유에 해당하지 않는다.
㉢ 자격취소 후 3년이 경과되었으므로 결격사유에서 벗어났다.

23 2022년 10월 30일 현재 공인중개사법령상 중개사무소 개설등록 결격사유에 해당하는 자는? (주어진 조건만 고려함) 제26회

① 형의 선고유예 기간 중에 있는 자
② 2015년 4월 15일 파산선고를 받고 2022년 4월 15일 복권된 자
③ 「도로교통법」을 위반하여 2019년 11월 20일 벌금 500만원을 선고받은 자
④ 거짓으로 중개사무소의 개설등록을 하여 2019년 11월 15일 개설등록이 취소된 자
⑤ 2022년 4월 15일 공인중개사 자격의 정지처분을 받은 자

해설 ④ 등록취소 후 3년이 경과되지 않았으므로 결격사유에 해당한다.
①③ 결격사유에 해당하지 않는다.
②⑤ 종전에는 결격사유에 해당하였으나, 기준일 현재 결격사유에서 벗어났다.

24 공인중개사법령상 甲이 중개사무소의 개설등록을 할 수 있는 경우에 해당하는 것은?

제28회

① 甲이 부정한 방법으로 공인중개사의 자격을 취득하여 그 자격이 취소된 후 2년이 경과되지 않은 경우
② 甲이 「도로교통법」을 위반하여 금고 이상의 실형을 선고받고 그 집행이 종료된 날부터 3년이 경과되지 않은 경우
③ 甲이 등록하지 않은 인장을 사용하여 공인중개사의 자격이 정지되고 그 자격정지기간 중에 있는 경우
④ 甲이 대표자로 있는 개업공인중개사인 법인이 해산하여 그 등록이 취소된 후 3년이 경과되지 않은 경우
⑤ 甲이 중개대상물확인·설명서를 교부하지 않아 업무정지처분을 받고 폐업신고를 한 후 그 업무정지기간이 경과되지 않은 경우

해설 ④ 법인의 해산은 결격사유를 유발하지 않는 등록취소사유에 해당한다. 따라서 등록취소 후 3년이 경과되지 않았더라도 중개사무소의 개설등록을 할 수 있다.
①②③⑤는 모두 결격사유에 해당하므로 중개사무소의 개설등록을 할 수 없다.

25 공인중개사법령상 중개사무소의 개설등록을 할 수 있는 자는?

제22회

① 피한정후견인
② 징역형의 집행유예를 받고 그 유예기간 중에 있는 자
③ 법인인 개업공인중개사의 업무정지사유 발생 후 업무정지처분을 받기 전에 그 법인의 임원으로 선임되었던 자
④ 업무정지처분을 받고 폐업신고를 한 자로서 업무정지기간이 경과되지 않은 자
⑤ 자신의 행위로 공인중개사법령을 위반하여 벌금 500만원을 선고받고 3년이 경과되지 않은 자

해설 ③ 법인인 개업공인중개사의 '업무정지사유 발생 당시의' 임원·사원이었던 자가 결격사유에 해당한다.

Chapter 04

중개업무

제1절 | 중개사무소

1. 중개사무소 및 분사무소의 설치

 대표 문제

공인중개사법령상 분사무소의 설치에 관한 설명으로 옳은 것은? 제31회

① 군(郡)에 주된 사무소가 설치된 경우 동일 군(郡)에 분사무소를 둘 수 있다.

② 개업공인중개사가 분사무소를 설치하기 위해서는 등록관청으로부터 인가를 받아야 한다.

③ 공인중개사인 개업공인중개사는 분사무소를 설치할 수 없다.

④ 다른 법률의 규정에 따라 중개업을 할 수 있는 법인의 분사무소에도 공인중개사를 책임자로 두어야 한다.

⑤ 분사무소의 책임자인 공인중개사는 등록관청이 실시하는 실무교육을 받아야 한다.

해설 ① 군(郡)에 주된 사무소가 설치된 경우 주된 사무소가 속한 곳을 제외하고 분사무소를 설치할 수 있으므로 동일 군(郡)에는 분사무소를 설치할 수 없다.

② 분사무소를 설치하기 위해서는 등록관청에 신고를 하여야 한다.

④ 다른 법률의 규정에 따라 중개업을 할 수 있는 법인의 경우에는 분사무소에 공인중개사를 책임자로 두지 않아도 된다.

⑤ 등록관청이 아닌 시·도지사가 실시하는 실무교육을 받아야 한다.

정답 ③

---

01 공인중개사법령상 중개사무소의 설치에 관한 설명으로 틀린 것은? 제32회

① 법인이 아닌 개업공인중개사는 그 등록관청의 관할구역 안에 1개의 중개사무소만 둘 수 있다.

② 다른 법률의 규정에 따라 중개업을 할 수 있는 법인의 분사무소에는 공인중개사를 책임자로 두지 않아도 된다.

③ 개업공인중개사가 중개사무소를 공동으로 사용하려면 중개사무소의 개설등록 또는 이전신고를 할 때 그 중개사무소를 사용할 권리가 있는 다른 개업공인중개사의 승낙서를 첨부해야 한다.

④ 법인인 개업공인중개사가 분사무소를 두려는 경우 소유·전세·임대차 또는 사용대차 등의 방법으로 사용권을 확보해야 한다.

⑤ 법인인 개업공인중개사가 그 등록관청의 관할구역 외의 지역에 둘 수 있는 분사무소는 시·도별로 1개소를 초과할 수 없다.

해설 ⑤ 법인이 분사무소는 시·도별이 아닌 시·군·구별로 1개소를 초과할 수 없다.

02 공인중개사법령상 사무소의 설치기준에 관한 설명으로 틀린 것은? 제22회

① 다른 법률의 규정에 따라 중개업을 할 수 있는 법인의 분사무소에는 공인중개사를 책임자로 두어야 한다.

② 개업공인중개사는 그 등록관청의 관할구역 안에 1개의 중개사무소만을 둘 수 있다.

③ 법인인 개업공인중개사의 주된 사무소와 그 분사무소는 같은 시·군·구에 둘 수 없다.

④ 분사무소설치신고서는 주된 사무소의 소재지를 관할하는 등록관청에 제출해야 한다.

⑤ 개업공인중개사는 다른 개업공인중개사와 중개사무소를 공동으로 사용할 수 있다.

해설 ① 다른 법률의 규정에 따라 중개업을 할 수 있는 법인의 분사무소 경우 책임자는 공인중개사가 아니어도 된다.

03 공인중개사법령상 중개사무소의 설치에 관한 설명으로 틀린 것은? 제26회

① 법인 아닌 개업공인중개사는 분사무소를 둘 수 없다.
② 분사무소의 설치는 업무정지기간 중에 있는 다른 개업공인중개사의 중개사무소를 공동으로 사용하는 방법으로는 할 수 없다.
③ 법인인 개업공인중개사가 분사무소를 설치하려는 경우 분사무소 소재지의 시장·군수 또는 구청장에게 신고해야 한다.
④ 「공인중개사법」을 위반하여 둘 이상의 중개사무소를 둔 경우 등록관청은 중개사무소의 개설등록을 취소할 수 있다.
⑤ 개업공인중개사는 이동이 용이한 임시 중개시설물을 설치해서는 아니 된다.

해설 ③ 분사무소 설치신고는 주된 사무소 소재지 관할 등록관청에 하여야 한다.

04 공인중개사법령상 분사무소의 설치에 관한 설명으로 옳은 것을 모두 고른 것은?
제25회

┌───
│ ㉠ 다른 법률의 규정에 따라 중개업을 할 수 있는 법인의 분사무소에는 공인중개사를 책임자로 두어야 한다.
│ ㉡ 분사무소의 설치신고를 하려는 자는 그 신고서를 주된 사무소의 소재지를 관할하는 등록관청에 제출해야 한다.
│ ㉢ 분사무소의 설치신고를 받은 등록관청은 그 신고내용이 적합한 경우에는 국토교통부령이 정하는 신고확인서를 교부해야 한다.
│ ㉣ 분사무소의 설치신고를 하려는 자는 법인 등기사항증명서를 제출해야 한다.
└───

① ㉠, ㉡   ② ㉠, ㉢   ③ ㉡, ㉢
④ ㉢, ㉣   ⑤ ㉠, ㉡, ㉣

해설 ㉠ 다른 법률의 규정에 따라 중개업을 할 수 있는 법인의 분사무소에는 공인중개사를 책임자로 두지 않아도 된다.
㉣ 법인 등기사항증명서는 분사무소 설치신고시 제출하지 않는다.

05 공인중개사법령상 중개사무소의 설치 및 이전 등에 관한 설명으로 틀린 것은?

제27회

① 개업공인중개사는 중개사무소로 개설등록할 건물의 소유권을 반드시 확보해야 하는 것은 아니다.

② 분사무소는 주된 사무소의 소재지가 속한 시·군·구에 설치할 수 있다.

③ 분사무소 설치신고는 주된 사무소의 소재지를 관할하는 등록관청에 해야 한다.

④ 다른 법률의 규정에 따라 중개업을 할 수 있는 법인의 분사무소에는 공인중개사를 책임자로 두지 않아도 된다.

⑤ 중개사무소를 등록관청의 관할지역 외의 지역으로 이전한 경우에는 이전 후의 중개사무소를 관할하는 등록관청에 신고해야 한다.

해설 ② 주된 사무소의 소재지가 속한 시·군·구에는 분사무소를 설치할 수 없다.

06 공인중개사법령상 분사무소 설치신고서의 기재사항이 아닌 것은?

제28회

① 본사 명칭

② 본사 소재지

③ 본사 등록번호

④ 분사무소 설치사유

⑤ 분사무소 책임자의 공인중개사자격증 발급 시·도

해설 ④ 분사무소 설치사유는 분사무소 설치신고서의 기재사항에 해당하지 않는다.

2. 중개사무소의 이전

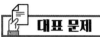 **대표 문제**

공인중개사법령상 등록관청 관할지역 외의 지역으로 중개사무소를 이전한 경우에 관한 설명으로 틀린 것은? 제26회

① 개업공인중개사는 이전 후의 중개사무소를 관할하는 등록관청에 이전사실을 신고해야 한다.

② 법인인 개업공인중개사가 분사무소를 이전한 경우 이전 후의 분사무소를 관할하는 등록관청에 이전사실을 신고해야 한다.

③ 등록관청은 중개사무소의 이전신고를 받은 때에는 그 사실을 공인중개사협회에 통보해야 한다.

④ 이전신고 전에 발생한 사유로 인한 개업공인중개사에 대한 행정처분은 이전 후 등록관청이 이를 행한다.

⑤ 업무정지 중이 아닌 다른 개업공인중개사의 중개사무소를 공동사용하는 방법으로 사무소의 이전을 할 수 있다.

해설 ② 분사무소 이전신고는 주된 사무소 소재지 관할 등록관청에 하여야 한다.

정답 ②

07 **공인중개사법령상 사무소의 이전신고에 관한 설명으로 틀린 것은?** 제28회

① 중개사무소를 이전한 때에는 이전한 날부터 10일 이내에 이전신고를 해야 한다.

② 분사무소를 이전한 때에는 주된 사무소의 소재지를 관할하는 등록관청에 이전신고를 해야 한다.

③ 분사무소 이전신고를 하려는 법인인 개업공인중개사는 중개사무소등록증을 첨부해야 한다.

④ 분사무소의 이전신고를 받은 등록관청은 지체없이 이를 이전 전 및 이전 후의 소재지를 관할하는 시장·군수 또는 구청장에게 통보해야 한다.

⑤ 중개사무소를 등록관청의 관할지역 외의 지역으로 이전한 경우, 그 이전신고 전에 발생한 사유로 인한 개업공인중개사에 대한 행정처분은 이전 후 등록관청이 행한다.

해설 ③ '분사무소설치 신고확인서'를 첨부해야 한다.

08 공인중개사법령상 개업공인중개사의 중개사무소 이전신고 등에 관한 설명으로 틀린 것은? 제34회

① 개업공인중개사가 중개사무소를 등록관청의 관할지역 외의 지역으로 이전한 경우에는 이전 후의 중개사무소를 관할하는 시장·군수 또는 구청장에게 신고하여야 한다.

② 개업공인중개사가 등록관청에 중개사무소의 이전사실을 신고한 경우에는 지체 없이 사무소의 간판을 철거하여야 한다.

③ 분사무소의 이전신고를 하려는 경우에는 주된 사무소의 소재지를 관할하는 등록관청에 중개사무소이전신고서를 제출해야 한다.

④ 업무정지기간 중에 있는 개업공인중개사는 중개사무소의 이전신고를 하는 방법으로 다른 개업공인중개사의 중개사무소를 공동으로 사용할 수 없다.

⑤ 공인중개사인 개업공인중개사가 중개사무소이전신고서를 제출할 때 중개사무소 등록증을 첨부하지 않아도 된다.

> **해설** ⑤ 공인중개사인 개업공인중개사가 중개사무소이전신고서를 제출할 때 중개사무소등록증과 사무소확보증명서류를 첨부하여야 한다.

09 공인중개사법령상 법인인 개업공인중개사가 등록관청 관할지역 외의 지역으로 중개사무소 또는 분사무소를 이전하는 경우에 관한 설명으로 옳은 것은? 제31회

① 중개사무소 이전신고를 받은 등록관청은 그 내용이 적합한 경우, 중개사무소등록증의 변경사항을 기재하여 교부하거나 중개사무소등록증을 재교부하여야 한다.

② 건축물대장에 기재되지 않은 건물에 중개사무소를 확보한 경우, 건축물대장의 기재가 지연된 사유를 적은 서류를 첨부할 필요가 없다.

③ 중개사무소 이전신고를 하지 않은 경우 과태료 부과대상이 아니다.

④ 분사무소 이전신고는 이전한 날부터 10일 이내에 이전할 분사무소의 소재지를 관할하는 등록관청에 하면 된다.

⑤ 등록관청은 분사무소의 이전신고를 받은 때에는 지체 없이 그 분사무소의 이전 전 및 이전 후의 소재지를 관할하는 시장·군수 또는 구청장에게 이를 통보하여야 한다.

> **해설** ① 중개사무소등록증의 변경사항을 기재하여 교부하는 경우는 관할 내로 이전한 경우에만 해당하는 내용이다.
> ② 건축물대장의 기재가 지연된 사유를 적은 서류를 첨부하여야 한다.
> ③ 중개사무소 이전신고를 하지 않은 경우 100만원 이하의 과태료 부과대상이다.
> ④ '주된 사무소의 소재지'를 관할하는 등록관청에 하여야 한다.

정답 07 ③ 08 ⑤ 09 ⑤

10 공인중개사법령상 공인중개사인 개업공인중개사가 중개사무소를 등록관청의 관할지역 내로 이전한 경우에 관한 설명으로 틀린 것을 모두 고른 것은? 제32회

> ㉠ 중개사무소를 이전한 날부터 10일 이내에 신고해야 한다.
> ㉡ 등록관청이 이전신고를 받은 경우, 중개사무소등록증에 변경사항만을 적어 교부할 수 없고 재교부해야 한다.
> ㉢ 이전신고를 할 때 중개사무소등록증을 제출하지 않아도 된다.
> ㉣ 건축물대장에 기재되지 않은 건물로 이전신고를 하는 경우, 건축물대장 기재가 지연되는 사유를 적은 서류도 제출해야 한다.

① ㉠, ㉡   ② ㉠, ㉣   ③ ㉡, ㉢
④ ㉢, ㉣   ⑤ ㉡, ㉢, ㉣

해설 ㉡ 등록관청의 관할지역 내로 이전한 경우이므로 종전의 등록증에 변경사항을 적어 교부할 수 있다.
㉢ 이전신고시 중개사무소등록증을 제출하여야 한다.

11 공인중개사법령상 각종 신고에 관한 설명으로 틀린 것은? 제24회

① 개업공인중개사는 소속공인중개사와 고용관계가 종료된 때에는 국토교통부령으로 정하는 바에 따라 등록관청에 신고해야 한다.
② 법인인 개업공인중개사는 대통령령이 정하는 바에 따라 등록관청에 신고하고 그 관할구역 외의 지역에 분사무소를 둘 수 있다.
③ 분사무소의 설치신고를 하는 자는 국토교통부령이 정하는 바에 따라 수수료를 납부해야 한다.
④ 분사무소의 이전신고를 받은 등록관청은 그 분사무소의 이전 전 및 이전 후의 소재지를 관할하는 시장·군수 또는 구청장에게 그 사실을 통보해야 한다.
⑤ 등록관청 관할 외 지역으로 중개사무소를 이전한 경우 이전 후 등록관청의 요청으로 종전 등록관청이 송부해야 하는 서류에는 중개사무소 개설등록 신청서류도 포함된다.

해설 ③ 국토교통부령 ⇨ 지방자치단체의 조례

제2절 등록증 등의 게시 및 사무소 명칭 등

대표 문제

공인중개사법령에 관한 설명으로 틀린 것은? 제28회

① 소속공인중개사를 고용한 경우, 그의 공인중개사자격증 원본도 당해 중개사무소 안의 보기 쉬운 곳에 게시해야 한다.

② 법인인 개업공인중개사의 분사무소의 경우, 분사무소설치신고확인서 원본을 당해 분사무소 안의 보기 쉬운 곳에 게시해야 한다.

③ 개업공인중개사가 아닌 자는 중개대상물에 대한 표시·광고를 해서는 안 된다.

④ 중개사무소의 명칭을 명시하지 아니하고 중개대상물의 표시·광고를 한 자를 신고한 자는 포상금 지급대상에 해당한다.

⑤ 개업공인중개사는 이중으로 중개사무소의 개설등록을 하여 중개업을 할 수 없다.

해설 ④ 포상금을 지급받기 위한 신고·고발대상자에 해당하지 않는다.

정답 ④

---

12 공인중개사법령상 개업공인중개사가 중개사무소 안의 보기 쉬운 곳에 게시해야 하는 것은?

제31회

① 개업공인중개사의 실무교육 수료확인증 원본

② 소속공인중개사가 있는 경우 소속공인중개사의 실무교육 수료확인증 사본

③ 개업공인중개사의 자격증 사본

④ 소속공인중개사가 있는 경우 소속공인중개사의 공인중개사자격증 사본

⑤ 분사무소의 경우 분사무소설치신고확인서 원본

해설 ①② '실무교육 수료증' 원본·사본
③④ 공인중개사자격증 '사본'은 게시사항에 해당하지 않는다.

정답 10 ③ 11 ③ 12 ⑤

13 공인중개사법령상 소속공인중개사를 둔 개업공인중개사가 중개사무소 안의 보기 쉬운 곳에 게시하여야 하는 것을 모두 고른 것은? 제35회

> ㉠ 소속공인중개사의 공인중개사자격증 원본
> ㉡ 보증의 설정을 증명할 수 있는 서류
> ㉢ 소속공인중개사의 고용신고서
> ㉣ 개업공인중개사의 실무교육 수료확인증

① ㉠, ㉡ ② ㉠, ㉣
③ ㉡, ㉢ ④ ㉢, ㉣
⑤ ㉠, ㉡, ㉣

해설 ㉢㉣ 중개사무소의 게시사항에 해당되지 않는다.

14 공인중개사법령상 중개사무소의 명칭 및 등록증 등의 게시에 관한 설명으로 틀린 것은? (다툼이 있으면 판례에 따름) 제32회

① 법인인 개업공인중개사의 분사무소에는 분사무소설치신고확인서 원본을 게시해야 한다.
② 소속공인중개사가 있는 경우 그 소속공인중개사의 공인중개사자격증 원본도 게시해야 한다.
③ 개업공인중개사가 아닌 자가 '부동산중개'라는 명칭을 사용한 경우, 3년 이하의 징역 또는 3천만원 이하의 벌금에 처한다.
④ 무자격자가 자신의 명함에 '부동산뉴스 대표'라는 명칭을 기재하여 사용하였다면 공인중개사와 유사한 명칭을 사용한 것에 해당한다.
⑤ 공인중개사인 개업공인중개사가 「옥외광고물 등의 관리와 옥외광고산업 진흥에 관한 법률」에 따른 옥외광고물을 설치하는 경우, 중개사무소등록증에 표기된 개업공인중개사의 성명을 표기해야 한다.

해설 ③ 1년 이하의 징역 또는 1천만원 이하의 벌금형에 처한다.

15 공인중개사법령상 중개사무소 명칭 및 표시·광고에 관한 설명으로 옳은 것은?

① 공인중개사는 개설등록을 하지 않아도 그 사무소에 '부동산중개'라는 명칭을 사용할 수 있다.

② 공인중개사인 개업공인중개사가 법령에 따른 옥외광고물을 설치하는 경우 중개사무소등록증에 표기된 개입공인중개사의 성명을 표기할 필요가 없다.

③ 법 제7638호 부칙 제6조 제2항에 규정된 개업공인중개사는 사무소의 명칭에 '공인중개사사무소'라는 문자를 사용해서는 안 된다.

④ 등록관청은 규정을 위반한 사무소 간판의 철거를 명할 수 있으나, 법령에 의한 대집행은 할 수 없다.

⑤ 법인인 개업공인중개사가 의뢰받은 중개대상물에 대하여 법령에 따른 표시·광고를 하는 경우 대표자의 성명을 명시할 필요는 없다.

> **해설** ① 개업공인중개사가 아닌 자는 사무소의 명칭에 '부동산중개'라는 명칭을 사용할 수 없다.
> ② 개업공인중개사는 옥외광고물에 자신의 성명을 표기하여야 한다.
> ④ 간판 철거명령에 불응한 경우 「행정대집행법」에 의한 대집행을 할 수 있다.
> ⑤ 중개대상물에 대한 표시·광고시에는 법인인 개업공인중개사인 경우 대표자의 성명을 명시하여야 한다.

16 공인중개사법령상 중개사무소의 명칭 등에 관한 설명으로 틀린 것은? 제27회

① 법인인 개업공인중개사는 그 사무소의 명칭에 '공인중개사사무소' 또는 '부동산중개'라는 문자를 사용해야 한다.

② 개업공인중개사는 옥외광고물을 설치할 의무를 부담하지 않는다.

③ 개업공인중개사가 설치한 옥외광고물에 인식할 수 있는 크기의 연락처를 표기하지 않으면 100만원 이하의 과태료 부과대상이 된다.

④ 개업공인중개사가 아닌 자가 사무소 간판에 '공인중개사사무소' 명칭을 사용한 경우 등록관청은 그 간판의 철거를 명할 수 있다.

⑤ 개업공인중개사가 아닌 자는 중개대상물에 대한 표시·광고를 해서는 아니 된다.

> **해설** ③ 개업공인중개사는 옥외광고물에 연락처가 아닌 자신의 성명을 표기하여야 한다.

17 공인중개사법령상 중개사무소의 명칭 및 등록증 등의 게시에 관한 설명으로 틀린 것은? 제34회

① 공인중개사인 개업공인중개사는 공인중개사자격증 원본을 해당 중개사무소 안의 보기 쉬운 곳에 게시하여야 한다.

② 개업공인중개사는 「부가가치세법 시행령」에 따른 사업자등록증을 해당 중개사무소 안의 보기 쉬운 곳에 게시하여야 한다.

③ 법인인 개업공인중개사는 그 사무소의 명칭에 '공인중개사사무소' 또는 '부동산중개'라는 문자를 사용하여야 한다.

④ 법인인 개업공인중개사의 분사무소에 옥외광고물을 설치하는 경우 분사무소설치신고확인서에 기재된 책임자의 성명을 표기하여야 한다.

⑤ 법 제7638호 부칙 제6조 제2항에 따른 개업공인중개사는 그 사무소의 명칭에 '공인중개사사무소' 및 '부동산중개'라는 문자를 사용하여서는 아니 된다.

> 해설 ⑤ 법 제7638호 부칙 제6조 제2항에 따른 개업공인중개사(중개인)는 사무소의 명칭에 '공인중개사사무소'라는 문자는 사용할 수 없고, '부동산중개'라는 문자를 사용하여야 한다.

18 공인중개사법령상 중개사무소의 명칭에 관한 설명으로 옳은 것은? 제28회

① 개업공인중개사가 아닌 자로서 '부동산중개'라는 명칭을 사용한 자는 1년 이하의 징역 또는 1천만원 이하의 벌금에 처한다.

② 개업공인중개사가 아닌 자가 '공인중개사사무소'라는 명칭을 사용한 간판을 설치한 경우, 등록관청은 그 철거를 명할 수 없다.

③ 법인 분사무소의 옥외광고물을 설치하는 경우 법인 대표자의 성명을 표기해야 한다.

④ 개업공인중개사는 옥외광고물을 설치해야 할 의무가 있다.

⑤ 개업공인중개사가 사무소의 명칭에 '공인중개사사무소' 또는 '부동산중개'라는 문자를 사용하지 않은 경우, 이는 개설등록의 취소사유에 해당한다.

> 해설 ② 등록관청은 위반간판에 대하여 철거를 명할 수 있다.
> ③ '대표자'의 성명이 아닌 '분사무소 책임자'의 성명을 표기하여야 한다.
> ④ 개업공인중개사에게 옥외광고물을 설치해야 할 의무는 없다.
> ⑤ '100만원 이하의 과태료사유'에 해당한다.

19 공인중개사법령상 중개업 등에 관한 설명으로 옳은 것은? 제33회

① 소속공인중개사는 중개사무소의 개설등록을 신청할 수 있다.

② 법인인 개업공인중개사는 '중개업'과 '개업공인중개사를 대상으로 한 중개업의 경영기법 및 경영정보의 제공업무'를 함께 할 수 없다.

③ 법인인 개업공인중개사가 등록관청의 관할구역 외의 지역에 분사무소를 두기 위해서는 등록관청의 허가를 받아야 한다.

④ 소속공인중개사는 등록관청에 신고를 거쳐 천막 그 밖에 이동이 용이한 임시 중개시설물을 설치할 수 있다.

⑤ 개업공인중개사는 의뢰받은 중개대상물에 대한 표시·광고에 중개보조원에 관한 사항을 명시해서는 아니 된다.

> **해설** ① 소속공인중개사는 중개사무소의 개설등록을 신청할 수 없다.
> ② '중개업'과 '개업공인중개사를 대상으로 한 중개업의 경영기법 및 경영정보의 제공업무'를 함께할 수 있다.
> ③ 법인인 개업공인중개사의 분사무소의 설치는 '허가사항'이 아니라 '신고사항'이다.
> ④ 소속공인중개사의 임시 중개시설물 설치는 법적으로 허용되지 않는다.

20 공인중개사법령상 소속공인중개사에게 금지되는 행위를 모두 고른 것은? 제34회

> ㉠ 공인중개사 명칭을 사용하는 행위
> ㉡ 중개대상물에 대한 표시·광고를 하는 행위
> ㉢ 중개대상물의 매매를 업으로 하는 행위
> ㉣ 시세에 부당한 영향을 줄 목적으로 온라인 커뮤니티 등을 이용하여 특정 가격 이하로 중개를 의뢰하지 아니하도록 유도함으로써 개업공인중개사의 업무를 방해하는 행위

① ㉠, ㉡   ② ㉡, ㉣

③ ㉢, ㉣   ④ ㉡, ㉢, ㉣

⑤ ㉠, ㉡, ㉢, ㉣

> **해설** ㉡ 중개대상물에 대한 표시·광고를 하는 행위는 개업공인중개사만 할 수 있다.
> ㉢ 중개대상물의 매매를 업으로 하는 행위는 제33조 제1항의 금지행위에 해당한다.
> ㉣ 시세에 부당한 영향을 줄 목적으로 온라인 커뮤니티 등을 이용하여 특정 가격 이하로 중개를 의뢰하지 아니하도록 유도함으로써 개업공인중개사의 업무를 방해하는 행위는 제33조 제1항의 금지행위에 해당한다.

정답 17 ⑤   18 ①   19 ⑤   20 ④

21 공인중개사법령상 중개대상물의 표시·광고 및 모니터링에 관한 설명으로 틀린 것은? 제32회

① 개업공인중개사는 의뢰받은 중개대상물에 대하여 표시·광고를 하려면 개업공인 중개사, 소속공인중개사 및 중개보조원에 관한 사항을 명시해야 한다.

② 개업공인중개사는 중개대상물이 존재하지 않아서 실제로 거래를 할 수 없는 중 개대상물에 대한 광고와 같은 부당한 표시·광고를 해서는 안 된다.

③ 개업공인중개사는 중개대상물의 가격 등 내용을 과장되게 하는 부당한 표시·광 고를 해서는 안 된다.

④ 국토교통부장관은 인터넷을 이용한 중개대상물에 대한 표시·광고의 규정준수 여부에 관하여 기본 모니터링과 수시 모니터링을 할 수 있다.

⑤ 국토교통부장관은 인터넷 표시·광고 모니터링 업무 수행에 필요한 전문인력과 전담조직을 갖췄다고 국토교통부장관이 인정하는 단체에게 인터넷 표시·광고 모니터링 업무를 위탁할 수 있다.

> 해설 ① 개업공인중개사가 중개대상물에 대한 표시·광고를 하는 경우 소속공인중개사 및 중개보조 원에 관한 사항은 명시하여야 할 사항이 아니다.

22 공인중개사법령상 중개사무소 명칭에 관한 설명으로 옳은 것은? 제31회

① 공인중개사인 개업공인중개사는 그 사무소의 명칭에 '공인중개사사무소' 또는 '부동산중개'라는 문자를 사용하여야 한다.

② 공인중개사가 중개사무소의 개설등록을 하지 않은 경우, 그 사무소에 '공인중개 사사무소'라는 명칭을 사용할 수 없지만, '부동산중개'라는 명칭은 사용할 수 있다.

③ 공인중개사인 개업공인중개사가 관련 법령에 따른 옥외광고물을 설치하는 경우, 중개사무소등록증에 표기된 개업공인중개사의 성명을 표기할 필요는 없다.

④ 중개사무소 개설등록을 하지 않은 공인중개사가 '부동산중개'라는 명칭을 사용 한 경우, 국토교통부장관은 그 명칭이 사용된 간판 등의 철거를 명할 수 있다.

⑤ 개업공인중개사가 의뢰받은 중개대상물에 대하여 표시·광고를 하려는 경우, 중 개사무소의 명칭은 명시하지 않아도 된다.

> 해설 ② 공인중개사가 중개사무소의 개설등록을 하지 않은 경우, 그 사무소의 명칭에 '부동산중개'라 는 명칭도 사용할 수 없다.
> ③ 공인중개사인 개업공인중개사가 관련 법령에 따른 옥외광고물을 설치하는 경우, 중개사무 소등록증에 표기된 개업공인중개사의 성명을 표기하여야 한다.
> ④ 등록관청이 그 명칭이 사용된 간판 등의 철거를 명할 수 있다.
> ⑤ 개업공인중개사가 의뢰받은 중개대상물에 대하여 표시·광고를 하려는 경우, 중개사무소의 명칭, 소재지, 연락처 및 등록번호를 명시하여야 한다.

23 공인중개사법령상 개업공인중개사가 의뢰받은 중개대상물에 대하여 표시·광고를 하는 경우에 관한 설명으로 옳은 것은? 제31회

① 중개보조원이 있는 경우 개업공인중개사의 성명과 함께 중개보조원의 성명을 명시할 수 있다.

② 중개대상물에 대한 표시·광고를 위하여 대통령령으로 정해진 사항의 구체적인 표시·광고 방법은 국토교통부장관이 정하여 고시한다.

③ 중개대상물의 내용을 사실과 다르게 거짓으로 표시·광고한 자를 신고한 자는 포상금 지급대상이다.

④ 인터넷을 이용하여 표시·광고를 하는 경우 중개사무소에 관한 사항은 명시하지 않아도 된다.

⑤ 인터넷을 이용한 중개대상물의 표시·광고 모니터링 업무 수탁기관은 기본계획서에 따라 6개월마다 기본 모니터링 업무를 수행한다.

> **해설** ① 중개대상물의 표시·광고를 할 경우 중개보조원에 관한 사항은 명시해서는 아니 된다.
> ③ 중개대상물의 내용을 사실과 다르게 거짓으로 표시·광고한 자는 신고시 포상금 지급대상이 아니다.
> ④ 개업공인중개사가 인터넷을 이용하여 중개대상물에 대한 표시·광고를 하는 때에는 개업공인중개사 및 중개사무소에 관한 명시사항 외에 중개대상물의 종류별로 대통령령으로 정하는 소재지, 면적, 가격 등의 사항을 명시하여야 한다.
> ⑤ 기본 모니터링 업무는 모니터링 기본계획서에 따라 분기별(3개월마다)로 실시한다.

24 공인중개사법령상 개업공인중개사가 지체 없이 사무소의 간판을 철거해야 하는 사유를 모두 고른 것은? 제32회

> ㉠ 등록관청에 중개사무소의 이전사실을 신고한 경우
> ㉡ 등록관청에 폐업사실을 신고한 경우
> ㉢ 중개사무소의 개설등록 취소처분을 받은 경우
> ㉣ 등록관청에 6개월을 초과하는 휴업신고를 한 경우

① ㉣

② ㉠, ㉢

③ ㉡, ㉢

④ ㉠, ㉡, ㉢

⑤ ㉠, ㉡, ㉢, ㉣

> **해설** ㉠㉡㉢은 사무소 간판 철거사유에 해당된다.
> ㉣은 사무소 간판 철거사유에 해당되지 않는다.

정답 21 ① 22 ① 23 ② 24 ④

제3절 | 업무범위

 대표 문제

공인중개사법령상 법인인 개업공인중개사가 겸업할 수 있는 것을 모두 고른 것은? (단, 다른 법률의 규정은 고려하지 않음)   제31회

> ㉠ 주택용지의 분양대행
> ㉡ 주상복합 건물의 분양 및 관리의 대행
> ㉢ 부동산의 거래에 관한 상담 및 금융의 알선
> ㉣ 「국세징수법」상 공매대상 동산에 대한 입찰신청의 대리
> ㉤ 법인인 개업공인중개사를 대상으로 한 중개업의 경영기법 제공

① ㉠, ㉡   ② ㉡, ㉤   ③ ㉢, ㉣
④ ㉠, ㉡, ㉤   ⑤ ㉡, ㉢, ㉣, ㉤

해설 ㉠ 상업용건축물과 주택에 대해 분양대행을 할 수 있고, 토지에 대해서는 할 수 없다.
㉢ 부동산의 거래에 관한 상담은 가능하나, 금융에 대한 알선은 허용되지 않는다.
㉣ 「국세징수법」상 공매대상 '동산'이 아닌 '부동산'에 대한 입찰신청의 대리가 가능하다.

정답 ②

25 공인중개사법령상 개업공인중개사의 겸업에 관한 설명으로 옳은 것은?   제22회

① 모든 개업공인중개사는 개업공인중개사를 대상으로 한 중개업의 경영기법의 제공업무를 겸업할 수 있다.
② 법인이 아닌 모든 개업공인중개사는 법인인 개업공인중개사에게 허용된 겸업업무를 모두 영위할 수 있다.
③ 법인인 개업공인중개사는 부동산의 이용·개발 및 거래에 관한 상담업무를 겸업해야 한다.
④ 법인인 개업공인중개사는 중개의뢰인의 의뢰에 따른 도배·이사업을 겸업할 수 있다.
⑤ 공인중개사인 개업공인중개사는 20호 미만으로 건설되는 단독주택의 분양대행업을 겸업할 수 없다.

해설 ② 부칙 제6조 제2항의 개업공인중개사(중개인)의 경우에는 경·공매 겸업을 할 수 없다.
③ 법인인 개업공인중개사는 부동산컨설팅업을 할 수 있다.
④ 법인인 개업공인중개사는 용역업을 영위할 수는 없다. 다만, 용역의 알선업을 영위할 수는 있다.
⑤ 분양대행업의 경우 세대수의 제한 없이 할 수 있다.

26 공인중개사법령상 법인인 개업공인중개사가 겸업할 수 있는 것은? (다툼이 있으면 판례에 의함) 제24회

① 농업용 건축물에 대한 관리대행
② 토지에 대한 분양대행
③ 개업공인중개사가 아닌 공인중개사를 대상으로 한 중개업 경영기법의 제공행위
④ 부동산 개발에 관한 상담
⑤ 의뢰인에게 경매대상 부동산을 취득시키기 위하여 개업공인중개사가 자신의 이름으로 직접 매수신청을 하는 행위

해설 ①②③⑤는 법인인 개업공인중개사의 겸업범위를 벗어난다.

27 공인중개사법령상 법인인 개업공인중개사가 중개업과 함께 할 수 없는 업무는? (단, 다른 법률의 규정은 고려하지 않음) 제35회

① 주택의 임대업
② 상업용 건축물의 분양대행
③ 부동산의 이용·개발 및 거래에 관한 상담
④ 중개의뢰인의 의뢰에 따른 도배·이사업체의 소개
⑤ 개업공인중개사를 대상으로 한 중개업의 경영기법 및 경영정보의 제공

해설 ① 주택의 임대업은 중개법인이 겸업으로 할 수 없다.

28 공인중개사법령상 법인인 개업공인중개사의 업무범위에 해당하지 않는 것은? (단, 다른 법령의 규정은 고려하지 않음) 제32회

① 주택의 임대관리
② 부동산 개발에 관한 상담 및 주택의 분양대행
③ 개업공인중개사를 대상으로 한 공제업무의 대행
④ 「국세징수법」상 공매대상 부동산에 대한 취득의 알선
⑤ 중개의뢰인의 의뢰에 따른 이사업체의 소개

해설 ③ 공제업무의 대행은 법인인 개업공인중개사의 업무범위에 해당되지 않는다.
①②④⑤는 법인인 개업공인중개사의 업무범위에 해당된다.

정답 25 ① 26 ④ 27 ① 28 ③

29 공인중개사법령상 법인인 개업공인중개사가 겸업할 수 있는 업무를 모두 고른 것은? (단, 다른 법률의 규정은 고려하지 않음) 제29회

> ㉠ 주택의 임대관리 및 부동산 임대업
> ㉡ 부동산의 이용·개발에 관한 상담
> ㉢ 중개의뢰인의 의뢰에 따른 주거이전에 부수되는 용역의 제공
> ㉣ 상업용 건축물의 분양대행
> ㉤ 「국세징수법」에 의한 공매대상 부동산에 대한 입찰신청의 대리

① ㉠, ㉡ ② ㉢, ㉣
③ ㉠, ㉢, ㉤ ④ ㉡, ㉢, ㉣
⑤ ㉡, ㉣, ㉤

해설 ㉠ 부동산 임대업, ㉢ 주거이전에 부수되는 용역의 제공은 법인인 개업공인중개사의 겸업에 해당하지 않는다.

30 공인중개사법령상 법인인 개업공인중개사가 겸업할 수 있는 업무를 모두 고른 것은? (다른 법률에 따라 중개업을 할 수 있는 경우는 제외함) 제26회

> ㉠ 주택의 분양대행
> ㉡ 부동산의 이용·개발 및 거래에 관한 상담
> ㉢ 중개의뢰인의 의뢰에 따른 이사업체의 소개
> ㉣ 개업공인중개사를 대상으로 한 중개업의 경영기법의 제공

① ㉠, ㉢ ② ㉡, ㉢
③ ㉠, ㉡, ㉢ ④ ㉠, ㉡, ㉣
⑤ ㉠, ㉡, ㉢, ㉣

해설 ㉠㉡㉢㉣ 예시한 내용 모두 법인인 개업공인중개사의 겸업에 해당한다.

31 공인중개사법령상 부동산중개와 관련된 설명으로 옳은 것(○)과 틀린 것(×)을 바르게 표시한 것은? 제21회

⊙ 법인인 개업공인중개사는 토지의 분양대행업무도 할 수 있다.

⊙ 법인이 아닌 개업공인중개사는 부동산의 개발에 관한 상담을 하고 의뢰인으로부터 합의된 보수를 받을 수 있다.

⊙ 개업공인중개사가 중개보조원을 해고한 때에는 지체 없이 국토교통부령이 정하는 바에 따라 등록관청에 신고해야 한다.

⊙ 개업공인중개사 甲이 임차한 중개사무소를 개업공인중개사 乙이 공동으로 사용하려는 경우, 乙은 개설등록신청시 건물주의 사용승낙서를 첨부해야 한다.

---

① ⊙ (×), ⊙ (○), ⊙ (×), ⊙ (×)

② ⊙ (×), ⊙ (×), ⊙ (○), ⊙ (○)

③ ⊙ (×), ⊙ (○), ⊙ (○), ⊙ (×)

④ ⊙ (○), ⊙ (×), ⊙ (○), ⊙ (○)

⑤ ⊙ (○), ⊙ (○), ⊙ (×), ⊙ (×)

해설 ⊙ 주택이나 상가의 분양대행은 가능하나, 토지의 분양대행은 불가능하다.
ⓒ 지체 없이 ⇨ 10일 이내에
ⓔ 건물주의 사용승낙서 ⇨ 사용권이 있는 개업공인중개사의 사용승낙서

제4절 **고용인**

 대표 문제

공인중개사법령상 개업공인중개사의 고용인과 관련된 설명으로 옳은 것은? 제26회

① 소속공인중개사에 대한 고용신고를 받은 등록관청은 공인중개사자격증을 발급한 시·도지
사에게 그 자격 확인을 요청해야 한다.
② 개업공인중개사가 소속공인중개사를 고용한 경우 그 업무개시 후 10일 이내에 등록관청에
신고해야 한다.
③ 소속공인중개사는 고용신고일 전 1년 이내에 직무교육을 받아야 한다.
④ 중개보조원의 업무상 행위는 그를 고용한 개업공인중개사의 행위로 추정한다.
⑤ 중개보조원의 업무상 과실로 인한 불법행위로 의뢰인에게 손해를 입힌 경우 개업공인중개
사가 손해배상책임을 지고 중개보조원은 그 책임을 지지 않는다.

해설 ② 업무개시 전까지 고용신고를 하여야 한다.
③ 실무교육을 받아야 한다.
④ 추정이 아니라 간주된다.
⑤ 중개보조원도 그 책임을 져야 한다.

정답 ①

32 공인중개사법령상 고용인의 신고 등에 관한 설명으로 옳은 것은? 제35회

① 등록관청은 중개보조원의 고용신고를 받은 경우 이를 공인중개사협회에 통보하지 않아도 된다.
② 개업공인중개사는 소속공인중개사를 고용한 경우에는 소속공인중개사가 업무를 개시한 날부터 10일 이내에 등록관청에 신고하여야 한다.
③ 개업공인중개사가 고용할 수 있는 중개보조원의 수는 개업공인중개사와 소속공인중개사를 합한 수의 5배를 초과하여서는 아니 된다.
④ 개업공인중개사는 소속공인중개사와의 고용관계가 종료된 때에는 고용관계가 종료된 날부터 30일 이내에 등록관청에 신고하여야 한다.
⑤ 소속공인중개사에 대한 고용신고를 받은 등록관청은 공인중개사협회에게 그 소속공인중개사의 공인중개사자격 확인을 요청하여야 한다.

> **해설** ① 등록관청은 중개보조원의 고용신고를 받은 경우 이를 다음 달 10일까지 공인중개사협회에 통보하여야 한다.
> ② 개업공인중개사는 소속공인중개사를 고용한 경우에는 업무개시 전까지 등록관청에 신고(전자문서에 의한 신고 포함)하여야 한다.
> ④ 개업공인중개사는 소속공인중개사와의 고용관계가 종료된 때에는 고용관계가 종료된 날부터 10일 이내에 등록관청에 신고하여야 한다.
> ⑤ 소속공인중개사에 대한 고용신고를 받은 등록관청은 자격증을 교부한 시·도지사에게 그 소속공인중개사의 공인중개사자격 확인을 요청하여야 한다.

33 개업공인중개사 甲은 소속공인중개사 乙과 중개보조원 丙을 고용하고자 한다. 공인중개사법령상 이에 관한 설명으로 옳은 것을 모두 고른 것은? 제31회

> ㉠ 丙은 외국인이어도 된다.
> ㉡ 乙에 대한 고용신고를 받은 등록관청은 乙의 직무교육 수료 여부를 확인하여야 한다.
> ㉢ 甲은 乙의 업무개시 후 10일 이내에 등록관청에 고용신고를 하여야 한다.

① ㉠
② ㉠, ㉡
③ ㉠, ㉢
④ ㉡, ㉢
⑤ ㉠, ㉡, ㉢

> **해설** ㉡ 乙에 대한 고용신고를 받은 등록관청은 乙의 실무교육 수료 여부를 확인하여야 한다.
> ㉢ 甲은 乙의 업무개시 전까지 등록관청에 고용신고를 하여야 한다.

정답 32 ③ 33 ①

34 공인중개사법령상 공인중개사인 개업공인중개사 甲과 그에 소속된 소속공인중개사 乙에 관한 설명으로 틀린 것을 모두 고른 것은? 제35회

> ㉠ 甲과 乙은 실무교육을 받은 후 2년마다 등록관청이 실시하는 연수교육을 받아야 한다.
> ㉡ 甲이 중개를 의뢰받아 乙의 중개행위로 중개가 완성되어 중개대상물확인·설명서를 작성하는 경우 乙은 甲과 함께 그 확인·설명서에 서명 또는 날인하여야 한다.
> ㉢ 乙이 甲과의 고용관계 종료 신고 후 1년 이내에 중개사무소의 개설등록을 신청한 경우 개설등록 후 1년 이내에 실무교육을 받아야 한다.

① ㉠
② ㉡
③ ㉠, ㉢
④ ㉡, ㉢
⑤ ㉠, ㉡, ㉢

해설 ㉠ 시·도지사가 실시하는 연수교육을 받아야 한다.
㉡ 乙은 甲과 함께 그 확인·설명서에 서명 및 날인하여야 한다.
㉢ 乙이 甲과의 고용관계 종료 신고 후 1년 이내라면 중개사무소의 개설등록을 신청한 경우 실무교육이 면제된다.

35 공인중개사법령상 개업공인중개사의 고용인에 관한 설명으로 옳은 것은? 제34회

① 중개보조원의 업무상 행위는 그를 고용한 개업공인중개사의 행위로 보지 아니 한다.
② 소속공인중개사를 고용하려는 개업공인중개사는 고용 전에 미리 등록관청에 신고해야 한다.
③ 개업공인중개사는 중개보조원과의 고용관계가 종료된 때에는 고용관계가 종료된 날부터 10일 이내에 등록관청에 신고하여야 한다.
④ 개업공인중개사가 소속공인중개사의 고용신고를 할 때에는 해당 소속공인중개사의 실무교육 수료확인증을 제출하여야 한다.
⑤ 개업공인중개사는 외국인을 중개보조원으로 고용할 수 없다.

해설 ① 중개보조원의 업무상 행위는 그를 고용한 개업공인중개사의 행위로 본다
② 고용인을 고용하려는 개업공인중개사는 업무개시 전까지 등록관청에 신고해야 한다.
④ 고용신고를 받은 등록관청은 고용인의 교육 수료 여부를 확인하여야 한다.
⑤ 개업공인중개사는 외국인을 중개보조원으로 고용할 수 있다.

36 공인중개사법령상 개업공인중개사의 고용인에 관한 설명으로 틀린 것은? (다툼이 있으면 판례에 따름)   제30회

① 중개보조원의 업무상 행위는 그를 고용한 개업공인중개사의 행위로 본다.

② 개업공인중개사는 중개보조원과의 고용관계가 종료된 때에는 고용관계가 종료된 날부터 14일 이내에 등록관청에 신고하여야 한다.

③ 중개보조원이 중개업무과 관련된 행위를 함에 있어서 과실로 거래당사자에게 손해를 입힌 경우, 그를 고용한 개업공인중개사뿐만 아니라 중개보조원도 손해배상책임이 있다.

④ 개업공인중개사가 소속공인중개사를 고용한 경우에는 개업공인중개사 및 소속공인중개사의 공인중개사자격증 원본을 중개사무소에 게시하여야 한다.

⑤ 중개보조원의 고용신고는 전자문서에 의해서도 할 수 있다.

> **해설** ② 고용관계가 종료된 날부터 10일 이내에 등록관청에 신고하여야 한다.

37 공인중개사법령상 고용인에 관한 설명으로 옳은 것은?   제22회

① 개업공인중개사가 중개보조원을 고용한 경우 고용일부터 10일 이내에 등록관청에 신고해야 한다.

② 중개보조원의 모든 행위는 그를 고용한 개업공인중개사의 행위로 본다.

③ 개업공인중개사가 중개보조원을 해고하려고 하는 때에는 사전에 등록관청에 신고해야 한다.

④ 소속공인중개사를 고용한 경우에는 업무개시 전에 고용신고를 하여야 한다.

⑤ 소속공인중개사는 중개행위에 사용할 인장으로 「인감증명법」에 따라 신고한 인장을 등록해야 한다.

> **해설** ① 중개보조원을 고용한 경우 업무개시 전까지 신고해야 한다.
> ② 중개보조원의 업무상 행위는 개업공인중개사 행위로 본다.
> ③ 중개보조원을 해고한 경우 10일 이내에 신고해야 한다.
> ⑤ 소속공인중개사는 가족관계등록부 또는 주민등록표에 기재되어 있는 성명이 나타난 인장이어야 한다.

정답 34 ⑤   35 ③   36 ②   37 ④

38 공인중개사법령상 개업공인중개사의 고용인의 신고에 관한 설명으로 옳은 것은?

제28회

① 소속공인중개사에 대한 고용신고는 전자문서에 의하여도 할 수 있다.

② 중개보조원에 대한 고용신고를 받은 등록관청은 시·도지사에게 그의 공인중개사 자격 확인을 요청해야 한다.

③ 중개보조원은 고용신고일 전 1년 이내에 실무교육을 받아야 한다.

④ 개업공인중개사는 소속공인중개사와 고용관계가 종료된 때에는 고용관계가 종료된 날부터 30일 이내에 등록관청에 신고해야 한다.

⑤ 외국인을 소속공인중개사로 고용신고 하는 경우에는 그 공인중개사 자격을 증명하는 서류를 첨부해야 한다.

> 해설 ② 중개보조원이 아닌 소속공인중개사에게 타당한 내용이다.
> ③ '직무교육'을 받아야 한다.
> ④ 고용관계가 종료된 날부터 '10일 이내에' 신고해야 한다.
> ⑤ 고용신고를 받은 등록관청이 시·도지사에게 그의 공인중개사 자격 확인을 요청해야 하므로 공인중개사 자격을 증명하는 서류를 첨부하지 않아도 된다.

39 공인중개사인 개업공인중개사 甲의 소속공인중개사 乙의 중개행위로 중개가 완성되었다. 공인중개사법령상 이에 관한 설명으로 틀린 것은?

제31회

① 乙의 업무상 행위는 甲의 행위로 본다.

② 중개대상물확인·설명서에는 甲과 乙이 함께 서명 및 날인하여야 한다.

③ 乙은 甲의 위임을 받아 부동산 거래계약신고서의 제출을 대행할 수 있다.

④ 乙의 중개행위가 금지행위에 해당하여 乙이 징역형의 선고를 받았다는 이유로 甲도 해당 조(條)에 규정된 징역형을 선고받는다.

⑤ 甲은 거래당사자에게 손해배상책임의 보장에 관한 사항을 설명하고 관계증서의 사본을 교부하거나 관계 증서에 관한 전자문서를 제공하여야 한다.

> 해설 ④ 고용인(乙)이 중개업무에 관하여 행정형벌에 해당하는 위반행위를 한 때에는 그 고용인을 벌하는 외에 개업공인중개사(甲)에 대하여도 해당 조에 규정된 벌금형을 과한다.

40 개업공인중개사 甲의 소속공인중개사인 乙은 사적인 일로 丙과 단둘이 다투다가 폭행죄로 징역 2년에 집행유예 3년을 선고받고 집행유예기간 중에 있다. 다음 설명으로 옳은 것은? 제20회

① 甲은 乙이 丙에게 가한 손해에 대해서도 배상책임을 진다.

② 乙은 집행유예를 선고받았으므로 乙의 공인중개사 자격은 당연히 취소된다.

③ 乙은 다른 개업공인중개사의 중개보조원이 될 자격이 없다.

④ 乙이 벌금형 이상을 선고받았으므로 甲의 등록은 취소된다.

⑤ 甲은 양벌규정에 의하여 1천만원 이하의 벌금형을 선고받을 수 있다.

해설 ① 「공인중개사법」에 따른 중개업무의 수행과 무관하므로 개업공인중개사 甲은 손해배상책임을 지지 않는다.
② 「공인중개사법」에 따른 징역형의 집행유예선고를 받은 경우 자격취소사유에 해당한다.
④⑤ 고용인의 행위가 「공인중개사법」 위반행위에 해당하는 경우에 한하여 양벌규정을 적용한다.

41 개업공인중개사 甲의 소속공인중개사 乙이 중개업무를 하면서 중개대상물의 거래상 중요사항에 관하여 거짓된 언행으로 중개의뢰인 丙의 판단을 그르치게 하여 재산상 손해를 입혔다. 공인중개사법령에 관한 설명으로 틀린 것은? 제29회

① 乙의 행위는 공인중개사 자격정지사유에 해당한다.

② 乙은 1년 이하의 징역 또는 1천만원 이하의 벌금에 처한다.

③ 등록관청은 甲의 중개사무소 개설등록을 취소할 수 있다.

④ 乙이 징역 또는 벌금형을 선고받은 경우 甲은 乙의 위반행위 방지를 위한 상당한 주의·감독을 게을리하지 않았더라도 벌금형을 받는다.

⑤ 丙은 甲에게 손해배상을 청구할 수 있다.

해설 ④ 甲이 상당한 주의와 감독을 다한 경우 양벌규정에 의한 벌금형을 면한다.

정답 38 ① 39 ④ 40 ③ 41 ④

42 개업공인중개사 甲의 중개보조원 乙의 과실로 중개의뢰인 丙이 손해를 입었다. 이와 관련한 설명으로 옳은 것은? (다툼이 있으면 판례에 의함) 제23회

① 甲은 중개사무소 개설등록 이전에 손해배상책임을 보장하기 위해 보증보험 또는 공제에 가입하거나 공탁을 해야 한다.

② 乙의 업무상 행위는 그를 고용한 甲의 행위로 본다.

③ 甲은 乙의 모든 행위에 대하여 丙에게 손해배상책임을 진다.

④ 甲의 丙에 대한 책임이 인정되는 경우, 乙은 직접 丙에게 손해배상책임을 지지 않는다.

⑤ 甲의 책임이 인정되어 丙에게 손해배상책임을 이행한 공제사업자는 甲에게 구상 권을 행사할 수 없다.

> **해설** ① 보증설정은 업무개시 전까지 하여야 한다.
> ③ 고용인의 업무상 행위에 대하여만 개업공인중개사가 책임을 진다.
> ④ 개업공인중개사에게 손해배상책임이 인정되더라도 직접행위자인 고용인의 책임이 면책되는 것은 아니므로 중개보조원인 乙도 손해배상책임을 진다.
> ⑤ 고용인의 업무상 행위로 인한 경우에도 공제사업자는 지급책임이 있고, 지급한 경우에는 개 업공인중개사에게 구상권을 행사할 수 있다.

제5절 | 인장의 등록

대표 문제

공인중개사법령상 인장등록에 관한 설명으로 틀린 것은? 제30회

① 법인인 개업공인중개사의 인장등록은 「상업등기규칙」에 따른 인감증명서의 제출로 갈음한다.

② 소속공인중개사가 등록하지 아니한 인장을 중개행위에 사용한 경우, 등록관청은 1년의 범위 안에서 업무의 정지를 명할 수 있다.

③ 인장의 등록은 중개사무소 개설등록신청과 같이 할 수 있다.

④ 소속공인중개사의 인장등록은 소속공인중개사에 대한 고용신고와 같이 할 수 있다.

⑤ 개업공인중개사가 등록한 인장을 변경한 경우, 변경일부터 7일 이내에 그 변경된 인장을 등록관청에 등록하여야 한다.

> **해설** ② 소속공인중개사가 등록하지 아니한 인장을 중개행위에 사용한 경우, 시·도지사가 6개월의 범위 안에서 자격정지를 명할 수 있다.
>
> **정답** ②

---

43 **공인중개사법령상 인장의 등록에 관한 설명으로 틀린 것은?** 제24회

① 개업공인중개사의 인장이 등록관청에 등록되어 있으면 소속공인중개사의 인장은 소속공인중개사의 업무개시 후에 등록해도 된다.

② 개업공인중개사가 등록한 인장을 변경한 경우 변경일부터 7일 이내에 변경된 인장을 등록관청에 등록해야 한다.

③ 개업공인중개사의 인장등록은 중개보조원에 대한 고용신고와 같이 할 수 있다.

④ 법인인 개업공인중개사가 주된 사무소에서 사용할 인장을 등록할 때에는 「상업등기규칙」에 따라 신고한 법인의 인장을 등록해야 한다.

⑤ 법인인 개업공인중개사의 인장등록은 「상업등기규칙」에 따른 인감증명서의 제출로 갈음한다.

> **해설** ① 소속공인중개사가 사용할 인장도 업무개시 전에 등록하여야 한다.

44 공인중개사법령상 인장의 등록에 관한 설명으로 옳은 것은? 제28회

① 소속공인중개사는 중개업무를 수행하더라도 인장등록을 하지 않아도 된다.

② 개업공인중개사가 등록한 인장을 변경한 경우, 변경일로부터 7일 이내에 그 변경된 인장을 등록관청에 등록하지 않으면 이는 업무정지사유에 해당한다.

③ 법인인 개업공인중개사의 주된 사무소에서 사용할 인장은 「상업등기규칙」에 따라 법인의 대표자가 보증하는 인장이어야 한다.

④ 법인인 개업공인중개사의 인장등록은 「상업등기규칙」에 따른 인감증명서의 제출로 갈음할 수 없다.

⑤ 개업공인중개사의 인장등록은 중개사무소 개설등록신청과 같이 할 수 없다.

해설 ① 소속공인중개사는 인장등록의무를 부담한다.
③ 법인의 주된 사무소에서 사용할 인장은 「상업등기규칙」에 따라 신고한 법인의 인장이어야 한다.
④ 「상업등기규칙」에 따른 인감증명서의 제출로 갈음한다.
⑤ 중개사무소 개설등록신청과 같이 할 수 있다.

45 공인중개사법령상 인장등록 등에 관한 설명으로 틀린 것은? 제34회

① 개업공인중개사는 중개사무소 개설등록 후에도 업무를 개시하기 전이라면 중개행위에 사용할 인장을 등록할 수 있다.

② 소속공인중개사의 인장등록은 소속공인중개사에 대한 고용신고와 같이 할 수 있다.

③ 분사무소에서 사용할 인장의 경우에는 「상업등기규칙」에 따라 법인의 대표자가 보증하는 인장을 등록할 수 있다.

④ 소속공인중개사가 등록하여야 할 인장의 크기는 가로·세로 각각 7밀리미터 이상 30밀리미터 이내이어야 한다.

⑤ 소속공인중개사가 등록한 인장을 변경한 경우에는 변경일부터 10일 이내에 그 변경된 인장을 등록해야 한다.

해설 ⑤ 소속공인중개사가 등록한 인장을 변경한 경우에는 변경일부터 7일 이내에 그 변경된 인장을 등록해야 한다.

46 공인중개사법령상 인장등록에 관한 설명으로 틀린 것은? 제27회

① 개업공인중개사는 업무를 개시하기 전에 중개행위에 사용할 인장을 등록관청에 등록해야 한다.

② 소속공인중개사가 등록한 인장을 변경한 경우 변경일부터 7일 이내에 그 변경된 인장을 등록관청에 등록해야 한다.

③ 소속공인중개사의 인장의 크기는 가로·세로 각각 7mm 이상 30mm이내이어야 한다.

④ 법인인 개업공인중개사의 분사부소에서 사용할 인장은 「상업등기규칙」에 따라 신고한 법인의 인장으로만 등록해야 한다.

⑤ 법인인 개업공인중개사의 인장등록은 「상업등기규칙」에 따른 인감증명서의 제출로 갈음한다.

해설 ④ 법인의 인장이 아닌 법인의 대표자가 보증하는 인장을 등록할 수 있다.

47 공인중개사법령상 인장등록에 관한 설명으로 옳은 것을 고른 것은? 제25회

> ㉠ 개업공인중개사는 중개행위에 사용할 인장을 업무개시 전에 등록관청에 등록해야 한다.
> ㉡ 법인인 개업공인중개사의 인장등록은 「상업등기규칙」에 따른 인감증명서를 제출로 갈음한다.
> ㉢ 분사무소에서 사용할 인장으로는 「상업등기규칙」에 따라 법인의 대표자가 보증하는 인장을 등록할 수 있다.
> ㉣ 등록한 인장을 변경한 경우에는 개업공인중개사는 변경일로부터 10일 이내에 그 변경된 인장을 등록관청에 등록해야 한다.

① ㉠, ㉡

② ㉢, ㉣

③ ㉠, ㉡, ㉢

④ ㉡, ㉢, ㉣

⑤ ㉠, ㉡, ㉢, ㉣

해설 ㉣ 인장변경등록은 변경일로부터 7일 이내에 하여야 한다.

정답 ▶ 44 ② 45 ⑤ 46 ④ 47 ③

48 공인중개사법령상 인장등록 등에 관한 설명으로 옳은 것은? 제31회

① 중개보조원은 중개업무를 보조하기 위해 인장등록을 하여야 한다.
② 개업공인중개사가 등록한 인장을 변경한 경우 변경일부터 10일 이내에 그 변경된 인장을 등록관청에 등록하면 된다.
③ 분사무소에서 사용할 인장은 분사무소 소재지 시장·군수 또는 구청장에게 등록해야 한다.
④ 분사무소에서 사용할 인장은 「상업등기규칙」에 따라 신고한 법인의 인장이어야 하고, 「상업등기규칙」에 따른 인감증명서의 제출로 갈음할 수 없다.
⑤ 법인의 소속공인중개사가 등록하지 아니한 인장을 사용한 경우, 6개월의 범위 안에서 자격정지처분을 받을 수 있다.

해설 ① 중개보조원은 인장등록 의무가 없다.
② 10일 이내에 ⇨ 7일 이내에
③ 주된 사무소 소재지 시장·군수 또는 구청장에게 등록해야 한다.
④ 분사무소에서 사용할 인장은 「상업등기규칙」에 따라 신고한 법인의 인장과 대표자가 보증하는 인장을 등록하고 사용할 수 있다. 또한 「상업등기규칙」에 따른 인감증명서의 제출로 갈음한다.

49 공인중개사법령상 거래계약서와 별지서식을 작성하는 방법에 관한 설명으로 틀린 것은? 제21회

① 개업공인중개사는 거래계약서에 서명 및 날인해야 한다.
② 개업공인중개사는 중개대상물확인·설명서에 서명 및 날인해야 한다.
③ 개업공인중개사는 전속중개계약서에 서명 및 날인해야 한다.
④ 중개대상물확인·설명서에는 거래당사자가 서명 또는 날인하는 란이 있다.
⑤ 거래당사자는 거래당사자간 직접거래의 경우 부동산 거래계약신고서에 공동으로 서명 또는 날인(전자인증방법 포함)하는 것이 원칙이다.

해설 ③ 공인중개사법령상 각종 서식 중 '서명 및 날인' 하는 문서는 거래계약서와 확인·설명서 2가지뿐이다. 따라서 전속중개계약서에는 '서명 및 날인' 할 필요 없이 '서명 또는 날인'을 하면 된다.

제6절 │ **휴업·폐업**

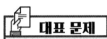 **대표 문제**

공인중개사법령상 휴업에 관한 설명으로 틀린 것을 모두 고른 것은?　제29회

⊙ 등록 후 업무를 개시하지 않고 3개월을 초과하는 경우에는 신고해야 한다.
ⓒ 법령에 정한 사유를 제외하고 휴업기간은 6개월을 초과할 수 없다.
ⓒ 분사무소는 주된 사무소와 별도로 휴업할 수 없다.
ⓔ 휴업신고는 원칙적으로 휴업개시 후 휴업종료 전에 해야 한다.
ⓜ 휴업기간 변경신고서에는 중개사무소등록증을 첨부해야 한다.

---

① ⊙, ⓒ　　　　　② ⓒ, ⓜ　　　　　③ ⊙, ⓒ, ⓔ
④ ⓒ, ⓒ, ⓜ　　　　⑤ ⓒ, ⓔ, ⓜ

해설 ⓒ 분사무소는 주된 사무소와 별도로 휴업할 수 있다.
ⓔ 휴업신고는 사전신고로서, 휴업 전에 미리 신고하여야 한다.
ⓜ 휴업기간 변경신고시에는 휴업신고시 이미 등록증을 반납하였으므로 등록증을 첨부할 수 없다.

정답 ⑤

---

50 공인중개사법령상 개업공인중개사의 휴업과 폐업 등에 관한 설명으로 틀린 것은?
제30회

① 부동산중개업휴업신고서의 서식에 있는 '개업공인중개사의 종별'란에는 법인, 공인중개사, 법 제7638호 부칙 제6조 제2항에 따른 개업공인중개사가 있다.
② 개업공인중개사가 부동산중개업폐업신고서를 작성하는 경우에는 폐업기간, 부동산중개업휴업신고서를 작성하는 경우에는 휴업기간을 기재하여야 한다.
③ 중개사무소의 개설등록 후 업무를 개시하지 않은 개업공인중개사라도 3개월을 초과하는 휴업을 하고자 하는 때에는 부동산중개업휴업신고서에 중개사무소등록증을 첨부하여 등록관청에 미리 신고하여야 한다.
④ 개업공인중개사가 등록관청에 폐업사실을 신고한 경우에는 지체 없이 사무소의 간판을 철거하여야 한다.
⑤ 개업공인중개사가 취학을 하는 경우 6개월을 초과하여 휴업을 할 수 있다.

해설 ② 개업공인중개사가 부동산중개업폐업신고서를 작성하는 경우에는 '폐업기간'이 아닌 '폐업일'을 기재하여야 한다.

정답 ▶ 48 ⑤　49 ③　50 ②

51 공인중개사법령상 휴업 또는 폐업에 관한 설명으로 옳은 것은? 제25회

① 개업공인중개사가 휴업한 중개업을 재개하고자 하는 때에는 휴업한 중개업의 재개 후 1주일 이내에 신고해야 한다.

② 개업공인중개사가 1개월을 초과하는 휴업을 하는 때에는 등록관청에 그 사실을 신고해야 한다.

③ 개업공인중개사가 휴업을 하는 경우, 질병으로 인한 요양 등 대통령령이 정하는 부득이한 사유가 있는 경우를 제외하고는 3개월을 초과할 수 없다.

④ 휴업기간 중에 있는 개업공인중개사는 다른 개업공인중개사의 소속공인중개사가 될 수 있다.

⑤ 재등록 개업공인중개사에 대하여 폐업신고 전의 업무정지처분에 해당하는 위반행위를 사유로 업무정지처분을 함에 있어서는 폐업기간과 폐업사유 등을 고려해야 한다.

> **해설** ① 휴업한 중개업의 재개신고는 미리 해야 한다.
> ② 3개월을 초과하는 휴업을 하고자 하면 등록관청에 그 사실을 신고해야 한다.
> ③ 휴업기간은 원칙적으로 6개월을 초과할 수 없다.
> ④ 휴업기간 중에도 이중소속이 금지된다.

52 공인중개사법령상 개업공인중개사의 휴업의 신고 등에 관한 설명으로 틀린 것은?
  제35회

① 법인인 개업공인중개사가 4개월간 분사무소의 휴업을 하려는 경우 휴업신고서에 그 분사무소설치 신고확인서를 첨부하여 분사무소의 휴업신고를 해야 한다.

② 개업공인중개사가 신고한 휴업기간을 변경하려는 경우 휴업기간 변경신고서에 중개사무소등록증을 첨부하여 등록관청에 미리 신고해야 한다.

③ 관할 세무서장이 「부가가치세법 시행령」에 따라 공인중개사법령상의 휴업신고서를 함께 받아 이를 해당 등록관청에 송부한 경우에는 휴업신고서가 제출된 것으로 본다.

④ 등록관청은 개업공인중개사가 대통령령으로 정하는 부득이한 사유가 없음에도 계속하여 6개월을 초과하여 휴업한 경우 중개사무소의 개설등록을 취소할 수 있다.

⑤ 개업공인중개사가 휴업한 중개업을 재개하고자 등록관청에 중개사무소재개신고를 한 경우 해당 등록관청은 반납받은 중개사무소등록증을 즉시 반환해야 한다.

> **해설** ② 휴업신고시 등록증을 반납하였으므로 휴업기간 변경신고서에 중개사무소등록증을 첨부할 수 없다.

53 공인중개사법령상 개업공인중개사의 부동산중개업 휴업 또는 폐업에 관한 설명으로 옳은 것을 모두 고른 것은? 제34회

> ㉠ 분사무소의 폐업신고를 하는 경우 분사무소설치신고확인서를 첨부해야 한다.
> ㉡ 임신은 6개월을 초과하여 휴업할 수 있는 사유에 해당한다.
> ㉢ 업무정지처분을 받고 부동산중개업 폐업신고를 한 개업공인중개사는 업무정지기간이 지나지 아니하더라도 중개사무소 개설등록을 할 수 있다.

① ㉡   ② ㉠, ㉡   ③ ㉠, ㉢
④ ㉡, ㉢   ⑤ ㉠, ㉡, ㉢

> 해설 ㉢ 업무정지처분을 받고 부동산중개업 폐업신고를 한 개업공인중개사는 업무정지기간 동안 결격사유에 해당하므로 중개사무소 개설등록을 할 수 없다.

54 공인중개사법령상 휴업과 폐업에 관한 설명으로 틀린 것은? 제27회

① 2개월의 휴업을 하는 경우 신고할 의무가 없다.
② 취학을 이유로 하는 휴업은 6개월을 초과할 수 있다.
③ 휴업기간 변경신고는 전자문서에 의한 방법으로 할 수 있다.
④ 등록관청에 폐업사실을 신고한 경우 1개월 이내에 사무소의 간판을 철거해야 한다.
⑤ 중개사무소재개신고를 받은 등록관청은 반납을 받은 중개사무소등록증을 즉시 반환해야 한다.

> 해설 ④ 폐업신고를 한 경우에는 지체 없이 사무소의 간판을 철거하여야 한다.

정답 51 ⑤   52 ②   53 ②   54 ④

55 공인중개사법령상 중개업의 휴업 및 재개신고 등에 관한 설명으로 옳은 것은?

제32회

① 개업공인중개사가 3개월의 휴업을 하려는 경우 등록관청에 신고해야 한다.
② 개업공인중개사가 6개월을 초과하여 휴업을 할 수 있는 사유는 취학, 질병으로 인한 요양, 징집으로 인한 입영에 한한다.
③ 개업공인중개사가 휴업기간 변경신고를 하려면 중개사무소등록증을 휴업기간변 경신고서에 첨부하여 제출해야 한다.
④ 재개신고는 휴업기간 변경신고와 달리 전자문서에 의한 신고를 할 수 없다.
⑤ 재개신고를 받은 등록관청은 반납을 받은 중개사무소등록증을 즉시 반환해야 한다.

> **해설** ① 휴업기간이 3개월을 초과할 때 신고의무가 발생하므로 3개월 휴업은 신고의무가 없다.
> ② 휴업기간이 6개월을 초과할 수 있는 사유는 요양, 입영, 취학, 임신 또는 출산 그 밖에 이에 준하는 사유 등이 있다.
> ③ 휴업기간 변경신고시에는 중개사무소등록증을 첨부할 수 없다.
> ④ 휴업기간 변경신고와 마찬가지로 재개신고도 전자문서에 의한 신고를 할 수 있다.

56 공인중개사법령상 개업공인중개사의 휴업에 관한 설명으로 옳은 것(○)과 틀린 것(×)을 바르게 표시한 것은?

제22회

> ㉠ 휴업신고는 전자문서로 할 수 있다.
> ㉡ 법인인 개업공인중개사의 분사무소는 주된 사무소와 별도로 휴업할 수 있다.
> ㉢ 취학을 이유로 휴업하고자 하는 경우 6개월을 초과하여 휴업할 수 있다.
> ㉣ 휴업기간을 변경하고자 하는 경우 등록관청에 미리 신고해야 한다.
> ㉤ 휴업한 개업공인중개사가 휴업기간 만료 후 중개업의 재개신고를 하지 않으면 벌 금형에 처한다.

① ㉠ (○), ㉡ (○), ㉢ (○), ㉣ (○), ㉤ (○)
② ㉠ (○), ㉡ (×), ㉢ (○), ㉣ (○), ㉤ (×)
③ ㉠ (○), ㉡ (○), ㉢ (×), ㉣ (○), ㉤ (○)
④ ㉠ (×), ㉡ (○), ㉢ (○), ㉣ (○), ㉤ (×)
⑤ ㉠ (×), ㉡ (×), ㉢ (×), ㉣ (×), ㉤ (○)

> **해설** ㉠ 휴업신고는 전자문서로 할 수 없다.
> ㉤ 중개업의 재개신고를 하지 않으면 100만원 이하의 과태료 부과사유에 해당한다.

57 공인중개사법령상 휴업 등에 관한 설명으로 옳은 것은? 제24회

① 개업공인중개사가 중개사무소 개설등록 후 3개월을 초과하여 업무를 개시하지 않을 경우, 미리 휴업신고를 해야 한다.

② 법령상 부득이한 사유가 없는 한 휴업은 3개월을 초과할 수 없다.

③ 부동산중개업의 재개신고나 휴업기간의 변경신고는 전자문서에 의한 방법으로 할 수 없다.

④ 개업공인중개사가 휴업기간의 변경신고를 할 때에는 그 신고서에 중개사무소등록증을 첨부해야 한다.

⑤ 개업공인중개사가 3개월을 초과하는 휴업을 하면서 휴업신고를 하지 않은 경우에는 500만원 이하의 과태료를 부과한다.

> 해설 ② 3개월 ⇨ 6개월
> ③ 휴업기간 변경신고는 전자문서로 할 수 있다.
> ④ 휴업기간 변경신고시에는 등록증을 첨부할 필요가 없다.
> ⑤ 500만원 이하의 과태료 ⇨ 100만원 이하의 과태료

58 공인중개사법령상 개업공인중개사의 휴업과 폐업 등에 관한 설명을 틀린 것은? 제31회

① 폐업신고 전의 개업공인중개사에 대하여 위반행위를 사유로 행한 업무정지처분의 효과는 폐업일부터 1년간 다시 개설등록을 한 자에게 승계된다.

② 개업공인중개사가 폐업신고를 한 후 1년 이내에 소속공인중개사로 고용신고되는 경우, 그 소속공인중개사는 실무교육을 받지 않아도 된다.

③ 손해배상책임의 보장을 위한 공탁금은 개업공인중개사가 폐업한 날부터 3년 이내에는 회수할 수 없다.

④ 분사무소는 주된 사무소와 별도로 휴업할 수 있다.

⑤ 중개업의 폐업신고는 수수료 납부사항이 아니다.

> 해설 ① '폐업일'이 아닌 '처분일'부터 '1년간' 다시 개설등록을 한 자에게 승계된다.

59 공인중개사법령상 다음 신청서의 구비서류 중 원본을 첨부해야 하는 경우만을 모두 고른 것은?

제21회

> ㉠ 부동산중개업 폐업신고서 – 중개사무소등록증
> ㉡ 부동산거래정보망 가입·이용신청서 – 중개사무소등록증
> ㉢ 거래정보사업자 지정신청서 – 공인중개사자격증
> ㉣ 손해배상책임보증 설정신고서 – 보증보험증서

① ㉠
② ㉠, ㉡
③ ㉠, ㉢
④ ㉠, ㉡, ㉢
⑤ ㉡, ㉢, ㉣

해설 ㉠은 원본을 첨부한다. ㉡㉢㉣은 사본을 첨부한다.

정답 59 ①

Chapter 05

중개계약 및 부동산거래정보망

 대표 문제

1. 공인중개사법령상 일반중개계약에 관한 설명으로 옳은 것은? 제28회

① 일반중개계약서는 국토교통부장관이 정한 표준이 되는 서식을 사용해야 한다.
② 중개의뢰인은 동일한 내용의 일반중개계약을 다수의 개업공인중개사와 체결할 수 있다.
③ 일반중개계약의 체결은 서면으로 해야 한다.
④ 중개의뢰인은 일반중개계약서에 개업공인중개사가 준수해야 할 사항의 기재를 요청할 수 없다.
⑤ 개업공인중개사가 일반중개계약을 체결한 때에는 부동산거래정보망에 중개대상물에 관한 정보를 공개해야 한다.

> 해설 ① 표준서식을 사용할 의무는 없다.
> ③ 구두계약도 체결이 가능하다.
> ④ 개업공인중개사가 준수해야 할 사항의 기재를 요청할 수 있다.
> ⑤ 부동산거래정보망에 중개대상물에 관한 정보를 공개해야 할 의무는 없다.
>
> 정답 ②

2. 공인중개사법령상 전속중개계약에 관한 설명으로 틀린 것은? 제22회

① 개업공인중개사는 체결된 전속중개계약서를 3년간 보존해야 한다.
② 중개의뢰인이 전속중개계약의 유효기간 내에 스스로 발견한 상대방과 직접 거래한 경우, 중개의뢰인은 개업공인중개사에게 중개보수의 50%를 지불할 의무가 있다.
③ 중개의뢰인과 개업공인중개사는 전속중개계약의 유효기간을 3개월 이상으로 약정할 수 있다.
④ 전속중개계약을 체결한 개업공인중개사는 중개의뢰인에게 2주일에 1회 이상 중개업무 처리상황을 문서로써 통지해야 한다.
⑤ 개업공인중개사가 중개대상물의 정보를 일간신문에 공개한 때에는 지체 없이 중개의뢰인에게 그 사실을 문서로써 통지해야 한다.

> 해설 ② 전속중개계약의 유효기간 내에 중개의뢰인이 스스로 발견한 상대방과 거래한 경우에는 그가 지불하여야 할 중개보수의 50%에 해당하는 금액의 범위 안에서 개업공인중개사가 중개행위를 함에 있어서 소요된 비용을 지불해야 한다.
>
> 정답 ②

01 공인중개사법령상 중개계약에 관한 설명으로 옳은 것은? 제23회

① 국토교통부장관이 일반중개계약의 표준이 되는 서식을 정하고 있으므로, 개업공인중개사는 그 서식을 반드시 사용해야 한다.

② 전속중개계약을 체결할 경우 당사자 간에 다른 약정이 없으면 그 유효기간은 6개월로 한다.

③ 개업공인중개사가 국토교통부령이 정하는 전속중개계약서에 의하지 않고 전속중개계약을 체결한 경우, 개설등록이 취소된다.

④ 전속중개계약서 서식에는 개업공인중개사가 중개대상물의 확인·설명의무를 이행하는 데 중개의뢰인이 협조해야 함을 명시하고 있다.

⑤ 전속중개계약을 체결한 중개의뢰인이 그 유효기간 내에 스스로 발견한 제3자와 직접 매매계약을 체결한 경우 그 매매계약은 무효가 된다.

해설 ① 개업공인중개사에게 일반중개계약서를 사용할 의무가 있는 것은 아니다.
② 전속중개계약은 당사자 간에 다른 약정이 없으면 그 유효기간은 '3개월'로 한다.
③ 전속중개계약시 전속중개계약서 사용의무를 위반한 경우에는 업무정지처분을 받을 수 있다.
⑤ 전속중개의뢰인이 스스로 발견한 상대방과 직접 계약을 체결한 경우라 하더라도 그 거래계약의 효력에는 영향이 없으므로 매매계약은 유효하다.

02 공인중개사법령상 중개의뢰인 甲과 개업공인중개사 乙의 중개계약에 관한 설명으로 옳은 것은? 제34회

① 甲의 요청에 따라 乙이 일반중개계약서를 작성한 경우 그 계약서를 3년간 보존해야 한다.

② 일반중개계약은 표준이 되는 서식이 정해져 있다.

③ 전속중개계약은 법령이 정하는 계약서에 의하여야 하며, 乙이 서명 및 날인하되 소속공인중개사가 있는 경우 소속공인중개사가 함께 서명 및 날인해야 한다.

④ 전속중개계약의 유효기간은 甲과 乙이 별도로 정하더라도 3개월을 초과할 수 없다.

⑤ 전속중개계약을 체결한 甲이 그 유효기간 내에 스스로 발견한 상대방과 거래한 경우 중개보수에 해당하는 금액을 乙에게 위약금으로 지급해야 한다.

해설 ① 개업공인중개사가 일반중개계약서를 작성한 경우 보존의무는 없다.
③ 전속중개계약서에 소속공인중개사가 함께 서명 및 날인해야 할 의무는 없다.
④ 전속중개계약의 유효기간은 3개월로 한다. 다만, 당사자 간에 다른 약정이 있는 경우에는 그 약정에 따르고 3개월을 초과할 수 있다.
⑤ 전속중개계약을 체결한 중개의뢰인이 그 유효기간 내에 스스로 발견한 상대방과 거래한 경우 중개보수의 50%에 해당하는 금액의 범위 안에서 소요비용을 지급해야 한다.

03 甲소유 X부동산을 매도하기 위한 甲과 개업공인중개사 乙의 전속중개계약에 관한 설명으로 틀린 것은?　　　　　　　　　　　　　　　　　　　　　　제28회

① 甲과 乙의 전속중개계약은 국토교통부령이 정하는 계약서에 의해야 한다.

② 甲과 乙이 전속중개계약의 유효기간을 약정하지 않은 경우 유효기간은 3개월로 한다.

③ 乙이 甲과 전속중개계약 체결 뒤 6개월 만에 그 계약서를 폐기한 경우 이는 업무 정지사유에 해당한다.

④ 甲이 비공개를 요청하지 않은 경우, 乙은 전속중개계약 체결 후 2주 내에 X부동산에 관한 정보를 부동산거래정보망 또는 일간신문에 공개해야 한다.

⑤ 전속중개계약 체결 후 乙이 공개해야 할 X부동산에 관한 정보에는 도로 및 대중교통수단과의 연계성이 포함된다.

<u>해설</u>　④ 7일 이내에 정보를 공개하여야 한다.

04 개업공인중개사가 주택을 임차하려는 중개의뢰인과 일반중개계약을 체결하면서 공인중개사법령상 표준서식인 일반중개계약서를 작성할 때 기재할 사항은?　　　　　　　　　　　　　　　　　　　　　　제33회

① 소유자 및 등기명의인

② 은행융자·권리금·제세공과금 등

③ 중개의뢰 금액

④ 희망지역

⑤ 거래규제 및 공법상 제한사항

<u>해설</u>　①②③⑤ 매도·임대 중개의뢰시 일반중개계약서에 기재할 사항이다.

[일반중개계약서의 기재사항]

매도 · 임대의뢰시 기재사항	매수 · 임차의뢰시 기재사항
1. 소유자 및 등기명의인	1. 희망물건의 종류
2. 중개대상물의 표시	2. 취득 희망가격
3. 권리관계	3. 희망지역
4. 거래규제 및 공법상 제한사항	4. 그 밖의 희망조건
5. 중개의뢰금액	
6. 그 밖의 사항	

05 공인중개사법령상 전속중개계약을 체결한 때 중개의뢰인이 비공개를 요청하지 않는 한 개업공인중개사가 공개해야 할 정보내용이 아닌 것은? 제21회

① 지형 등 입지조건
② 중개대상물의 종류
③ 공법상의 이용제한에 관한 사항
④ 도로 및 대중교통수단과의 연계성
⑤ 소유권자의 주소·성명 등 인적사항에 관한 정보

해설 ⑤ 소유권자의 주소·성명 등 인적사항에 관한 정보는 공개사항이 아니다.

06 공인중개사법령상 '중개대상물의 확인·설명사항'과 '전속중개계약에 따라 부동산 거래정보망에 공개해야 할 중개대상물에 관한 정보'에 공통으로 규정된 것을 모두 고른 것은? 제32회

> ㉠ 공법상의 거래규제에 관한 사항
> ㉡ 벽면 및 도배의 상태
> ㉢ 일조·소음의 환경조건
> ㉣ 취득시 부담해야 할 조세의 종류와 세율

① ㉠, ㉡
② ㉢, ㉣
③ ㉠, ㉡, ㉢
④ ㉡, ㉢, ㉣
⑤ ㉠, ㉡, ㉢, ㉣

해설 ㉠㉡㉢ 공통적으로 규정된 사항이다.
　　㉣ 확인·설명사항에는 해당되나, 전속중개계약에 따른 공개할 정보에는 해당되지 않는 사항이다.

07 공인중개사법령상 일반중개계약서와 전속중개계약서의 서식에 공통으로 기재된 사항이 아닌 것은?

① 첨부서류로서 중개보수 요율표
② 계약의 유효기간
③ 개업공인중개사의 중개업무 처리상황에 대한 통지의무
④ 중개대상물의 확인·설명에 관한 사항
⑤ 개업공인중개사가 중개보수를 과다 수령한 경우 차액 환급

> **해설** ③ 개업공인중개사의 중개업무 처리상황에 대한 통지의무는 전속중개계약서의 서식에만 있는 기재사항이다.
> ①②④⑤ 일반중개계약서와 전속중개계약서 모두에 공통적 사항이다.

08 공인중개사법령상 중개계약에 관한 설명으로 옳은 것(○)과 틀린 것(×)을 바르게 짝지은 것은?

> ㉠ 일반중개계약을 체결하는 경우 국토교통부장관이 관련 법령에 의하여 정한 표준서식의 중개계약서를 사용해야 한다.
> ㉡ 전속중개계약을 체결하는 경우 특별한 약정이 없는 한 중개계약의 유효기간은 3개월이다.
> ㉢ 전속중개계약을 체결하는 경우 개업공인중개사는 당해 계약서를 3년간 보존해야 한다.

① ㉠ (×), ㉡ (○), ㉢ (○)
② ㉠ (×), ㉡ (×), ㉢ (○)
③ ㉠ (×), ㉡ (○), ㉢ (×)
④ ㉠ (○), ㉡ (×), ㉢ (○)
⑤ ㉠ (○), ㉡ (×), ㉢ (×)

> **해설** ㉠ 개업공인중개사가 일반중개계약서를 작성하는 경우라도 표준서식의 중개계약서를 사용할 의무는 없다.

09 공인중개사법령상 전속중개계약에 관한 설명으로 옳은 것을 모두 고른 것은?

> ㉠ 특정한 개업공인중개사를 정하여 그 개업공인중개사에 한하여 중개대상물을 중개하도록 하는 계약이 전속중개계약이다.
> ㉡ 당사자간에 기간의 약정이 없으면 전속중개계약의 유효기간은 6개월로 한다.
> ㉢ 개업공인중개사는 중개의뢰인에게 전속중개계약 체결 후 2주일에 1회 이상 중개업무 처리상황을 문서로 통지해야 한다.
> ㉣ 전속중개계약의 유효기간 내에 다른 개업공인중개사에게 해당 중개대상물의 중개를 의뢰하여 거래한 중개의뢰인은 전속중개계약을 체결한 개업공인중개사에게 위약금 지불의무를 진다.

① ㉠, ㉢
② ㉡, ㉣
③ ㉠, ㉡, ㉢
④ ㉠, ㉢, ㉣
⑤ ㉠, ㉡, ㉢, ㉣

해설 ㉠㉢㉣ 옳은 내용이다.
㉡ 6개월 ⇨ 3개월

10 공인중개사법령상 일반중개계약서와 전속중개계약서에 관한 설명으로 틀린 것은?

① 일반중개계약서, 전속중개계약서 서식은 모두 별지 서식으로 정해져 있다.
② 일반중개계약이든 전속중개계약이든 중개계약이 체결된 경우 모두 법정서식을 사용해야 한다.
③ 일반중개계약서의 보존기간에 관한 규정은 없다.
④ 일반중개계약서 서식에는 중개의뢰인의 권리·의무사항이 기술되어 있다.
⑤ 일반중개계약서와 전속중개계약서 서식상의 개업공인중개사의 손해배상책임에 관한 기술 내용은 동일하다.

해설 ② 일반중개계약서의 경우에는 법정서식 사용의무가 없다.

11 공인중개사법령상 개업공인중개사의 일반중개계약과 전속중개계약에 관한 설명으로 옳은 것은? 제33회

① 일반중개계약은 중개의뢰인이 중개대상물의 중개를 의뢰하기 위해 특정한 개업공인중개사를 정하여 그 개업공인중개사에 한정하여 중개대상물을 중개하도록 하는 계약을 말한다.

② 개업공인중개사가 일반중개계약을 체결한 때에는 중개의뢰인이 비공개를 요청하지 않은 경우, 부동산거래정보망에 해당 중개대상물에 관한 정보를 공개해야 한다.

③ 개업공인중개사가 일반중개계약을 체결한 때에는 중개의뢰인에게 2주일에 1회 이상 중개업무 처리상황을 문서로 통지해야 한다.

④ 개업공인중개사가 국토교통부령으로 정하는 전속중개계약서에 의하지 아니하고 전속중개계약을 체결한 행위는 업무정지사유에 해당하지 않는다.

⑤ 표준서식인 일반중개계약서와 전속중개계약서에는 개업공인중개사가 중개보수를 과다수령시 그 차액의 환급을 공통적으로 규정하고 있다.

> 해설 ①③ 전속중개계약에 대한 내용이다.
> ② 일반중개계약에 해당하지 않는 내용이다.
> ④ 업무정지사유에 해당한다.

12 중개의뢰인 甲과 개업공인중개사 乙은 공인중개사법령에 따른 전속중개계약을 체결하고 전속중개계약서를 작성하였다. 이에 관한 설명으로 틀린 것은? 제33회

① 甲과 乙이 전속중개계약의 유효기간을 4개월로 약정한 것은 유효하다.

② 乙은 전속중개계약서를 3년 동안 보존해야 한다.

③ 甲은 乙이 공인중개사법령상의 중개대상물확인·설명의무를 이행하는 데 협조해야 한다.

④ 전속중개계약에 정하지 않은 사항에 대하여는 甲과 乙이 합의하여 별도로 정할 수 있다.

⑤ 전속중개계약의 유효기간 내에 甲이 스스로 발견한 상대방과 거래한 경우, 甲은 乙에게 지급해야 할 중개보수 전액을 위약금으로 지급해야 한다.

> 해설 ⑤ 전속중개계약의 유효기간 내에 甲이 스스로 발견한 상대방과 거래한 경우, 甲은 乙에게 지급해야 할 중개보수의 '50% 범위 내에서 소요비용'을 지급해야 한다.

제2절 **부동산거래정보망**

 대표 문제

공인중개사법령상 정보망의 지정 및 이용에 관한 설명으로 틀린 것은? 제30회

① 국토교통부장관은 부동산거래정보망을 설치·운영할 자를 지정할 수 있다.
② 부동산거래정보망을 설치·운영할 자로 지정을 받을 수 있는 자는「전기통신사업법」의 규정에 의한 부가통신사업자로서 국토교통부령이 정하는 요건을 갖춘 자이다.
③ 거래정보사업자는 지정받은 날부터 3개월 이내에 부동산거래정보망의 이용 및 정보제공방법 등에 관한 운영규정을 정하여 국토교통부장관의 승인을 얻어야 한다.
④ 거래정보사업자가 부동산거래정보망의 이용 및 정보제공방법 등에 관한 운영규정을 변경하고자 하는 경우 국토교통부장관의 승인을 얻어야 한다.
⑤ 거래정보사업자는 개업공인중개사로부터 공개를 의뢰받은 중개대상물의 정보를 개업공인중개사에 따라 차별적으로 공개할 수 있다.

해설 ⑤ 거래정보사업자는 개업공인중개사로부터 공개를 의뢰받은 중개대상물의 정보를 어떠한 방법으로든지 개업공인중개사에 따라 정보가 차별적으로 공개되도록 하여서는 아니 된다.

정답 ⑤

13 공인중개사법령상 거래정보사업자의 지정취소사유에 해당하는 것을 모두 고른 것은? 제31회

㉠ 부동산거래정보망의 이용 및 정보제공방법 등에 관한 운영규정을 변경하고도 국토교통부장관의 승인을 받지 않고 부동산거래정보망을 운영한 경우
㉡ 개업공인중개사로부터 공개를 의뢰받지 아니한 중개대상물 정보를 부동산거래정보망에 공개한 경우
㉢ 정당한 사유 없이 지정받은 날부터 6개월 이내에 부동산거래정보망을 설치하지 아니한 경우
㉣ 개인인 거래정보사업자가 사망한 경우
㉤ 부동산거래정보망의 이용 및 정보제공방법 등에 관한 운영규정을 위반하여 부동산거래정보망을 운영한 경우

① ㉠, ㉡   ② ㉢, ㉣
③ ㉠, ㉡, ㉤   ④ ㉠, ㉡, ㉣, ㉤
⑤ ㉠, ㉡, ㉢, ㉣, ㉤

해설 ㉢ 6개월 이내에 ⇨ 1년 이내에

14 공인중개사법령상 부동산거래정보망의 지정 및 이용 등에 관한 설명으로 옳은 것은?

제21회

① 거래정보사업자로 지정받으려는 자는 지정받기 전에 운영규정을 정하여 국토교통부장관의 승인을 얻어야 한다.

② 거래정보사업자로 지정받으려는 자는 그 부동산거래정보망의 가입·이용신청을 한 개업공인중개사가 1,000명 이상이고 10개 이상의 시·도에서 각각 30인 이상의 개업공인중개사가 가입·이용신청을 하였을 것이라는 요건을 갖추어야 한다.

③ 거래정보사업자로 지정받으려는 자는 부동산거래정보망의 가입자가 이용하는 데 지장이 없는 정도로서 국토교통부장관이 정하는 용량 및 성능을 갖춘 컴퓨터설비를 확보해야 한다.

④ 거래정보사업자가 정당한 사유 없이 지정받은 날부터 1년 이내에 부동산거래정보망을 설치·운영하지 아니한 경우 국토교통부장관은 그 지정을 취소해야 한다.

⑤ 거래정보사업자가 개업공인중개사로부터 의뢰받은 정보와 다른 정보를 공개한 경우에는 500만원 이하의 과태료가 부과된다.

> **해설** ① 운영규정은 지정받은 후에 제정하여 승인받는다.
> ② 1,000명 이상 ⇨ 500명 이상, 10개 이상 ⇨ 2개 이상
> ④ 지정을 취소해야 한다. ⇨ 지정을 취소할 수 있다.
> ⑤ 500만원 이하 ⇨ 지정취소사유이면서 1년 이하의 징역 또는 1천만원 이하의 벌금형 사유에 해당한다.

15 공인중개사법령상 부동산거래정보망에 관한 설명으로 틀린 것은? 제26회

① 거래정보사업자는 의뢰받은 내용과 다르게 정보를 공개해서는 아니 된다.

② 거래정보사업자는 개업공인중개사로부터 공개를 의뢰받은 중개대상물의 정보에 한하여 이를 부동산거래정보망에 공개해야 한다.

③ 거래정보사업자가 정당한 사유 없이 지정받은 날부터 1년 이내에 부동산거래정보망을 설치·운영하지 아니한 경우에는 그 지정을 취소해야 한다.

④ 거래정보사업자는 지정받은 날부터 3개월 이내에 부동산거래정보망의 이용 및 정보제공방법 등에 관한 운영규정을 정하여 국토교통부장관의 승인을 얻어야 한다.

⑤ 개업공인중개사는 당해 중개대상물의 거래가 완성된 때에는 지체 없이 이를 당해 거래정보사업자에게 통보해야 한다.

> **해설** ③ 지정취소처분은 재량처분이다. '지정을 취소해야 한다.' ⇨ '지정을 취소할 수 있다.'

정답 13 ④   14 ③   15 ③

16 공인중개사법령상 부동산거래정보망에 관한 설명으로 옳은 것은? 　제24회

① 거래정보사업자로 지정받기 위하여 신청서를 제출하는 경우 공인중개사자격증 원본을 첨부해야 한다.

② 국토교통부장관은 거래정보사업자 지정신청을 받은 날부터 14일 이내에 이를 검토하여 그 지정여부를 결정해야 한다.

③ 전속중개계약을 체결한 개업공인중개사가 부동산거래정보망에 임대 중인 중개 대상물 정보를 공개하는 경우 임차인의 성명을 공개해야 한다.

④ 거래정보사업자로 지정받은 법인이 해산하여 부동산거래정보망사업의 계속적인 운영이 불가능한 경우, 국토교통부장관은 청문을 거치지 않고 사업자 지정을 취소할 수 있다.

⑤ 거래정보사업자는 개업공인중개사로부터 의뢰받은 중개대상물의 정보뿐만 아니라 의뢰인의 이익을 위해 직접 조사한 중개대상물의 정보도 부동산거래정보망에 공개할 수 있다.

해설 ① 자격증 원본 ⇨ 자격증 사본
② 14일 이내 ⇨ 30일 이내
③ 임차인의 주소, 성명 등 인적사항을 공개하여서는 아니 된다.
⑤ 개업공인중개사로부터 의뢰받은 정보 이외의 정보를 공개하여서는 아니 된다.

17 공인중개사법령상 부동산거래정보망의 지정 및 이용에 관한 설명으로 틀린 것은?

제23회

① 국토교통부장관은 부동산거래정보망을 설치·운영할 자를 지정할 수 있다.

② 부동산거래정보망은 개업공인중개사 상호 간에 부동산매매 등에 관한 정보의 공개와 유통을 촉진하고 공정한 부동산 거래질서를 확립하기 위한 것이다.

③ 거래정보사업자는 지정받은 날부터 3개월 이내에 부동산거래정보망의 운영규정을 정하여 지정권자의 승인을 얻어야 한다.

④ 거래정보사업자가 정당한 사유없이 지정받은 날부터 1년 이내에 부동산거래정보망을 설치·운영하지 않은 경우, 지정권자는 그 지정을 취소할 수 있다.

⑤ 부동산거래정보망에 중개대상물에 관한 거래의 중요한 정보를 거짓으로 공개한 개업공인중개사는 500만원 이하의 과태료에 처한다.

해설 ⑤ 개업공인중개사가 부동산거래정보망에 중개대상물에 관한 정보를 거짓으로 공개한 경우 업무정지처분을 받을 수 있다.

18 공인중개사법령상 부동산거래정보망의 지정 및 이용에 관한 설명으로 옳은 것은?

제35회

① 「전기통신사업법」의 규정에 의한 부가통신사업자가 아니어도 국토교통부령으로 정하는 요건을 갖추면 거래정보사업자로 지정받을 수 있다.
② 거래정보사업자로 지정받으려는 자는 공인중개사의 자격을 갖추어야 한다.
③ 거짓이나 그 밖의 부정한 방법으로 거래정보사업자로 지정받은 경우 그 지정은 무효이다.
④ 법인인 거래정보사업자의 해산으로 부동산거래정보망의 계속적인 운영이 불가능한 경우 국토교통부장관은 청문 없이 그 지정을 취소할 수 있다.
⑤ 부동산거래정보망에 정보가 공개된 중개대상물의 거래가 완성된 경우 개업공인중개사는 3개월 이내에 해당 거래정보사업자에게 이를 통보하여야 한다.

해설 ① 「전기통신사업법」의 규정에 의한 부가통신사업자이어야 거래정보사업자로 지정받을 수 있다.
② 법적 근거가 없는 내용이다.
③ 거짓이나 그 밖의 부정한 방법으로 거래정보사업자로 지정받은 경우 일단 그 지정은 유효하고 지정권자는 그 지정을 취소할 수 있다.
⑤ 부동산거래정보망에 정보가 공개된 중개대상물의 거래가 완성된 경우 개업공인중개사는 지체없이 해당 거래정보사업자에게 이를 통보하여야 한다.

Chapter 06

개업공인중개사 등의 의무

제1절 | 중개대상물 확인·설명의 의무

대표 문제

공인중개사법령상 중개대상물의 확인·설명에 관한 내용으로 옳은 것은? (다툼이 있으면 판례에 따름) (공인전자문서센터에 보관된 경우를 제외함) 제30회

① 개업공인중개사는 선량한 관리자의 주의로 중개대상물의 권리관계 등을 조사·확인하여 중개의뢰인에게 설명할 의무가 있다.

② 2명의 개업공인중개사가 공동중개한 경우 중개대상물확인·설명서에는 공동중개한 개업공인중개사 중 1인만 서명·날인하면 된다.

③ 개업공인중개사는 중개대상물에 대한 확인·설명을 중개가 완성된 후 해야 한다.

④ 중개보조원은 중개의뢰인에게 중개대상물의 확인·설명의무를 진다.

⑤ 개업공인중개사는 중개대상물확인·설명서를 작성하여 거래당사자에게 교부하고 그 원본을 5년간 보존하여야 한다.

> **해설** ② 공동중개를 한 개업공인중개사 2명 모두 서명 및 날인하여야 한다.
> ③ 중개가 완성되기 전에 확인·설명을 해야 한다.
> ④ 중개보조원은 중개의뢰인에게 중개대상물의 확인·설명의무를 부담하지 않는다.
> ⑤ 원본을 5년간 ⇨ 원본, 사본 또는 전자문서를 3년간
>
> **정답** ①

01 공인중개사법령상 개업공인중개사의 중개대상물의 확인·설명의무에 관한 설명으로 옳은 것은? (다툼이 있으면 판례에 의함) 제24회

① 소속공인중개사가 중개하여 작성한 중개대상물확인·설명서에 개업공인중개사가 서명 및 날인한 경우 소속공인중개사는 서명 및 날인하지 않아도 된다.

② 주거용 건축물의 구조나 진동에 관한 확인·설명의무는 없다.

③ 비주거용 건축물에 관한 중개대상물확인·설명서에는 소음에 관한 환경조건도 기재해야 한다.

④ 중개대상물에 근저당권이 설정된 경우 실제의 피담보채무액까지 조사·확인하여 설명할 의무는 없다.

⑤ 토지에 관한 중개대상물의 확인·설명서에는 등기된 토지임차권이 존재하더라도 이를 기재할 필요는 없다.

해설 ① 소속공인중개사도 서명 및 날인하여야 한다.
② 구조나 진동도 확인·설명사항에 해당한다.
③ 소음에 대한 환경조건은 기재하지 않는다.
⑤ 등기된 토지임차권이 존재한다면 확인·설명서에 기재하여야 한다.
[확인·설명사항]

> 1. 중개대상물의 종류·소재지·지번·지목·면적·용도·구조 및 건축연도 등 당해 중개대상물에 관한 기본적인 사항
> 2. 소유권·전세권·저당권·지상권 및 임차권 등 당해 중개대상물의 권리관계에 관한 사항
> 3. 거래예정금액, 중개보수 및 실비의 금액과 그 산출내역
> 4. 토지이용계획, 공법상 거래규제 및 이용제한에 관한 사항
> 5. 수도·전기·가스·소방·열공급·승강기설비 및 배수 등 시설물의 상태
> 6. 벽면·바닥면 및 도배의 상태
> 7. 일조·소음·진동 등 환경조건
> 8. 도로 및 대중교통수단과의 연계성, 시장·학교와의 근접성 등 입지조건
> 9. 당해 중개대상물에 대한 권리를 취득함에 따라 부담하여야 할 조세의 종류 및 세율

정답 01 ④

02 공인중개사법령상 공인중개사인 개업공인중개사 등의 중개대상물 확인·설명에 관한 내용으로 옳은 것을 모두 고른 것은? (공인전자문서센터에 보관된 경우를 제외함) 제28회

> ㉠ 시장·학교와의 근접성 등 중개대상물의 입지조건은 개업공인중개사가 확인·설명 해야 하는 사항에 해당한다.
> ㉡ 개업공인중개사가 중개대상물확인·설명서의 원본, 사본 또는 전자문서를 보존해 야 할 기간은 5년이다.
> ㉢ 당해 중개행위를 한 소속공인중개사가 있는 경우, 확인·설명서에는 개업공인중개 사와 그 소속공인중개사가 함께 서명 및 날인해야 한다.
> ㉣ 중개업무를 수행하는 소속공인중개사가 성실·정확하게 중개대상물의 확인·설명을 하지 않은 것은 소속공인중개사의 자격정지사유에 해당한다.

① ㉠, ㉡
② ㉠, ㉣
③ ㉡, ㉢
④ ㉠, ㉢, ㉣
⑤ ㉡, ㉢, ㉣

해설 ㉡ 확인·설명서의 원본, 사본 또는 전자문서는 3년간 보존하여야 한다. 다만, 확인·설명서가 공인전자문서센터에 보관된 경우에는 그러하지 아니하다.

03 공인중개사법령상 내용으로 옳은 것은? 제31회

① 중개보조원은 중개대상물에 관한 확인·설명의무가 있다.
② 소속공인중개사는 그 소속 개업공인중개사인 법인의 임원이 될 수 없다.
③ 외국인은 공인중개사가 될 수 없다.
④ 개업공인중개사가 성실·정확하게 중개대상물의 확인·설명을 하지 않은 경우 과 태료 처분사유에 해당한다.
⑤ 토지이용계획은 주거용 건축물 매매계약의 중개의뢰를 받은 개업공인중개사가 확인·설명해야 할 사항에 포함되지 않는다.

해설 ① 중개보조원은 중개대상물에 관한 확인·설명의무가 없다.
② 소속공인중개사는 해당 개업공인중개사인 법인의 임원이 될 수 있으며, 이는 이중소속에 해 당하지 않는다.
③ 외국인이라도 공인중개사시험 응시자격이 제한되지 않으므로 공인중개사가 될 수 있다.
⑤ 토지이용계획은 주거용 건축물 매매계약의 중개의뢰를 받은 개업공인중개사가 확인·설명 해야 할 사항에 포함된다.

04 공인중개사법령상 개업공인중개사 甲의 중개대상물 확인·설명에 관한 설명으로 틀린 것은? (다툼이 있으면 판례에 따름)   제34회

① 甲은 중개가 완성되어 거래계약서를 작성하는 때에 중개대상물확인·설명서를 작성하여 거래당사자에게 교부해야 한다.

② 甲은 중개대상물에 근저당권이 설정된 경우, 실제의 피담보채무액을 조사·확인하여 설명할 의무가 있다.

③ 甲은 중개대상물의 범위 외의 물건이나 권리 또는 지위를 중개하는 경우에도 선량한 관리자의 주의로 권리관계 등을 조사·확인하여 설명할 의무가 있다.

④ 甲은 자기가 조사·확인하여 설명할 의무가 없는 사항이라도 중개의뢰인이 계약을 맺을지를 결정하는 데 중요한 것이라면 그에 관해 그릇된 정보를 제공해서는 안 된다.

⑤ 甲이 성실·정확하게 중개대상물의 확인·설명을 하지 않거나 설명의 근거자료를 제시하지 않은 경우 500만원 이하의 과태료 부과사유에 해당한다.

> **해설** ② 개업공인중개사는 중개대상 물건에 근저당이 설정된 경우에는 그 채권최고액을 조사·확인하여 의뢰인에게 설명하면 족하고, 실제의 피담보채무액까지 조사·확인하여 설명할 의무까지 있다고 할 수는 없다(판례).

05 공인중개사법령상 개업공인중개사 甲의 중개대상물 확인·설명에 관한 내용으로 틀린 것은? (다툼이 있으면 판례에 따름)   제29회

① 甲은 중개가 완성되어 거래계약서를 작성하는 때에는 중개대상물확인·설명서를 작성해야 한다.

② 甲은 작성된 중개대상물확인·설명서를 거래당사자 모두에게 교부해야 한다.

③ 甲은 중개보수 및 실비의 금액과 그 산출내역을 확인·설명해야 한다.

④ 甲은 임대의뢰인이 중개대상물의 상태에 관한 자료요구에 불응한 경우 그 사실을 중개대상물확인·설명서에 기재할 의무가 없다.

⑤ 甲은 상가건물의 임차권 양도계약을 중개할 경우 양수의뢰인이 「상가건물 임대차보호법」에서 정한 대항력, 우선변제권 등의 보호를 받을 수 있는지를 확인·설명할 의무가 있다.

> **해설** ④ 임대의뢰인이 상태에 관한 자료요구에 불응한 경우 이를 임차의뢰인에게 설명하고, 확인·설명서에 기재하여야 한다.

정답 ▶ 02 ④   03 ④   04 ②   05 ④

06 개업공인중개사가 공인중개사법령상 중개대상물의 확인·설명을 하는 경우에 관한 내용으로 틀린 것은? (공인전자문서센터에 보관된 경우를 제외함) 제26회

① 개업공인중개사는 중개가 완성되기 전에 확인·설명사항을 확인하여 이를 당해 중개대상물에 관한 권리를 취득하고자 하는 중개의뢰인에게 설명해야 한다.

② 개업공인중개사가 성실·정확하게 중개대상물의 확인·설명을 하지 아니하면 업무정지사유에 해당한다.

③ 중개대상물에 대한 권리를 취득함에 따라 부담해야 할 조세의 종류 및 세율은 개업공인중개사가 확인·설명해야 할 사항이다.

④ 개업공인중개사는 확인·설명서를 작성하여 거래당사자에게 교부하고 확인·설명서의 원본, 사본 또는 전자문서를 3년 동안 보존해야 한다.

⑤ 확인·설명서에는 개업공인중개사가 서명 및 날인하되, 당해 중개행위를 한 소속공인중개사가 있는 경우에는 소속공인중개사가 함께 서명 및 날인해야 한다.

해설 ② 500만원 이하의 과태료사유에 해당한다.

07 공인중개사법령상 개업공인중개사의 중개대상물확인·설명서 작성에 관한 설명으로 옳은 것은? (공인전자문서센터에 보관된 경우를 제외함) 제25회

① 개업공인중개사는 중개가 완성되어 거래계약서를 작성하는 때, 확인·설명사항을 서면으로 작성하여 거래당사자에게 교부하고 확인·설명서의 원본, 사본 또는 전자문서를 5년간 보존해야 한다.

② 개업공인중개사는 중개대상물의 상태에 관한 자료요구에 매도의뢰인이 불응한 경우, 그 사실을 매수의뢰인에게 설명하고 중개대상물확인·설명서에 기재해야 한다.

③ 중개대상물확인·설명서에는 개업공인중개사가 서명 또는 날인하되, 당해 중개행위를 한 소속공인중개사가 있는 경우에는 소속공인중개사가 함께 서명 또는 날인해야 한다.

④ 공동중개의 경우, 중개대상물확인·설명서에는 참여한 개업공인중개사(소속공인중개사 포함) 중 1인이 서명 및 날인하면 된다.

⑤ 중개가 완성된 후 개업공인중개사가 중개대상물확인·설명서를 작성하여 교부하지 아니한 것만으로도 중개사무소 개설등록 취소사유에 해당한다.

해설 ① 중개대상물확인·설명서 원본, 사본 또는 전자문서는 3년간 보존하여야 한다.
③ 중개대상물확인·설명서는 서명 및 날인하여야 한다.
④ 공동중개에 참여한 개업공인중개사 모두 서명 및 날인하여야 한다.
⑤ 중개대상물확인·설명서를 작성·교부하지 않는 경우에는 업무정지사유에 해당한다.

제2절 ## 거래계약서 작성 등의 의무

 대표 문제

공인중개사법령상 개업공인중개사가 거래계약서를 작성하는 경우에 관한 설명으로 틀린 것은?
(다툼이 있으면 판례에 따름)   제31회

① 개업공인중개사는 중개가 완성된 때에만 거래계약서를 작성·교부하여야 한다.
② 개업공인중개사는 거래계약서에 서명 및 날인하여야 한다.
③ 중개대상물확인·설명서 교부일자는 거래계약서의 필수기재사항에 해당한다.
④ 개업공인중개사의 거래계약서 보존기간(공인전자문서센터에 보관된 경우는 제외함)은 5년이다.
⑤ 개업공인중개사가 하나의 거래계약에 대하여 서로 다른 둘 이상의 거래계약서를 작성한 경우, 등록관청은 중개사무소의 개설등록을 취소하여야 한다.

해설 ⑤ 개업공인중개사가 하나의 거래계약에 대하여 서로 다른 둘 이상의 거래계약서를 작성한 경우, 등록관청은 중개사무소의 개설등록을 취소할 수 있다.

정답 ⑤

08 **공인중개사법령상 거래계약서의 작성에 관한 설명으로 틀린 것은 모두 몇 개인가?**
(공인전자문서센터에 보관된 경우를 제외함)   제22회

⊙ 개업공인중개사는 그 원본, 사본 또는 전자문서를 3년 동안 보존해야 한다.
⊙ 거래당사자가 원할 때에는 매수인의 성명을 공란으로 둘 수 있다.
⊙ 개업공인중개사는 반드시 정해진 서식을 사용해야 한다.
⊙ 개업공인중개사가 거래금액을 거짓으로 기재하면 등록이 취소될 수 있다.

① 0개   ② 1개   ③ 2개
④ 3개   ⑤ 4개

해설 ⊙ 개업공인중개사는 거래계약서 원본, 사본 또는 전자문서를 5년간 보관하여야 한다. 다만, 거래계약서가 공인전자문서센터에 보관된 경우에는 그러하지 아니하다.
⊙ 거래계약서에는 당사자 인적사항을 반드시 기재하여야 한다.
⊙ 거래계약서는 권장서식에 해당한다.

정답 ▶ 06 ②   07 ②   08 ④

09 개업공인중개사 甲이 공인중개사법령에 따라 거래계약서를 작성하고자 한다. 이에 관한 설명으로 틀린 것은? (다툼이 있으면 판례에 따름) 제28회

① 甲은 중개대상물에 대하여 중개가 완성된 때에만 거래계약서를 작성·교부해야 한다.

② 甲이 작성하여 거래당사자에게 교부한 거래계약서의 원본, 사본 또는 전자문서를 보존해야 할 기간은 5년이다.

③ 공동중개의 경우, 甲과 참여한 개업공인중개사 모두 거래계약서에 서명 또는 날인해야 한다.

④ 계약의 조건이 있는 경우, 그 조건은 거래계약서에 기재해야 할 사항이다.

⑤ 국토교통부장관은 개업공인중개사가 작성하는 거래계약서의 표준이 되는 서식을 정하여 그 사용을 권장할 수 있다.

해설 ③ 서명 또는 날인 ⇨ 서명 및 날인

10 공인중개사법령상 개업공인중개사가 작성하는 거래계약서의 필수적 기재사항이 아닌 것은 모두 몇 개인가? 제20회

> ㉠ 물건의 표시
> ㉡ 거래예정금액
> ㉢ 물건의 인도일시
> ㉣ 권리이전의 내용
> ㉤ 토지이용계획의 내용
> ㉥ 거래당사자의 인적 사항
> ㉦ 권리취득에 따른 조세의 개략적 금액

① 2개 　　　　② 3개 　　　　③ 4개
④ 5개 　　　　⑤ 6개

해설 ㉡ 거래예정금액, ㉤ 토지이용계획의 내용, ㉦ 권리취득에 따른 조세의 개략적 금액은 확인·설명서에 기재할 사항이지 거래계약서에 기재할 사항이 아니다.

11 공인중개사법령상 개업공인중개사의 거래계약서 작성 등에 관한 설명으로 틀린 것은? 제29회

① 거래계약서에는 물건의 인도일시를 기재해야 한다.
② 「공인중개사법 시행규칙」에 개업공인중개사가 작성하는 거래계약서의 표준이 되는 서식이 정해져 있다.
③ 거래계약서에는 중개대상물확인·설명서 교부일자를 기재해야 한다.
④ 소속공인중개사가 중개행위를 한 경우 그 거래계약서에는 소속공인중개사와 개업공인중개사가 함께 서명 및 날인해야 한다.
⑤ 공동중개의 경우 참여한 개업공인중개사가 모두 서명 및 날인해야 한다.

해설 ② 거래계약서의 표준서식은 정해진 바가 없다. 따라서 임의서식을 사용하여 필요적 기재사항만 기재하면 된다.

12 공인중개사법령상 개업공인중개사가 중개대상물의 거래계약서에 기재해야 할 사항이 아닌 것은? 제24회

① 거래대금의 지급일자
② 개업공인중개사의 거래계약서 보존기간
③ 계약의 조건이 있는 경우 그 조건
④ 중개대상물확인·설명서 교부일자
⑤ 당사자의 담보책임을 면제하기로 한 경우 그 약정

해설 ② 거래계약서 보존기간은 거래계약서의 필수적 기재사항이 아니다.

13 공인중개사법령상 거래계약서의 작성에 관한 설명으로 틀린 것은? 제23회

① 개업공인중개사는 중개대상물에 관하여 중개가 완성된 때에는 거래계약서를 작성하여 거래당사자에게 교부한다.
② 개업공인중개사는 거래계약서에 서명 및 날인해야 한다.
③ 국토교통부장관은 개업공인중개사가 작성하는 거래계약서의 표준이 되는 서식을 정하여 그 사용을 권장할 수 있으나, 공인중개사법령에는 별지서식이 정해져 있지 않다.
④ 물건의 인도일시는 거래계약서에 기재할 사항이다.
⑤ 중개대상물확인·설명서 교부일자는 거래계약서에 기재할 사항이 아니다.

해설 ⑤ 확인·설명서 교부일자도 거래계약서에 필수적으로 기재해야 한다.

정답 09 ③ 10 ② 11 ② 12 ② 13 ⑤

14 공인중개사법령상 개업공인중개사의 거래계약서 작성에 관한 설명으로 옳은 것은?

제25회

① 중개대상물확인·설명서 교부일자는 거래계약서에 기재해야 할 사항이 아니다.
② 당해 중개행위를 한 소속공인중개사도 거래계약서를 작성할 수 있으며, 이 경우 개업공인중개사만 서명 및 날인하면 된다.
③ 거래계약서는 국토교통부장관이 정하는 표준서식으로 작성해야 한다.
④ 법인의 분사무소가 설치되어 있는 경우, 그 분사무소에서 작성하는 거래계약서에 분사무소의 책임자가 서명 및 날인해야 한다.
⑤ 개업공인중개사가 거래계약서에 거래내용을 거짓으로 기재한 경우, 1년 이하의 징역 또는 1천만원 이하의 벌금에 처해진다.

해설 ① 거래계약서에 기재할 사항이다.
② 당해 업무를 수행한 소속공인중개사도 서명 및 날인을 하여야 한다.
③ 거래계약서는 표준서식이 없다.
⑤ 임의적 등록취소사유에 해당한다.

15 공인중개사법령상 개업공인중개사의 거래계약서 작성 등에 관한 설명으로 옳은 것은? (공인전자문서센터에 보관된 경우를 제외함)

제27회

① 국토교통부장관이 지정한 표준거래계약서 양식으로 계약서를 작성해야 한다.
② 작성된 거래계약서는 거래당사자에게 교부하고 3년간 그 원본, 사본 또는 전자문서를 보존해야 한다.
③ 거래계약서의 원본, 사본 또는 전자문서를 보존기간 동안 보존하지 않은 경우 등록관청은 중개사무소의 개설등록을 취소할 수 있다.
④ 중개대상물확인·설명서 교부일자는 거래계약서 기재사항이 아니다.
⑤ 분사무소의 소속공인중개사가 중개행위를 한 경우 그 소속공인중개사와 분사무소의 책임자가 함께 거래계약서에 서명 및 날인해야 한다.

해설 ① 거래계약서의 표준서식은 존재하지 않는다.
② 5년간 그 원본, 사본 또는 전자문서를 보관하여야 한다. 다만, 거래계약서가 공인전자문서센터에 보관된 경우에는 그러하지 아니하다.
③ 업무정지사유에 해당한다.
④ 거래계약서의 필수적 기재사항에 해당한다.

16 공인중개사법령상 개업공인중개사의 거래계약서 작성 등에 관한 설명으로 옳은 것은? 제33회

① 개업공인중개사가 국토교통부장관이 정하는 거래계약서 표준서식을 사용하지 아니한 경우, 시·도지사는 그 자격을 취소해야 한다.

② 중개대상물확인·설명서 교부일자는 거래계약서에 기재해야 하는 사항이다.

③ 하나의 거래계약에 대하여 서로 다른 둘 이상의 거래계약서를 작성한 경우, 시·도지사는 3개월의 범위 안에서 그 업무를 정지해야 한다.

④ 중개행위를 한 소속공인중개사가 거래계약서를 작성하는 경우, 그 소속공인중개사가 거래계약서에 서명 및 날인하여야 하며 개업공인중개사는 서명 및 날인의무가 없다.

⑤ 거래계약서가 「전자문서 및 전자거래 기본법」에 따른 공인전자문서센터에 보관된 경우 3년간 그 사본을 보존해야 한다.

> 해설 ① 거래계약서는 표준서식이 없으므로 이를 사용할 의무도 없다.
> ③ 임의적 등록취소사유에 해당되므로 '시·도지사'가 아닌 '등록관청'이 등록취소처분 또는 업무정지처분을 할 수 있다.
> ④ 개업공인중개사도 반드시 서명 및 날인을 하여야 한다.
> ⑤ 거래계약서가 「전자문서 및 전자거래 기본법」에 따른 공인전자문서센터에 보관된 경우 별도로 보존의무는 없다.

17 「전자문서 및 전자거래 기본법」에 따른 공인전자문서센터에 보관된 경우, 공인중개사법령상 개업공인중개사가 원본, 사본 또는 전자문서를 보존기간 동안 보존해야 할 의무가 면제된다고 명시적으로 규정된 것을 모두 고른 것은? 제32회

> ㉠ 중개대상물확인·설명서
> ㉡ 손해배상책임보장에 관한 증서
> ㉢ 소속공인중개사 고용신고서
> ㉣ 거래계약서

① ㉠

② ㉠, ㉣

③ ㉡, ㉢

④ ㉡, ㉢, ㉣

⑤ ㉠, ㉡, ㉢, ㉣

> 해설 ㉠㉣ 중개대상물확인·설명서, 거래계약서에 한하여 「전자문서 및 전자거래 기본법」에 따른 공인전자문서센터에 보관된 경우 공인중개사법령상 보존의무가 면제된다.

정답 ▶ 14 ④ 15 ⑤ 16 ② 17 ②

제3절 손해배상책임과 업무보증

대표 문제

공인중개사법령상 개업공인중개사의 손해배상책임의 보장에 관한 설명으로 틀린 것은? (다툼이 있으면 판례에 따름) 제29회

① 개업공인중개사 등이 아닌 제3자의 중개행위로 거래당사자에게 재산상 손해가 발생한 경우 그 제3자는 이 법에 따른 손해배상책임을 진다.

② 부동산 매매계약을 중개하고 계약금 및 중도금 지급에 관여한 개업공인중개사가 잔금 중 일부를 횡령한 경우 이 법에 따른 손해배상책임이 있다.

③ 개업공인중개사는 업무를 개시하기 전에 손해배상책임을 보장하기 위하여 법령이 정한 조치를 하여야 한다.

④ 개업공인중개사가 자기의 중개사무소를 다른 사람의 중개행위 장소로 제공함으로써 거래당사자에게 재산상 손해가 발생한 경우 그 손해를 배상할 책임이 있다.

⑤ 손해배상책임의 보장을 위한 공탁금은 개업공인중개사가 폐업 또는 사망한 날부터 3년 이내에는 회수할 수 없다.

해설 ① 개업공인중개사 등이 아닌 제3자는 「공인중개사법」이 아닌 「민법」에 의해 책임을 진다.

정답 ①

18 공인중개사법령에 관한 설명으로 옳은 것은? (다툼이 있으면 판례에 의함) 제24회

① 무자격자가 우연한 기회에 단 1회 거래행위를 중개한 경우 과다하지 않은 중개보수 지급약정도 무효이다.

② 지역농업협동조합이 부동산중개업을 하는 때에는 1천만원 이상의 보증을 설정해야 한다.

③ 손해배상책임을 보장하기 위한 공탁금은 개업공인중개사가 폐업한 날부터 5년이 경과해야 회수할 수 있다.

④ 공인중개사가 자신 명의의 중개사사무소에 무자격자로 하여금 자금을 투자하고 이익을 분배받도록 하는 것만으로도 등록증 대여에 해당된다.

⑤ 분사무소 1개를 설치한 법인인 개업공인중개사가 손해배상책임의 보장을 위해 공탁만을 하는 경우 총 6억원 이상을 공탁해야 한다.

해설 ① 판례는 무자격자의 1회성 중개행위에 대한 과다하지 않은 중개보수 지급약정은 효력이 있다고 인정한다.
② 1천만원 이상 ⇨ 2천만원 이상
③ 5년 ⇨ 3년
④ 단순 투자행위에 불과하고 등록증 대여에 해당하지 않는다.

19 공인중개사법령상 중개행위 등에 관한 설명으로 옳은 것은? (다툼이 있으면 판례에 따름)
제32회

① 중개행위에 해당하는지 여부는 개업공인중개사의 행위를 객관적으로 보아 판단할 것이 아니라 개업공인중개사의 주관적 의사를 기준으로 판단해야 한다.

② 임대차계약을 알선한 개업공인중개사가 계약 체결 후에도 목적물의 인도 등 거래당사자의 계약상 의무의 실현에 관여함으로써 계약상 의무가 원만하게 이행되도록 주선할 것이 예정되어 있는 경우, 그러한 개업공인중개사의 행위는 사회통념상 중개행위의 범주에 포함된다.

③ 소속공인중개사는 자신의 중개사무소 개설등록을 신청할 수 있다.

④ 개업공인중개사는 거래계약서를 작성하는 경우 거래계약서에 서명하거나 날인하면 된다.

⑤ 개업공인중개사가 국토교통부장관이 정한 거래계약서 표준서식을 사용하지 않는 경우 과태료부과 처분을 받게 된다.

> **해설** ① 중개행위에 해당하는지 여부는 개업공인중개사의 주관적 의사가 아닌 개업공인중개사의 행위를 객관적으로 보아 판단하여야 한다.
> ③ 소속공인중개사는 중개사무소 개설등록을 신청할 수 없다.
> ④ 개업공인중개사는 거래계약서에 서명 및 날인하여야 한다.
> ⑤ 거래계약서의 표준서식은 존재하지 않는다. 따라서 이에 따른 과태료부과 처분도 근거 없는 내용이다.

20 공인중개사법령상 개업공인중개사 甲의 손해배상책임의 보장에 관한 설명으로 틀린 것은?
제31회

① 甲은 업무를 개시하기 전에 손해배상책임을 보장하기 위하여 보증보험 또는 공제에 가입하거나 공탁을 해야 한다.

② 甲이 설정한 보증을 다른 보증으로 변경하려는 경우 이미 설정한 보증의 효력이 있는 기간 중에 다른 보증을 설정하여야 한다.

③ 甲이 보증보험 또는 공제에 가입한 경우 보증기간의 만료로 다시 보증을 설정하려면, 그 보증기간 만료일까지 다시 보증을 설정하여야 한다.

④ 甲이 손해배상책임을 보장하기 위한 조치를 이행하지 아니하고 업무를 개시한 경우 등록관청은 개설등록을 취소할 수 있다.

⑤ 甲이 공제금으로 손해배상을 한 때에는 30일 이내에 공제에 다시 가입하여야 한다.

> **해설** ⑤ 15일 이내에 공제에 다시 가입하여야 한다.

정답 18 ⑤ 19 ② 20 ⑤

21 공인중개사법령상 개업공인중개사의 손해배상책임의 보장에 관한 설명으로 옳은 것은?

제27회

① 개업공인중개사는 중개를 개시하기 전에 거래당사자에게 손해배상책임의 보장에 관한 설명을 해야 한다.

② 개업공인중개사는 업무개시 후 즉시 손해배상책임의 보장을 위하여 보증보험 또는 공제에 가입해야 한다.

③ 개업공인중개사가 중개행위를 함에 있어서 거래당사자에게 손해를 입힌 경우 고의·과실과 관계없이 그 손해를 배상해야 한다.

④ 개업공인중개사가 폐업한 경우 폐업한 날부터 5년 이내에는 손해배상책임의 보장을 위하여 공탁한 공탁금을 회수할 수 없다.

⑤ 개업공인중개사는 자기의 중개사무소를 다른 사람의 중개행위의 장소로 제공함으로써 거래당사자에게 재산상 손해를 발생하게 한 때에는 그 손해를 배상할 책임이 있다.

> **해설** ① 중개완성 후에 보증관련 사항을 설명하여야 한다.
> ② 업무개시 전에 보증을 설정하여야 하며, 보증보험 또는 공제뿐만 아니라 공탁을 하는 것도 보증설정 방법으로 인정된다.
> ③ 개업공인중개사 자신의 중개행위로 인한 손해배상책임은 과실책임이므로 개업공인중개사의 고의 또는 과실을 요소로 한다.
> ④ 5년 이내에는 ⇨ 3년 이내에는

22 공인중개사법령상 손해배상책임의 보장에 관한 설명으로 옳은 것을 모두 고른 것은?

제26회

> ㉠ 지역농업협동조합이 부동산 중개업을 하는 때에는 중개업무를 개시하기 전에 보장금액 2천만원 이상의 보증을 보증기관에 설정하고 그 증명서류를 갖추어 등록관청에 신고해야 한다.
> ㉡ 개업공인중개사는 자기의 중개사무소를 다른 사람의 중개행위의 장소로 제공함으로써 거래당사자에게 재산상의 손해를 발생하게 한 때에는 그 손해를 배상할 책임이 없다.
> ㉢ 개업공인중개사는 보증보험금으로 손해배상을 한 때에는 10일 이내에 보증보험에 다시 가입하여야 한다.

① ㉠   ② ㉡   ③ ㉠, ㉢
④ ㉡, ㉢   ⑤ ㉠, ㉡, ㉢

> **해설** ㉡ 개업공인중개사에게 책임이 발생한다.
> ㉢ 15일 이내에 재설정하면 된다.

23 공인중개사법령상 개업공인중개사의 손해배상책임 등에 관한 설명으로 옳은 것은? (다툼이 있으면 판례에 의함) 제21회

① 중개의뢰인에 대한 손해배상책임을 보장하기 위한 공탁은 중개업무 개시와 동시에 하여야 한다.

② 법인 아닌 개업공인중개사가 손해배상책임으로 보증해야 할 금액은 1억원 이상이어야 한다.

③ 공탁금으로 손해배상을 한 개업공인중개사는 30일 이내에 그 부족하게 된 금액을 보전해야 한다.

④ 지역농업협동조합이 부동산 중개업을 하는 때에는 5백만원 이상의 보증을 설정해야 한다.

⑤ 중개행위에 따른 확인·설명의무와 그 위반을 이유로 하는 손해배상의무는 중개의뢰인이 개업공인중개사에게 소정의 보수를 지급하지 아니하였다고 해서 당연히 소멸되는 것은 아니다.

> **해설** ① 공탁은 업무개시 전에 하면 된다.
> ② 1억원 이상 ⇨ 2억원 이상
> ③ 30일 이내 ⇨ 15일 이내
> ④ 5백만원 이상 ⇨ 2천만원 이상

24 공인중개사법령상 개업공인중개사의 보증설정 등에 관한 설명으로 옳은 것은? 제32회

① 개업공인중개사가 보증설정신고를 할 때 등록관청에 제출해야 할 증명서류는 전자문서로 제출할 수 없다.

② 보증기관이 보증사실을 등록관청에 직접 통보한 경우라도 개업공인중개사는 등록관청에 보증설정신고를 해야 한다.

③ 보증을 다른 보증으로 변경하려면 이미 설정된 보증의 효력이 있는 기간이 지난 후에 다른 보증을 설정해야 한다.

④ 보증변경신고를 할 때 손해배상책임보증변경신고서 서식의 "보증"란에 "변경 후 보증내용"을 기재한다.

⑤ 개업공인중개사가 보증보험금으로 손해배상을 한 때에는 그 보증보험의 금액을 보전해야 하며 다른 공제에 가입할 수 없다.

> **해설** ① 보증설정신고시 증명서류는 전자문서로 제출할 수 있다.
> ② 보증기관이 보증사실을 등록관청에 직접 통보한 경우에는 신고를 생략할 수 있다.
> ③ 이미 설정된 보증의 효력이 있는 기간 중에 다른 보증을 설정해야 한다.
> ⑤ 보증보험의 금액은 보전의 의무가 없으며, 보증설정방법은 변경이 가능하므로 다른 공제에 가입할 수 있다.

정답 21 ⑤ 22 ① 23 ⑤ 24 ④

25 공인중개사법령상 손해배상책임에 관한 설명으로 옳은 것은? 제25회

① 개업공인중개사의 손해배상책임을 보장하기 위한 보증보험 또는 공제가입, 공탁은 중개사무소 개설등록신청을 할 때 해야 한다.

② 다른 법률의 규정에 따라 중개업을 할 수 있는 법인이 부동산 중개업을 하는 경우 업무보증설정을 하지 않아도 된다.

③ 공제에 가입한 개업공인중개사로서 보증기간이 만료되어 다시 보증을 설정하고자 하는 자는 그 보증기간 만료 후 15일 이내에 다시 보증을 설정해야 한다.

④ 개업공인중개사가 손해배상책임을 보장하기 위한 조치를 이행하지 아니하고 업무를 개시한 경우 등록관청은 개설등록을 취소할 수 있다.

⑤ 보증보험금으로 손해배상을 한 경우 개업공인중개사는 30일 이내에 보증보험에 다시 가입해야 한다.

해설 ① 법적 근거가 없는 내용이며, 보증의 설정은 업무개시 전까지 하면 된다.
② 다른 법률의 규정에 따라 중개업을 할 수 있는 법인도 보증설정을 하여야 한다.
③ 보증의 재설정은 기존 보증기간의 만료일까지 하여야 한다.
⑤ 보증금 지급으로 인한 보증의 재설정은 15일 이내에 하여야 한다.

제4절 **계약금 등의 예치권고제도**

 대표 문제

공인중개사법령상 계약금 등의 반환채무이행의 보장 등에 관한 설명으로 틀린 것은? 제30회

① 개업공인중개사는 거래의 안전을 보장하기 위하여 필요하다고 인정하는 경우, 계약금 등을 예치하도록 거래당사자에게 권고할 수 있다.

② 예치대상은 계약금·중도금 또는 잔금이다.

③ 「보험업법」에 따른 보험회사는 계약금 등의 예치명의자가 될 수 있다.

④ 개업공인중개사는 거래당사자에게 「공인중개사법」에 따른 공제사업을 하는 자의 명의로 계약금 등을 예치하도록 권고할 수 없다.

⑤ 개업공인중개사는 계약금 등을 자기 명의로 금융기관 등에 예치하는 경우 자기 소유의 예치금과 분리하여 관리될 수 있도록 하여야 한다.

해설 ④ 개업공인중개사는 거래당사자에게 「공인중개사법」에 따른 공제사업자 명의로 계약금 등을 예치하도록 권고할 수 있다.

정답 ④

26 공인중개사법령상 계약금 등의 반환채무이행의 보장에 관한 설명으로 틀린 것은?

제19회

① 예치대상 '계약금 등'에는 계약금, 중도금 또는 잔금이 있다.

② 계약금 등을 개업공인중개사 명의로 금융기관 등에 예치하는 경우 개업공인중개사는 거래당사자의 동의 없이 이를 인출할 수 있다.

③ 거래당사자는 반환채무이행의 보장을 위해 계약금 등을 반드시 금융기관 등에 예치해야 하는 것은 아니다.

④ 개업공인중개사의 명의로 계약금 등을 예치시 예치되는 계약금 등의 안전을 보장하기 위한 규정을 위반한 경우 업무정지 1개월을 명할 수 있다.

⑤ 거래당사자간 계약 이행기간 동안의 거래안전을 보장하기 위한 제도이다.

해설 ② 계약금 등을 개업공인중개사 명의로 금융기관 등에 예치하는 경우 개업공인중개사는 거래당사자의 동의 없이 이를 인출할 수 없다.

정답 25 ④ 26 ②

27 공인중개사법령상 계약금 등의 반환채무이행의 보장에 관한 설명으로 틀린 것은?

제21회

① 개업공인중개사가 거래당사자에게 계약금 등을 예치하도록 권고할 법률상 의무는 없다.
② 계약금 등을 예치하는 경우 「우체국예금·보험에 관한 법률」에 따른 체신관서 명의로 공제사업을 하는 공인중개사협회에 예치할 수도 있다.
③ 계약금 등을 예치하는 경우 「보험업법」에 따른 보험회사 명의로 금융기관에 예치할 수 있다.
④ 계약금 등을 예치하는 경우 매도인 명의로 금융기관에 예치할 수 있다.
⑤ 계약금 등의 예치는 거래계약의 이행이 완료될 때까지로 한다.

해설 ④ 매도인은 예치명의자에 해당하지 않는다.

28 공인중개사법령상 계약금 등을 예치하는 경우 예치명의자가 될 수 있는 자를 모두 고른 것은?

제34회

> ㉠ 「보험업법」에 따른 보험회사
> ㉡ 「자본시장과 금융투자업에 관한 법률」에 따른 투자중개업자
> ㉢ 「자본시장과 금융투자업에 관한 법률」에 따른 신탁업자
> ㉣ 「한국지방재정공제회법」에 따른 한국지방재정공제회

① ㉠
② ㉠, ㉢
③ ㉠, ㉡, ㉢
④ ㉡, ㉢, ㉣
⑤ ㉠, ㉡, ㉢, ㉣

해설 [예치명의자가 될 수 있는 자]
1. 개업공인중개사
2. 「은행법」에 따른 은행
3. 「보험업법」에 따른 보험회사
4. 「자본시장과 금융투자업에 관한 법률」에 따른 신탁업자
5. 「우체국예금·보험에 관한 법률」에 따른 체신관서
6. 공제사업을 하는 자(공인중개사협회)
7. 부동산 거래계약의 이행을 보장하기 위하여 계약금 등 및 계약관련 서류를 관리하는 업무를 수행하는 전문회사

29 개업공인중개사의 중개로 매매계약이 체결된 후 계약금 등의 반환채무이행을 보장하기 위해 매수인이 낸 계약금을 개업공인중개사명의로 금융기관에 예치하였다. 공인중개사법령상 이에 관한 설명으로 틀린 것은?　　　　　　　제23회

① 금융기관에 예치하는 데 소요되는 실비는 특별한 약정이 없는 한 매도인이 부담한다.

② 개업공인중개사는 계약금 이외에 중도금이나 잔금도 예치하도록 거래당사자에게 권고할 수 있다.

③ 개업공인중개사는 예치된 계약금에 해당하는 금액을 보장하는 보증보험 또는 공제에 가입하거나 공탁을 해야 한다.

④ 개업공인중개사는 예치된 계약금이 자기소유의 예치금과 분리하여 관리될 수 있도록 해야 한다.

⑤ 개업공인중개사는 예치된 계약금을 거래당사자의 동의 없이 임의로 인출하여서는 안 된다.

> 해설　① 계약금 등의 반환채무 이행보장에 소요된 실비는 권리취득의뢰인으로부터 받을 수 있으므로, 영수증을 첨부하여 '매수인'에게 청구할 수 있다.

제5절 | 개업공인중개사 등의 금지행위

대표 문제

공인중개사법령상 금지행위에 관한 설명으로 옳은 것은?   제30회

① 법인인 개업공인중개사의 사원이 중개대상물의 매매를 업으로 하는 것은 금지되지 않는다.
② 개업공인중개사가 거래당사자 쌍방을 대리하는 것은 금지되지 않는다.
③ 개업공인중개사가 중개의뢰인과 직접거래를 하는 행위는 금지된다.
④ 법인인 개업공인중개사의 임원이 중개의뢰인과 직접거래를 하는 것은 금지되지 않는다.
⑤ 중개보조원이 중개의뢰인과 직접거래를 하는 것은 금지되지 않는다.

해설 ① 중개업 종사자는 누구든지 중개대상물의 매매를 업으로 하는 것은 금지된다.
② 개업공인중개사가 거래당사자 쌍방을 대리하는 것은 금지된다.
④⑤ 법인의 임원이나 중개보조원도 중개의뢰인과 직접거래를 하는 것은 금지된다.

정답 ③

30 공인중개사법령상 개업공인중개사의 금지행위에 관한 설명으로 틀린 것은? (다
툼이 있으면 판례에 의함)   제22회

① 개업공인중개사는 건축물의 매매를 업으로 해서는 안 된다.
② 개업공인중개사는 부동산거래에서 거래당사자 쌍방을 대리서는 안 된다.
③ 개업공인중개사는 사례비 명목으로 공인중개사법령상의 보수 또는 실비를 초과
하여 금품을 받아서는 안 된다.
④ 「공인중개사법」 등 관련 법령에서 정한 한도를 초과하는 부동산 중개보수 약정
은 그 전부가 무효이다.
⑤ 등록관청은 개업공인중개사가 금지행위를 한 경우에는 중개사무소의 개설등록
을 취소할 수 있다.

해설 ④ 「공인중개사법」 등 관련 법령에서 정한 한도를 초과하는 부동산 중개보수 약정은 초과부분
만 무효이다.

31 공인중개사법령상 개업공인중개사의 금지행위에 해당하지 않는 것은? (다툼이 있으면 판례에 의함)   제25회

① 토지 또는 건축물의 매매를 업으로 하는 행위
② 중개의뢰인이 부동산을 단기 전매하여 세금을 포탈하려는 것을 알고도 개업공인 중개사가 이에 동조하여 그 전매를 중개한 행위
③ 개업공인중개사가 매도의뢰인과 서로 짜고 매도의뢰가격을 숨긴 채 이에 비하여 무척 높은 가격으로 매수의뢰인에게 부동산을 매도하고 그 차액을 취득한 행위
④ 개업공인중개사가 소유자로부터 거래에 관한 대리권을 수여받은 대리인과 직접 거래한 행위
⑤ 매도인으로부터 매도중개의뢰를 받은 개업공인중개사 乙의 중개로 X부동산을 매수한 개업공인중개사 甲이, 매수중개의뢰를 받은 다른 개업공인중개사 丙의 중개로 X부동산을 매도한 행위

> 해설 ⑤ 적법한 거래에 해당한다.
> ① 직접거래에 해당한다.
> ② 투기조장행위에 해당한다.
> ③ 거짓된 언행에 해당한다.
> ④ 직접거래에 해당한다.

32 공인중개사법령상 개업공인중개사의 금지행위에 해당하는 것은? (다툼이 있으면 판례에 의함)   제23회

① 공인중개사인 개업공인중개사가 중개업과 별도로 문구점의 운영을 업으로 하는 행위
② 법인인 개업공인중개사가 상가분양대행과 관련하여 법령상의 한도액을 초과한 금원을 받는 행위
③ 개업공인중개사가 중개의뢰인으로부터 매도의뢰를 받은 주택을 직접 자기 명의로 매수하는 행위
④ 개업공인중개사가 자신의 자(子)가 거주할 주택을 다른 개업공인중개사의 중개로 임차하는 행위
⑤ 개업공인중개사가 거래당사자 일방을 대리하는 행위

> 해설 ③ 매도의뢰를 받은 주택을 직접 자기 명의로 매수하는 행위는 직접거래에 해당한다.
> ① 겸업제한을 받지 않으므로 문구점의 운영을 업으로 할 수 있다.
> ② 상가분양대행은 중개가 아니므로 중개보수규정의 적용이 없어 금품초과수수에 해당할 여지가 없다.
> ④ 다른 개업공인중개사의 중개로 거래한 행위는 직접거래에 해당하지 않는다.
> ⑤ 일방대리는 금지행위가 아니다.

정답 ▷ 30 ④   31 ⑤   32 ③

33 공인중개사법령상 개업공인중개사의 금지행위에 해당하지 않는 것은? (다툼이 있으면 판례에 따름) 제28회

① 중개사무소 개설등록을 하지 않고 중개업을 영위하는 자인 사실을 알면서 그를 통하여 중개를 의뢰받는 행위

② 사례금 명목으로 법령이 정한 한도를 초과하여 중개보수를 받는 행위

③ 관계법령에서 양도·알선 등이 금지된 부동산의 분양과 관련 있는 증서의 매매를 중개하는 행위

④ 법인이 아닌 개업공인중개사가 중개대상물 외 건축자재의 매매를 업으로 하는 행위

⑤ 중개의뢰인이 중간생략등기의 방법으로 전매하여 세금을 포탈하려는 것을 개업공인중개사가 알고도 투기목적의 전매를 중개하였으나, 전매차익이 발생하지 않은 경우 그 행위

해설 ④ 법인이 아닌 개업공인중개사(개인인 개업공인중개사)는 원칙적으로 겸업제한이 없어, 건축자재 매매업을 영위할 수 있으므로 금지행위에 해당하지 않는다.
② 명목을 불문하고 중개보수의 한도를 초과하여 금품을 받는 행위는 금지행위를 구성한다.
⑤ 전매차익이 발생하지 않았다 하더라도 '투기조장행위'로서 금지행위에 해당한다.

34 공인중개사법령상 개업공인중개사의 금지행위에 관한 설명으로 틀린 것은? (다툼이 있으면 판례에 따름) 제29회

① 중개대상물의 매매를 업으로 하는 행위는 금지행위에 해당한다.

② 아파트의 특정 동·호수에 대한 분양계약이 체결된 후 그 분양권의 매매를 중개한 것은 금지행위에 해당하지 않는다.

③ 상가 전부의 매도시에 사용하려고 매각조건 등을 기재하여 인쇄해 놓은 양식에 매매대금과 지급기일 등 해당 사항을 기재한 분양계약서는 양도·알선 등이 금지된 부동산의 분양 등과 관련 있는 증서에 해당하지 않는다.

④ 개업공인중개사가 중개의뢰인과 직접거래를 하는 행위를 금지하는 규정은 효력규정이다.

⑤ 탈세 등 관계법령을 위반할 목적으로 미등기 부동산의 매매를 중개하여 부동산 투기를 조장하는 행위는 금지행위에 해당한다.

해설 ④ 개업공인중개사가 중개의뢰인과 직접거래를 하는 행위를 금지하는 규정은 효력규정이 아니라 단속규정에 불과하다. 따라서 직접거래의 효력에는 영향이 없으며, 개업공인중개사가 행정형벌을 받을 뿐이다.
① 「공인중개사법」 제33조 제1항 제1호
② 분양권은 장래의 건물로서 양도·알선이 금지된 증서에 해당하지 않는다.
③ 대판 93도773
⑤ 대판 90누4464

35 공인중개사법령상 개업공인중개사의 금지행위에 해당하는 것을 모두 고른 것은? (다툼이 있으면 판례에 따름) 제27회

> ㉠ 중개의뢰인을 대리하여 타인에게 중개대상물을 임대하는 행위
> ㉡ 상업용 건축물의 분양을 대행하고 법정의 중개보수 또는 실비를 초과하여 금품을 받는 행위
> ㉢ 중개의뢰인인 소유자로부터 거래에 관한 대리권을 수여받은 대리인과 중개대상물을 직접거래하는 행위
> ㉣ 건축물의 매매를 업으로 하는 행위

① ㉠, ㉡   ② ㉢, ㉣   ③ ㉠, ㉡, ㉣
④ ㉠, ㉢, ㉣   ⑤ ㉡, ㉢, ㉣

해설 ㉢㉣이 금지행위에 해당한다.
㉠ 일방대리로서 금지행위에 해당하지 않는다.
㉡ 분양대행보수는 중개보수규정이 적용되지 않으므로 금지행위에 해당하지 않는다.

36 공인중개사법령상 누구든지 시세에 부당한 영향을 줄 목적으로 개업공인중개사 등의 업무를 방해해서는 아니 되는 행위를 모두 고른 것은? 제35회

> ㉠ 중개의뢰인과 직접거래를 하는 행위
> ㉡ 안내문, 온라인 커뮤니티 등을 이용하여 특정가격 이하로 중개를 의뢰하지 아니하도록 유도하는 행위
> ㉢ 정당한 사유 없이 개업공인중개사등의 중개대상물에 대한 정당한 표시·광고 행위를 방해하는 행위
> ㉣ 단체를 구성하여 특정 중개대상물에 대하여 중개를 제한하거나 단체 구성원 이외의 자와 공동중개를 제한하는 행위

① ㉠, ㉢   ② ㉠, ㉣
③ ㉡, ㉢   ④ ㉠, ㉡, ㉣
⑤ ㉡, ㉢, ㉣

해설 ㉠㉣ 개업공인중개사 등의 금지행위로서 개업공인중개사 등에 대한 업무방해행위에 해당하지 않는다.

정답 33 ④   34 ④   35 ②   36 ③

37 공인중개사법령에 관한 설명으로 옳은 것은? (다툼이 있으면 판례에 의함)

제24회

① 개업공인중개사는 다른 개업공인중개사인 법인의 임원이 될 수 있다.
② 개업공인중개사는 그 등록관청의 관할구역 안에 여러 개의 중개사무소를 둘 수 있다.
③ 공인중개사는 국토교통부장관의 허가를 얻은 경우에 한하여 그 자격증을 타인에게 양도할 수 있다.
④ 「도시 및 주거환경정비법」상 관리처분계획의 인가에 의한 입주권은 중개대상물이 될 수 있다.
⑤ 거래당사자가 무자격자에게 중개를 의뢰한 행위는 처벌의 대상이 된다.

> 해설 ① 개업공인중개사는 이중소속이 금지되므로 다른 개업공인중개사인 법인의 임원이 될 수 없다.
> ② 모든 개업공인중개사는 등록관청 관할구역 안에는 2개 이상의 중개사무소를 둘 수 없다.
> ③ 국토교통부장관의 허가 유무를 불문하고 공인중개사자격증을 양도·대여할 수 없다.
> ⑤ 무자격자에게 중개를 의뢰한 거래당사자는 처벌대상이 될 수 없다.

38 공인중개사법령상 개업공인중개사 등의 금지행위에 해당하지 않는 것은? 제31회

① 무등록중개업을 영위하는 자인 사실을 알면서 그를 통하여 중개를 의뢰받는 행위
② 부동산의 매매를 중개한 개업공인중개사가 당해 부동산을 다른 개업공인중개사의 중개를 통하여 임차한 행위
③ 자기의 중개의뢰인과 직접 거래를 하는 행위
④ 제3자에게 부당한 이익을 얻게 할 목적으로 거짓으로 거래가 완료된 것처럼 꾸미는 등 중개대상물의 시세에 부당한 영향을 줄 우려가 있는 행위
⑤ 단체를 구성하여 단체 구성원 이외의 자와 공동중개를 제한하는 행위

> 해설 ② 다른 개업공인중개사의 중개로 임차하였으므로 직접거래에 해당하지 않는다.

제6절 | 부동산거래질서 교란행위 신고센터의 설치·운영

39 공인중개사법령상 부동산거래질서 교란행위에 해당하지 않는 것은? 제35회

① 공인중개사자격증 양도를 알선한 경우

② 중개보조원이 중개업무를 보조하면서 중개의뢰인에게 본인이 중개보조원이라는 사실을 미리 알리지 않은 경우

③ 개업공인중개사가 중개행위로 인한 손해배상책임을 보장하기 위하여 가입해야 하는 보증보험이나 공제에 가입하지 않은 경우

④ 개업공인중개사가 동일한 중개대상물에 대한 하나의 거래를 완성하면서 서로 다른 둘 이상의 거래계약서를 작성한 경우

⑤ 개업공인중개사가 거래당사자 쌍방을 대리한 경우

> **해설** ③ 개업공인중개사가 중개행위로 인한 손해배상책임을 보장하기 위하여 가입해야 하는 보증보험이나 공제에 가입하지 않은 경우는 부동산거래질서 교란행위에 해당하지 않는다.

정답 ▶ 37 ④ 38 ② 39 ③

대표 문제

공인중개사법령상 일방으로부터 받을 수 있는 중개보수의 한도 및 거래금액의 계산 등에 관한 설명으로 틀린 것은? (다툼이 있으면 판례에 따름) 제29회

① 주택에 대한 중개보수는 국토교통부령이 정하는 범위 내에서 시·도 조례로 정한다.

② 아파트 분양권의 매매를 중개한 경우 당사자가 거래 당시 수수하게 되는 총대금(통상적으로 계약금, 기납부한 중도금, 프리미엄을 합한 금액)을 거래가액으로 보아야 한다.

③ 교환계약의 경우 거래금액은 교환대상 중개대상물 중 거래금액이 큰 중개대상물의 가액으로 한다.

④ 중개대상물인 건축물 중 주택의 면적이 2분의 1 이상인 건축물은 주택의 중개보수규정을 적용한다.

⑤ 전용면적이 85제곱미터 이하이고, 상·하수도 시설이 갖추어진 전용입식 부엌, 전용수세식 화장실 및 목욕시설을 갖춘 오피스텔의 임대차에 대한 중개보수의 상한요율은 거래금액의 1천분의 5이다.

해설 ⑤ 주거용 오피스텔의 임대차에 대한 중개보수의 상한요율은 거래금액의 1천분의 4이다.

정답 ⑤

01 공인중개사법령상 중개보수의 한도와 계산 등에 관한 설명으로 틀린 것은? (다툼이 있으면 판례에 따름)

① 중도금의 일부만 납부된 아파트 분양권의 매매를 중개하는 경우, 중개보수는 총 분양대금과 프리미엄의 합산한 금액을 거래대금으로 하여 계산한다.

② 교환계약의 경우, 중개보수는 교환대상 중개대상물 중 거래금액이 큰 중개대상물의 가액을 거래금으로 하여 계산한다.

③ 동일한 중개대상물에 대하여 동일 당사자 간에 매매를 포함한 둘 이상의 거래가 동일 기회에 이루어지는 경우, 중개보수는 매매계약에 관한 거래금액만을 적용하여 계산한다.

④ 주택의 임대차를 중개하는 경우, 국토교통부령이 정하는 범위 내에서 시·도의 조례에 따라 중개보수를 받아야 한다.

⑤ 중개대상물인 건축물 중 주택의 면적이 2분의 1 미만인 경우, 주택 외의 중개대상물에 대한 중개보수규정을 적용한다.

해설 ① 거래대금 ⇨ 총분양대금 + 프리미엄(×) / 기납입액 + 프리미엄(○)

02 공인중개사법령상 중개보수의 제한에 관한 설명으로 옳은 것을 모두 고른 것은? (다툼이 있으면 판례에 따름)

> ㉠ 공인중개사법령상 중개보수 제한규정들은 공매대상 부동산 취득의 알선에 대해서는 적용되지 않는다.
> ㉡ 공인중개사법령에서 정한 한도를 초과하는 부동산 중개보수 약정은 한도를 초과하는 범위 내에서 무효이다.
> ㉢ 개업공인중개사는 중개대상물에 대한 거래계약이 완료되지 않을 경우에도 중개의 뢰인과 중개행위에 상응하는 보수를 지급하기로 약정할 수 있고, 이 경우 공인중개사법령상 중개보수 제한규정들이 적용된다.

① ㉠   ② ㉢   ③ ㉠, ㉡
④ ㉡, ㉢   ⑤ ㉠, ㉡, ㉢

해설 ㉠㉢ 부동산 중개보수 제한에 관한 「공인중개사법」상 보수 제한규정은 공매대상 부동산 취득의 알선에 대해서도 적용된다고 봄이 타당하다. 공인중개사가 중개대상물에 대한 계약이 완료되지 않을 경우에도 중개행위에 상응하는 보수를 지급하기로 약정할 수 있다. 이러한 보수는 계약이 완료되었을 경우에 적용되었을 부동산 중개보수 제한규정에 따른 한도를 초과할 수 없다(대판 2017다243723).

정답 01 ① 02 ④

03 공인중개사법령상 중개보수 등에 관한 설명으로 옳은 것은? (다툼이 있으면 판례에 따름)
제28회

① 개업공인중개사와 중개의뢰인 간의 약정이 없는 경우, 중개보수의 지급시기는 거래계약이 체결된 날로 한다.
② 공인중개사법에서 정한 한도를 초과하는 중개보수약정은 그 한도를 초과하는 범위 내에서 무효이다.
③ 주택 외의 중개대상물의 중개보수의 한도는 시·도의 조례로 정한다.
④ 개업공인중개사는 계약금 등의 반환채무이행 보장을 위해 실비가 소요되더라도 보수 이외에 실비를 받을 수 없다.
⑤ 주택인 중개대상물 소재지와 중개사무소 소재지가 다른 경우, 개업공인중개사는 중개대상물 소재지를 관할하는 시·도의 조례에서 정한 기준에 따라 중개보수를 받아야 한다.

> **해설** ① 거래계약이 체결된 날 ⇨ 거래대금 지급이 완료된 날
> ③ 시·도의 조례 ⇨ 국토교통부령
> ④ 계약금 등의 반환채무이행 보장을 위해 실비는 당연히 중개보수와는 별도로 받을 수 있다.
> ⑤ '중개사무소' 소재지를 관할하는 시·도의 조례에서 정한 기준에 따라 중개보수를 받아야 한다.

04 공인중개사법령상 중개보수에 관한 설명으로 틀린 것은? (다툼이 있으면 판례에 따름)
제26회

① 공인중개사 자격이 없는 자가 중개사무소 개설등록을 하지 아니한 채 부동산중개업을 하면서 거래당사자와 체결한 중개보수 지급약정은 무효이다.
② 개업공인중개사와 중개의뢰인간에 중개보수의 지급시기 약정이 없을 때는 중개대상물의 거래대금 지급이 완료된 날로 한다.
③ 주택(부속토지 포함) 외의 중개대상물의 중개에 대한 보수는 국토교통부령으로 정한다.
④ 주택(부속토지 포함)의 중개에 대한 보수는 중개의뢰인 쌍방으로부터 각각 받되, 그 금액은 시·도의 조례로 정하는 요율 한도 이내에서 중개의뢰인과 개업공인중개사가 서로 협의하여 결정한다.
⑤ 중개대상물의 소재지와 중개사무소의 소재지가 다른 경우 개업공인중개사는 중개대상물의 소재지를 관할하는 시·도의 조례에 따라 중개보수를 받아야 한다.

> **해설** ⑤ 중개사무소의 소재지를 관할하는 시·도의 조례에 따라 중개보수를 받아야 한다.

05 중개보수에 관련된 설명으로 틀린 것을 모두 고른 것은? 제23회

> ㉠ 중개대상물인 주택의 소재지와 중개사무소의 소재지가 다른 경우, 개업공인중개사는 중개사무소 소재지를 관할하는 시·도의 조례에서 정한 기준에 따라 보수를 받아야 한다.
> ㉡ 교환계약의 경우 교환대상 중개대상물 중 거래금액이 큰 중개대상물의 가액을 거래금액으로 하여 보수를 산정한다.
> ㉢ 사례·증여 기타 어떤 명목으로든 법에서 정한 보수를 초과하여 금품을 받는 행위는 반드시 개설등록을 취소하여야 하는 사유에 해당한다.
> ㉣ 동일한 중개대상물에 대하여 동일한 당사자 간에 매매와 임대차가 동일 기회에 이루어지는 경우, 매매계약과 임대차계약의 거래금액을 합산한 금액을 기준으로 보수를 산정한다.

① ㉠, ㉡　　　　　② ㉠, ㉣　　　　　③ ㉡, ㉢
④ ㉡, ㉣　　　　　⑤ ㉢, ㉣

해설　㉢ 금품초과 수수는 임의적(상대적) 등록취소 또는 업무정지사유이다.
　　　㉣ 매매계약에 관한 거래금액만으로 중개보수를 산정한다.

06 A시에 중개사무소를 둔 개업공인중개사 甲은 B시에 소재하는 乙 소유의 오피스텔(건축법령상 업무시설로 전용면적 80제곱미터이고, 상·하수도 시설이 갖추어진 전용입식 부엌, 전용수세식 화장실 및 목욕시설을 갖춤)에 대하여, 이를 매도하려는 乙과 매수하려는 丙의 의뢰를 받아 매매계약을 중개하였다. 이 경우 공인중개사법령상 甲이 받을 수 있는 중개보수 및 실비에 관한 설명으로 옳은 것을 모두 고른 것은? 제33회

> ㉠ 甲이 乙로부터 받을 수 있는 실비는 A시가 속한 시·도의 조례에서 정한 기준에 따른다.
> ㉡ 甲이 丙으로부터 받을 수 있는 중개보수의 상한요율은 거래금액의 1천분의 5이다.
> ㉢ 甲은 乙과 丙으로부터 각각 중개보수를 받을 수 있다.
> ㉣ 주택(부속토지 포함)의 중개에 대한 보수 및 실비규정을 적용한다.

① ㉣　　　　　　　② ㉠, ㉢　　　　　③ ㉡, ㉣
④ ㉠, ㉡, ㉢　　　⑤ ㉠, ㉡, ㉢, ㉣

해설　㉣ "주택 이외의 중개대상물"의 중개에 대한 보수 및 실비규정을 적용한다.

정답　03 ②　04 ⑤　05 ⑤　06 ④

07 A시에 중개사무소를 둔 개업공인중개사 甲은 B시에 소재하는 乙 소유의 건축물 (그중 주택의 면적은 3분의 1임)에 대하여 乙과 丙 사이의 매매계약과 동시에 乙을 임차인으로 하는 임대차계약을 중개하였다. 이 경우 甲이 받을 수 있는 중개 보수에 관한 설명으로 옳은 것을 모두 고른 것은? 제31회

> ㉠ 甲은 乙과 丙으로부터 각각 중개보수를 받을 수 있다.
> ㉡ 甲은 B시가 속한 시·도의 조례에서 정한 기준에 따라 중개보수를 받아야 한다.
> ㉢ 중개보수를 정하기 위한 거래금액의 계산은 매매계약에 관한 거래금액만을 적용한다.
> ㉣ 주택의 중개에 대한 보수규정을 적용한다.

① ㉢ ② ㉠, ㉢ ③ ㉡, ㉣
④ ㉠, ㉡, ㉢ ⑤ ㉠, ㉡, ㉣

해설 ㉡ 본 건축물은 주택의 면적이 3분의 1이므로 주택 이외의 중개대상물에 대한 중개보수규정을 적용하여야 한다. 따라서 국토교통부령이 정하는 바에 따라 중개보수를 받아야 한다.
㉣ 주택 이외의 중개대상물의 중개에 대한 보수규정을 적용한다.

08 乙이 개업공인중개사 甲에게 중개를 의뢰하여 거래계약이 체결된 경우 공인중개 사법령상 중개보수에 관한 설명으로 틀린 것은? 제31회

① 甲의 고의와 과실 없이 乙의 사정으로 거래계약이 해제된 경우라도 甲은 중개보 수를 받을 수 있다.
② 주택의 중개보수는 국토교통부령으로 정하는 범위 안에서 시·도의 조례로 정하 고, 주택 외의 중개대상물의 중개보수는 국토교통부령으로 정한다.
③ 甲이 중개보수 산정에 관한 지방자치단체의 조례를 잘못 해석하여 법정 한도를 초 과한 중개보수를 받은 경우 「공인중개사법」 제33조의 금지행위에 해당하지 않는다.
④ 법정한도를 초과하는 甲과 乙의 중개보수 약정은 그 한도를 초과하는 범위 내에 서 무효이다.
⑤ 중개보수의 지급시기는 甲과 乙의 약정이 없을 때에는 중개대상물의 거래대금 지금이 완료된 날이다.

해설 ③ 지방자치단체의 조례를 잘못 해석한 경우에는 법률의 착오에 해당하지 않으므로 중개보수 초과수수에 해당한다(대판 2004도62).

09 공인중개사법령상 중개보수 등에 관한 설명으로 옳은 것은? 제33회

① 개업공인중개사의 과실로 인하여 중개의뢰인 간의 거래행위가 취소된 경우에도 개업공인중개사는 중개업무에 관하여 중개의뢰인으로부터 소정의 보수를 받는다.

② 개업공인중개사는 권리를 이전하고자 하는 중개의뢰인으로부터 중개대상물의 권리관계 등의 확인에 소요되는 실비를 받을 수 없다.

③ 개업공인중개사는 권리를 취득하고자 하는 중개의뢰인으로부터 계약금 등의 반환채무이행 보장에 소요되는 실비를 받을 수 없다.

④ 개업공인중개사의 중개보수의 지급시기는 개업공인중개사와 중개의뢰인 간의 약정에 따르되, 약정이 없을 때에는 중개대상물의 거래대금 지급이 완료된 날로 한다.

⑤ 주택 외의 중개대상물의 중개에 대한 보수는 시·도의 조례로 정한다.

해설 ① 개업공인중개사의 과실로 인하여 거래행위가 취소된 경우에도 개업공인중개사는 중개업무에 관하여 중개의뢰인으로부터 소정의 보수를 받을 수 없다.
②③ 개업공인중개사는 해당 실비를 받을 수 있다.
⑤ 주택 외의 중개대상물의 중개에 대한 보수는 국토교통부령으로 정한다.

10 공인중개사법령상 중개보수 등에 관한 설명으로 틀린 것은? 제35회

① 개업공인중개사의 중개업무상 과실로 인하여 중개의뢰인 간의 거래행위가 무효가 된 경우 개업공인중개사는 중개의뢰인으로부터 소정의 보수를 받을 수 없다.

② 주택의 중개에 대한 보수는 중개의뢰인 쌍방으로부터 각각 받되, 그 금액은 시·도의 조례로 정하는 요율 한도 이내에서 중개의뢰인과 개업공인중개사가 서로 협의하여 결정한다.

③ 중개보수의 지급시기는 개업공인중개사와 중개의뢰인 간의 약정에 따르되, 약정이 없을 때에는 중개대상물의 거래대금 지급이 완료된 날로 한다.

④ 중개대상물인 주택의 소재지와 중개사무소의 소재지가 다른 경우 중개보수는 중개대상물의 소재지를 관할하는 시·도의 조례에서 정한 기준에 따라야 한다.

⑤ 개업공인중개사는 중개의뢰인으로부터 중개대상물의 권리관계 등의 확인에 소요되는 실비를 받을 수 있다.

해설 ④ 중개대상물인 주택의 소재지와 중개사무소의 소재지가 다른 경우 중개보수는 중개사무소의 소재지를 관할하는 시·도의 조례에서 정한 기준에 따라야 한다.

11 개업공인중개사가 다음과 같이 주택의 임대차를 중개하였을 경우 임차인으로부터 받을 수 있는 중개보수의 최고한도액은? 제20회

> 1. 계약기간 : 2년
> 2. 임대보증금 : 1천 5백만원, 월차임 : 30만원
> 3. 주택임대차 중개보수의 한도(○○시 조례 기준)
>   • 거래금액 5천만원 미만 : 상한요율 0.5%(한도액 20만원)
>   • 거래금액 5천만원 이상 1억원 미만 : 상한요율 0.4%(한도액 30만원)

① 16만원   ② 18만원   ③ 20만원
④ 30만원   ⑤ 36만원

> 해설 ② 문제에서 임차인으로부터 받을 수 있는 보수 계산시, 1차적으로 환산합산 보증금이 4,500만원 [(=1,500만원 + (30만원×100)]이므로, 월세액에 70을 곱하여 환산합산하면 거래금액이 3,600만원 이다. 3,600만원 × 0.5 = 18만원이다.

12 Y시에 중개사무소를 둔 개업공인중개사 A의 중개로 매도인(甲)과 매수인(乙) 간에 X주택을 2억원에 매매하는 계약을 체결하고 동시에 乙이 임차인(丙)에게 X주택을 보증금 3천만원, 월차임 20만원에 임대하는 계약을 체결하였다. A가 乙에게 받을 수 있는 중개보수의 최고액은? 제21회

[Y시의 조례로 정한 기준]

구 분	중개보수 요율상한 및 한도액		
	거래가액	요율상한(%)	한도액
매매·교환	5천만원 이상 ~ 2억원 미만	0.5	80만원
	2억원 이상 ~ 9억원 미만	0.4	−
임대차 등	5천만원 미만	0.5	20만원
	5천만원 이상 ~ 1억원 미만	0.4	30만원

① 80만원   ② 95만원   ③ 100만원
④ 102만원   ⑤ 125만원

> 해설 ③ 본 사안은 매매에 관한 중개보수와 임대차의 중개보수를 별도로 받을 수 있는 경우이다.
> 매매 : 2억원×0.4(%) = 80만원
> 임대차 : 3천만원 + (20만원×100) = 5천만원, 5천만원×0.4(%)=20만원
> 따라서, 개업공인중개사 A가 매수인이자 임대인인 乙로부터 받을 수 있는 보수의 최고액은 100만원 (80만원 + 20만원)이 된다.

13 甲은 개업공인중개사 丙에게 중개를 의뢰하여 乙 소유의 전용면적 70제곱미터 오피스텔을 보증금 2천만원, 월차임 25만원에 임대차계약을 체결하였다. 이 경우 丙이 甲으로부터 받을 수 있는 중개보수의 최고한도액은? (임차한 오피스텔은 건축법령상 업무시설로 상·하수도 시설이 갖추어진 전용입식 부엌, 전용수세식 화장실 및 목욕시설을 갖춤) 제26회

① 150,000원   ② 180,000원   ③ 187,500원
④ 225,000원   ⑤ 337,500원

> 해설 ① 환산합산 보증금이 5천만원 미만이므로 월차임에 70을 곱하여 환산합산하면 거래금액이 3,750만원이 된다. 주거용 오피스텔의 임대차 요율 0.4%를 곱하여 중개보수를 계산하면 150,000원이 된다.

14 개업공인중개사가 Y시 소재 X주택에 대하여 동일당사자 사이의 매매와 임대차를 동일 기회에 중개하는 경우, 일방당사자로부터 받을 수 있는 중개보수의 최고한도액은? 제24회

1. 甲(매도인, 임차인), 乙 (매수인, 임대인)
2. 매매대금 : 1억 8천만원
3. 임대보증금 : 2천만원, 월차임 : 20만원
4. 임대기간 : 1년
5. Y시 주택매매 및 임대차 중개보수의 기준
   1) 매도금액 － 5천만원 이상 2억원 미만 : 상한요율 0.5%(한도액 80만원)
   2) 보증금액 － 5천만원 미만 : 상한요율 0.5%(한도액 20만원)

① 80만원   ② 90만원   ③ 97만원
④ 100만원   ⑤ 107만원

> 해설 ① 본 사례는 동일물건, 동일당사자, 동일기회에 매매를 포함한 2 이상의 거래가 성립된 경우이므로 매매로만 중개보수를 계산하여 일방 중개보수 금액을 정답으로 하면 된다.
> • 매매대금 － 1억 8천만원 × 0.5% ＝ 90만원(산출액)
> • 한도액 80만원
> • 최종 일방 중개보수는 80만원이다.

15 A시에 중개사무소를 둔 개업공인중개사가 A시에 소재하는 주택(부속토지 포함)에 대하여 아래와 같이 매매와 임대차계약을 동시에 중개하였다. 공인중개사법령상 개업공인중개사가 甲으로부터 받을 수 있는 중개보수의 최고한도액은? 제34회

[계약에 관한 사항]

1. 계약당사자 : 甲(매도인, 임차인)과 乙(매수인, 임대인)
2. 매매계약
   1) 매매대금 : 2억 5천만원
   2) 매매계약에 대하여 합의된 중개보수 : 160만원
3. 임대차계약
   1) 임대보증금 : 1천만원
   2) 월차임 : 30만원
   3) 임대기간 : 2년

[A시의 중개보수 조례 기준]

거래금액 2억원 이상 9억원 미만(매매 · 교환) : 상한요율 0.4%

거래금액 5천만원 미만(임대차 등) : 상한요율 0.5%(한도액 20만원)

---

① 100만원   ② 115만 5천원
③ 120만원   ④ 160만원
⑤ 175만 5천원

해설 ① 동일한 중개대상물에 대하여 동일당사자 간에 매매를 포함한 2 이상의 거래가 성립된 경우 매매계약의 경우만 중개보수를 계산하여 받을 수 있다. 따라서 2억 5천만원 × 0.4% = 100만원 (법정한도액)

당사자끼리 합의된 금액이 160만원이라도 이는 법정한도액을 초과하므로 甲 일방으로부터 받을 수 있는 중개보수는 100만원이다.

16 개업공인중개사가 X시에 소재하는 주택의 면적이 3분의 1인 건축물에 대하여 매매와 임대차계약을 동시에 중개하였다. 개업공인중개사가 甲으로부터 받을 수 있는 중개보수의 최고한도액은? 제25회

> [계약조건]
> 1. 계약당사자 : 甲(매도인, 임차인)과 乙(매수인, 임대인)
> 2. 매매계약 : 1) 매매대금 : 1억원, 2) 매매계약에 대하여 합의된 중개보수 : 100만원
> 3. 임대차계약 : 1) 임대보증금 : 3천만원, 2) 월차임 : 30만원, 3) 임대기간 : 2년
> [X시 중개보수 조례 기준]
> 1. 매매대금 5천만원 이상 2억원 미만 : 상한요율 0.5%(한도액 80만원)
> 2. 보증금액 5천만원 이상 1억원 미만 : 상한요율 0.4%(한도액 30만원)

① 50만원 ② 74만원 ③ 90만원
④ 100만원 ⑤ 124만원

해설 ③ 주택의 면적이 3분의 1이므로 주택 이외의 중개대상물로 보수를 산정하고, 또한 매매에 관한 중개보수만 받을 수 있다. 주택 이외의 경우는 0.9% 범위 내에서 상호 협의하여 보수를 정하는 바 최고한도는 0.9%를 적용하여 90만원이다. 따라서 당사자끼리 합의된 금액이 100만원이라도 이는 금품초과수수에 해당하므로 최고액은 90만원이다.

17 개업공인중개사 甲이 乙의 일반주택을 6천만원에 매매를 중개한 경우와 甲이 위주택을 보증금 1천 5백만원, 월차임 30만원, 계약기간 2년으로 임대차를 중개한 경우를 비교했을 때, 甲이 乙에게 받을 수 있는 중개보수 최고한도액의 차이는? 제27회

> [중개보수 상한요율]
> 1. 매매 : 거래금액 5천만원 이상 2억원 미만은 0.5%
> 2. 임대차 : 거래금액 5천만원 미만은 0.5%, 5천만원 이상 1억원 미만은 0.4%

① 0원 ② 75,000원 ③ 120,000원
④ 180,000원 ⑤ 225,000원

해설 ③ 매매중개보수는 6천만원 × 0.5% = 30만원이고, 임대차중개보수는 1천 5백 + (30만 × 70) = 3,600만 × 0.5% = 18만원이다. 따라서 양자의 차액은 12만원이다.

Chapter 08

보 칙

제1절 포상금 제도

대표 문제

공인중개사법령상 포상금 지급에 관한 설명으로 옳은 것은? 제30회

① 포상금은 1건당 150만원으로 한다.

② 검사가 신고사건에 대하여 기소유예의 결정을 한 경우에는 포상금을 지급하지 않는다.

③ 포상금의 지급에 소요되는 비용 중 시·도에서 보조할 수 있는 비율은 100분의 50 이내로 한다.

④ 포상금지급신청서를 제출받은 등록관청은 그 사건에 관한 수사기관의 처분내용을 조회한 후 포상금의 지급을 결정하고, 결정일부터 1개월 이내에 포상금을 지급하여야 한다.

⑤ 등록관청은 하나의 사건에 대하여 2건 이상의 신고가 접수된 경우, 공동으로 신고한 것이 아니면 포상금을 균등하게 배분하여 지급한다.

해설 ① 포상금은 1건당 50만원으로 한다.

② 공소제기 또는 기소유예의 결정을 한 경우에는 포상금을 지급하여야 한다.

③ 포상금 지급에 소요되는 비용은 "시·도"가 아닌 "국고"에서 보조할 수 있다.

⑤ 최초로 신고·고발한 자에게 포상금을 지급하여야 한다.

정답 ④

01 공인중개사법령상 포상금을 지급받을 수 있는 신고 또는 고발의 대상을 모두 고른 것은?
제33회

> ㉠ 중개대상물의 매매를 업으로 하는 행위를 한 자
> ㉡ 공인중개사자격증을 다른 사람으로부터 대여받은 자
> ㉢ 해당 중개대상물의 거래상의 중요사항에 관하여 거짓된 언행으로 중개의뢰인의 판단을 그르치게 하는 행위를 한 자

① ㉠   ② ㉡   ③ ㉠, ㉢
④ ㉡, ㉢   ⑤ ㉠, ㉡, ㉢

해설 ㉡ 신고 또는 고발대상자에 해당된다.
㉠㉢ 신고 또는 고발대상자에 해당되지 않는다.

02 공인중개사법령상 포상금을 지급받을 수 있는 신고 또는 고발의 대상이 아닌 것은?
제32회

① 중개사무소의 개설등록을 하지 않고 중개업을 한 자
② 부정한 방법으로 중개사무소의 개설등록을 한 자
③ 공인중개사자격증을 다른 사람으로부터 양수받은 자
④ 개업공인중개사로서 부당한 이익을 얻을 목적으로 거짓으로 거래가 완료된 것처럼 꾸미는 등 중개대상물의 시세에 부당한 영향을 줄 우려가 있는 행위를 한 자
⑤ 개업공인중개사로서 중개의뢰인과 직접거래를 한 자

해설 ⑤ 공인중개사법령상 포상금을 지급받을 수 있는 신고 또는 고발 대상자에 해당되지 않는다.

정답 01 ② 02 ⑤

03 **공인중개사법령상 포상금에 관한 설명으로 틀린 것은?** 제23회

① 포상금의 지급결정은 포상금지급신청서를 제출받은 등록관청이 한다.

② 신고 또는 고발사건에 대하여 검사가 공소제기 또는 기소유예의 결정을 한 경우에 한하여 지급한다.

③ 하나의 사건에 대하여 2인 이상이 공동으로 신고한 경우 공인중개사법령이 정한 균등배분방법은 공동포상금을 수령할 자가 합의한 배분방법에 우선하여 적용된다.

④ 포상금의 지급에 소요되는 비용 중 국고에서 보조할 수 있는 비율은 100분의 50 이내로 한다.

⑤ 포상금지급신청서를 제출받은 등록관청은 포상금의 지급결정일부터 1개월 이내에 포상금을 지급해야 한다.

> 해설 ③ 공동포상금을 수령할 자가 합의한 포상금 배분방법은 공인중개사법령이 정한 균등배분방법에 우선하여 적용된다.

04 **공인중개사법령상 포상금에 관한 설명으로 틀린 것은?** 제26회

① 등록관청은 거짓으로 중개사무소의 개설등록을 한 자를 수사기관에 신고한 자에게 포상금을 지급할 수 있다.

② 포상금의 지급에 소요되는 비용은 그 전부 또는 일부를 국고에서 보조할 수 있다.

③ 포상금은 1건당 50만원으로 한다.

④ 포상금지급신청서를 제출받은 등록관청은 포상금의 지급을 결정한 날부터 1개월 이내에 포상금을 지급해야 한다.

⑤ 하나의 사건에 대하여 포상금 지급요건을 갖춘 2건의 신고가 접수된 경우, 등록관청은 최초로 신고한 자에게 포상금을 지급한다.

> 해설 ② 포상금의 지급에 소요되는 비용은 50% 범위 내에서 국고에서 보조할 수 있다.

05 공인중개사법령상 포상금제도에 관한 설명으로 옳은 것은? 제21회

① 부정한 방법으로 중개사무소의 개설등록을 한 개업공인중개사를 신고하더라도 포상금의 지급대상이 아니다.

② 포상금은 해당 신고사건에 관하여 검사가 불기소처분을 한 경우에도 지급한다.

③ 하나의 사건에 대하여 2인 이상이 공동으로 신고한 경우 포상금은 1인당 50만원이다.

④ 하나의 사건에 대하여 2건 이상의 신고가 접수된 경우 포상금은 균분하여 지급한다.

⑤ 등록관청은 포상금의 지급결정일부터 1개월 이내에 포상금을 지급해야 한다.

> 해설 ① 포상금 지급대상에 해당한다.
> ② 불기소처분에 해당하는 경우에는 포상금 지급을 하지 않는다.
> ③ 2인 이상이 공동으로 신고한 경우 균등배분한다.
> ④ 최초 신고·고발자에게 포상금을 지급한다.

06 공인중개사법령상 甲과 乙이 받을 수 있는 포상금의 최대금액은? 제27회

- 甲은 중개사무소를 부정한 방법으로 개설등록한 A와 B를 각각 고발하였으며, 검사는 A를 공소제기하였고, B를 무혐의처분 하였다.
- 乙은 중개사무소를 부정한 방법으로 개설등록한 C를 신고하였으며, C는 형사재판에서 무죄판결을 받았다.
- 甲과 乙은 포상금배분에 관한 합의 없이 중개사무소등록증을 대여한 D를 공동으로 고발하여 D는 기소유예의 처분을 받았다.
- 중개사무소의 개설등록을 하지 않고 중개업을 하는 E를 乙이 신고한 이후에 甲도 E를 신고하였고, E는 형사재판에서 유죄판결을 받았다.
- A, B, C, D, E는 甲 또는 乙의 위 신고·고발 전에 행정기관에 발각되지 않았다.

① 甲 : 75만원, 乙 : 50만원　　② 甲 : 75만원, 乙 : 75만원

③ 甲 : 75만원, 乙 : 125만원　　④ 甲 : 125만원, 乙 : 75만원

⑤ 甲 : 125만원, 乙 : 125만원

> 해설 ③ 甲은 A로부터 50만원, D로부터 25만원을 받는다. 乙은 C로부터 50만원, D로부터 25만원, E로부터 50만원을 받는다.

제2절 행정수수료

대표 문제

공인중개사법령상 조례가 정하는 바에 따라 수수료를 납부해야 하는 경우를 모두 고른 것은?

제30회

> ㉠ 분사무소설치신고확인서의 재교부 신청
> ㉡ 국토교통부장관이 시행하는 공인중개사자격시험 응시
> ㉢ 중개사무소의 개설등록 신청
> ㉣ 분사무소설치의 신고

① ㉠, ㉡ 　　　② ㉠, ㉡, ㉣ 　　　③ ㉠, ㉢, ㉣
④ ㉡, ㉢, ㉣ 　　　⑤ ㉠, ㉡, ㉢, ㉣

해설 ㉡ 조례가 아닌 국토교통부장관이 결정·공고하는 수수료를 납부하여야 한다.
[지방자치단체의 조례가 정하는 수수료 납부사유]
1. 공인중개사자격시험에 응시하는 자
2. 공인중개사자격증의 재교부를 신청하는 자
3. 중개사무소의 개설등록을 신청하는 자
4. 중개사무소등록증의 재교부를 신청하는 자
5. 분사무소설치의 신고를 하는 자
6. 분사무소설치신고확인서의 재교부를 신청하는 자

정답 ③

07 공인중개사법령상 수수료납부 대상자에 해당하는 것은 몇 개인가? 제27회

> ㉠ 분사무소설치의 신고를 하는 자
> ㉡ 중개사무소의 개설등록을 신청하는 자
> ㉢ 중개사무소의 휴업을 신고하는 자
> ㉣ 중개사무소등록증의 재교부를 신청하는 자
> ㉤ 공인중개사 자격시험에 합격하여 공인중개사자격증을 처음으로 교부받는 자

① 1개 ② 2개 ③ 3개
④ 4개 ⑤ 5개

해설 ㉢의 휴업신고를 하는 자와 ㉤의 자격증을 최초로 교부받는 자는 행정수수료 납부대상이 아니다.

08 공인중개사법령상 관련 행정청에 수수료를 납부하여야 하는 사유로 명시되어 있는 것을 모두 고른 것은? 제25회

> ㉠ 중개사무소의 개설등록 신청
> ㉡ 분사무소 설치신고
> ㉢ 중개사무소의 휴업 신청
> ㉣ 공인중개사자격증의 재교부 신청

① ㉡, ㉢ ② ㉠, ㉡, ㉣ ③ ㉠, ㉢, ㉣
④ ㉡, ㉢, ㉣ ⑤ ㉠, ㉡, ㉢, ㉣

해설 ㉢ 휴업신고의 경우는 수수료 납부대상이 아니다.

Chapter 09 공인중개사협회

제1절 협회의 설립 및 구성

 대표 문제

> **공인중개사법령상 공인중개사협회에 관한 설명으로 옳은 것은?** 제30회
>
> ① 협회는 영리사업으로서 회원 간의 상호부조를 목적으로 공제사업을 할 수 있다.
> ② 협회는 총회의 의결내용을 지체 없이 등록관청에게 보고하고, 등기하여야 한다.
> ③ 협회가 그 지부 또는 지회를 설치한 때에는 그 지부는 시·도지사에게, 지회는 등록관청에
>   신고하여야 한다.
> ④ 협회는 개업공인중개사에 대한 행정제재처분의 부과와 집행의 업무를 할 수 있다.
> ⑤ 협회는 부동산 정보제공에 관한 업무를 직접 수행할 수 없다.
>
> **해설** ① 공제사업은 영리사업이 아닌 비영리사업이다.
>   ② 총회의 의결내용은 등록관청이 아닌 국토교통부장관에게 보고하여야 하며, 등기를 요하지 않는다.
>   ④ 개업공인중개사에 대한 행정제재처분의 부과와 집행업무는 협회의 업무에 해당되지 않는다.
>   ⑤ 협회는 부동산 정보제공에 관한 업무를 직접 수행할 수 있다.
>
> **정답** ③

01 **공인중개사법령상 공인중개사협회에 관한 설명으로 틀린 것은?** 제23회

① 협회는 서울특별시에 주된 사무소를 두지 않아도 된다.
② 협회는 총회의 의결내용을 지체 없이 국토교통부장관에게 보고해야 한다.
③ 협회는 부동산중개제도의 연구·개선에 관한 업무를 수행할 수 있다.
④ 협회가 지부를 설치한 때에는 그 지부는 시·도지사에게 신고해야 한다.
⑤ 협회에 관하여 공인중개사법령에 규정된 것 외에는 「민법」 중 재단법인에 관한
  규정을 적용한다.

해설 ⑤ 협회에 관하여 공인중개사법령에 규정이 없다면 「민법」 중 '사단법인'에 관한 규정을 적용한다.

02 공인중개사협회에 관한 설명으로 틀린 것은? 　제20회

① 협회의 지부 또는 지회 설치는 시·도지사의 허가를 받아야 한다.
② 협회는 부동산 정보제공에 관한 업무를 수행할 수 있다.
③ 협회는 총회의 의결내용을 지체 없이 국토교통부장관에게 보고해야 한다.
④ 협회는 공제사업을 다른 회계와 구분하여 별도의 회계로 관리해야 한다.
⑤ 협회는 공제사업 운용실적을 매 회계연도 종료 후 3개월 이내에 일간신문 또는 협회보에 공시하고 협회의 인터넷 홈페이지에 게시해야 한다.

해설　① 지부 설치는 시·도지사에게, 지회 설치는 시장·군수·구청장에게 신고하여야 한다.

03 공인중개사법령상 공인중개사협회에 관한 설명으로 틀린 것은? 　제21회

① 설립 및 설립인가의 신청 등에 관하여 필요한 사항은 대통령령으로 정한다.
② 설립인가신청에 필요한 서류는 국토교통부령으로 정한다.
③ 협회를 설립하려면 회원 300명 이상의 발기인이 요구된다.
④ 협회는 총회의 의결내용을 10일 이내에 국토교통부장관에게 보고해야 한다.
⑤ 협회에 대한 감독을 위하여 협회 사무소에 출입하고자 하는 공무원은 국토교통부령이 정하는 증표를 지니고 상대방에게 내보여야 한다.

해설　④ 10일 이내 ⇨ 지체 없이

04 공인중개사법령상 설명이 옳은 것은 모두 몇 개인가? 　제22회

> ㉠ 공인중개사협회의 지부를 두는 경우 시·도지사에게 인가를 받아야 한다.
> ㉡ 개업공인중개사는 소속공인중개사의 공인중개사자격증 사본을 중개사무소에 게시하여야 한다.
> ㉢ 부동산거래정보망을 설치·운영할 자는 국토교통부장관의 지정을 받아야 한다.
> ㉣ 공제규정은 국토교통부장관의 승인을 얻어야 한다.

① 0개　　　　　② 1개　　　　　③ 2개
④ 3개　　　　　⑤ 4개

해설　㉠ 공인중개사협회의 지부를 두는 경우 시·도지사에게 신고를 하여야 한다.
　　㉡ 개업공인중개사는 소속공인중개사의 공인중개사자격증 원본을 중개사무소에 게시하여야 한다.

정답▶ 01 ⑤　02 ①　03 ④　04 ③

05 공인중개사법령상 공인중개사협회에 관한 설명으로 옳은 것은? 제25회

① 협회는 재무건전성 기준이 되는 지급여력비율을 100분의 100 이상으로 유지해야 한다.
② 협회의 창립총회는 서울특별시에서는 300인 이상의 회원의 참여를 요한다.
③ 협회는 시·도에 지부를 반드시 두어야 하나, 시·군·구에 지회를 반드시 두어야 하는 것은 아니다.
④ 협회는 총회의 의결내용을 15일 내에 국토교통부장관에게 보고해야 한다.
⑤ 협회의 설립은 공인중개사법령의 규정을 제외하고 「민법」의 사단법인에 관한 규정을 준용하므로 설립허가주의를 취한다.

> **해설** ② 300인 ⇨ 100인
> ③ 협회의 지부와 지회 설치는 임의적 사항이다.
> ④ 15일 ⇨ 지체 없이
> ⑤ 허가주의 ⇨ 인가주의

06 공인중개사법령상 공인중개사협회에 관한 설명으로 옳은 것을 모두 고른 것은? 제27회

> ㉠ 협회는 총회의 의결내용을 지체 없이 국토교통부장관에게 보고하여야 한다.
> ㉡ 협회가 지회를 설치한 때에는 시·도지사에게 신고하여야 한다.
> ㉢ 공제사업 운영위원회 위원의 임기는 2년이며 연임할 수 없다.
> ㉣ 금융기관에서 임원 이상의 현직에 있는 사람은 공제사업 운영위원회 위원이 될 수 없다.

① ㉠   ② ㉠, ㉢   ③ ㉡, ㉣
④ ㉠, ㉢, ㉣   ⑤ ㉡, ㉢, ㉣

> **해설** ㉡ 지회의 설치는 등록관청에 신고하여야 한다.
> ㉢ 1회에 한하여 연임할 수 있다.
> ㉣ 금융기관에서 임원 이상의 현직에 있는 사람도 운영위원회의 위원이 될 수 있다.

제2절 **협회의 업무**(공제사업)

 대표 문제

공인중개사법령상 공제사업에 관한 설명으로 틀린 것은? 제30회

① 공인중개사협회는 공제사업을 하고자 하는 때에는 공제규정을 제정하여 국토교통부장관의 승인을 얻어야 한다.

② 금융감독원의 원장은 국토교통부장관의 요청이 있는 경우에는 공제사업에 관하여 조사 또는 검사를 할 수 있다.

③ 공인중개사협회는 책임준비금을 다른 용도로 사용하고자 하는 경우에는 국토교통부장관의 승인을 얻어야 한다.

④ 책임준비금의 적립비율은 공제사고 발생률 및 공제금지급액 등을 종합적으로 고려하여 정하되, 공제료 수입액의 100분의 10 이상으로 정한다.

⑤ 공인중개사협회는 회계연도 종료 후 6개월 이내에 매년도의 공제사업 운용실적을 일간신문·협회보 등을 통하여 공제계약자에게 공시하여야 한다.

해설 ⑤ 3개월 이내에 매년도의 공제사업 운용실적을 공시하여야 한다.

정답 ⑤

07 공인중개사법령상 공인중개사협회의 업무에 해당하는 것을 모두 고른 것은?

제35회

> ㉠ 회원의 윤리헌장 제정 및 그 실천에 관한 업무
> ㉡ 부동산 정보제공에 관한 업무
> ㉢ 인터넷을 이용한 중개대상물에 대한 표시·광고 모니터링 업무
> ㉣ 회원의 품위유지를 위한 업무

① ㉠, ㉣   ② ㉡, ㉢
③ ㉠, ㉡, ㉢   ④ ㉠, ㉡, ㉣
⑤ ㉠, ㉡, ㉢, ㉣

해설 ㉢ 인터넷을 이용한 중개대상물에 대한 표시·광고 모니터링 업무는 국토교통부장관의 소관업무로서 공인중개사협회의 업무에 해당하지 않는다.

정답 05 ① 06 ① 07 ④

08 공인중개사법령상 공제사업에 관한 설명으로 틀린 것은? (다툼이 있으면 판례에 의함)

① 협회가 공제사업을 하고자 하는 때에는 공제규정을 제정하여 국토교통부장관의 승인을 얻어야 한다.
② 협회의 공제사업은 비영리사업으로서 회원 간의 상호부조를 목적으로 한다.
③ 공제규정에는 공제사업의 범위 등 공제사업의 운용에 관하여 필요한 사항을 정해야 한다.
④ 개업공인중개사가 자기의 중개사무소를 다른 사람의 중개행위의 장소로 제공함으로써 발생한 거래당사자에 대한 재산상의 손해배상책임은 공제사업의 대상이 아니다.
⑤ 공제규정에서 정해야 할 책임준비금의 적립비율은 공제사고 발생률 및 공제금 지급액 등을 종합적으로 고려하여 공제료 수입액의 100분의 10 이상으로 정한다.

해설 ④의 경우에는 공제사업의 대상에 해당한다.

09 「공인중개사법」상 공인중개사협회와 공제사업에 관한 설명으로 옳은 것은 모두 몇 개인가?

㉠ 협회는 서울특별시에 주된 사무소를 두어야 한다.
㉡ 협회에 관하여 공인중개사법령에 규정된 것 외에는 「민법」 중 조합에 관한 규정을 적용한다.
㉢ 협회는 정관으로 정하는 바에 따라 광역시에 지부를 둘 수 있다.
㉣ 협회는 책임준비금을 다른 용도로 사용하고자 하는 경우에는 국토교통부장관의 승인을 얻어야 한다.
㉤ 책임준비금의 적립비율은 협회 총수입액의 100분의 10 이상으로 정해야 한다.

① 1개   ② 2개   ③ 3개
④ 4개   ⑤ 5개

해설 ㉠ 주된 사무소를 서울특별시에 두어야 한다는 규정은 폐지되었다.
㉡ 「민법」 중 사단법인에 관한 규정을 적용한다.
㉤ 협회 총수입액 ⇨ 공제료 수입액

10 공인중개사법령상 공인중개사협회(이하 '협회'라 함) 및 공제사업에 관한 설명으로 옳은 것은? 제34회

① 협회는 총회의 의결내용을 10일 이내에 시·도지사에게 보고하여야 한다.

② 협회는 매 회계연도 종료 후 3개월 이내에 공제사업 운용실적을 일간신문에 공시하거나 협회의 인터넷 홈페이지에 게시해야 한다.

③ 협회의 창립총회를 개최할 경우 특별자치도에서는 10인 이상의 회원이 참여하여야 한다.

④ 공제규정에는 책임준비금의 적립비율을 공제료 수입액의 100분의 5 이상으로 정한다.

⑤ 협회는 공제사업을 다른 회계와 구분하여 별도의 회계로 관리하여야 한다.

해설 ① 협회는 총회의 의결내용을 지체 없이 국토교통부장관에게 보고하여야 한다.
② 협회는 매 회계연도 종료 후 3개월 이내에 공제사업 운용실적을 일간신문 또는 협회보에 공시하고, 협회의 인터넷 홈페이지에 게시해야 한다.
③ 협회의 창립총회를 개최할 경우 특별자치도에서는 20인 이상의 회원이 참여하여야 한다.
④ 공제규정에는 책임준비금의 적립비율을 공제료 수입액의 100분의 10 이상으로 정한다.

11 공인중개사법령상 공인중개사협회(이하 '협회'라 함)에 관한 설명으로 틀린 것은? 제32회

① 협회는 시·도지사로부터 위탁을 받아 실무교육에 관한 업무를 할 수 있다.

② 협회는 공제사업을 하는 경우 책임준비금을 다른 용도로 사용하려면 국토교통부장관의 승인을 얻어야 한다.

③ 협회는 「공인중개사법」에 따른 협회의 설립목적을 달성하기 위한 경우에도 부동산 정보제공에 관한 업무를 수행할 수 없다.

④ 협회에 관하여 「공인중개사법」에 규정된 것 외에는 「민법」 중 사단법인에 관한 규정을 적용한다.

⑤ 협회는 공제사업을 다른 회계와 구분하여 별도의 회계로 관리해야 한다.

해설 ③ 협회는 협회의 설립목적을 달성하기 위하여 부동산 정보제공에 관한 업무를 수행할 수 있다.

정답 08 ④ 09 ② 10 ⑤ 11 ③

12 공인중개사법령상 공인중개사협회의 공제사업에 관한 설명으로 옳은 것을 모두 고른 것은? (다툼이 있으면 판례에 의함) 제25회

> ㉠ 협회의 공제규정을 제정·변경하고자 하는 때에는 국토교통부장관의 승인을 얻어야 한다.
> ㉡ 위촉받아 보궐위원이 된 운영위원의 임기는 전임자 임기의 남은 기간으로 한다.
> ㉢ 운영위원회의 회의는 재석위원 과반수의 찬성으로 심의사항을 의결한다.
> ㉣ 협회와 개업공인중개사 간에 체결된 공제계약이 유효하게 성립하려면 공제계약 당시에 공제사고의 발생 여부가 확정되어 있지 않은 것을 대상으로 해야 한다.

① ㉠, ㉡
② ㉢, ㉣
③ ㉠, ㉡, ㉣
④ ㉡, ㉢, ㉣
⑤ ㉠, ㉡, ㉢, ㉣

해설 ㉢ 재적위원이 아니라 출석위원 과반수의 찬성으로 의결한다.
㉣ 개업공인중개사와 피고 사이에 체결된 공제계약은 기본적으로 보험계약으로서의 본질을 갖고 있으므로, 적어도 공제계약이 유효하게 성립하기 위해서는 공제계약 당시에 공제사고의 발생 여부가 확정되어 있지 않아야 한다(대판 2010다101776).

13 공인중개사법령상 공인중개사협회(이하 '협회'라 함)의 공제사업에 관한 설명으로 틀린 것은? 제33회

① 협회는 공제사업을 다른 회계와 구분하여 별도의 회계로 관리해야 한다.
② 공제규정에서 정하는 책임준비금의 적립비율은 공제료 수입액의 100분의 20 이상으로 한다.
③ 국토교통부장관은 협회의 자산상황이 불량하여 공제가입자의 권익을 해칠 우려가 있다고 인정하면 자산예탁기관의 변경을 명할 수 있다.
④ 국토교통부장관은 협회의 자산상황이 불량하여 중개사고 피해자의 권익을 해칠 우려가 있다고 인정하면 불건전한 자산에 대한 적립금의 보유를 명할 수 있다.
⑤ 협회는 대통령령으로 정하는 바에 따라 매년도의 공제사업 운용실적을 일간신문·협회보 등을 통하여 공제계약자에게 공시해야 한다.

해설 ② 100분의 20 이상 ⇨ 100분의 10 이상

정답 12 ③ 13 ②

Chapter

10

지도 · 감독 및 벌칙

제1절 **행정처분**

1. 개업공인중개사에 대한 행정처분

 대표 문제

공인중개사법령상 개업공인중개사의 중개사무소 개설등록을 취소하여야 하는 경우를 모두
고른 것은?   제27회

> ㉠ 최근 1년 이내에 공인중개사법에 의하여 2회 업무정지처분을 받고 다시 업무정지처분에
>   해당하는 행위를 한 경우
> ㉡ 최근 1년 이내에 공인중개사법에 의하여 1회 업무정지처분, 2회 과태료처분을 받고 다시
>   업무정지처분에 해당하는 행위를 한 경우
> ㉢ 최근 1년 이내에 공인중개사법에 의하여 2회 업무정지처분, 1회 과태료처분을 받고 다시
>   업무정지처분에 해당하는 행위를 한 경우
> ㉣ 최근 1년 이내에 공인중개사법에 의하여 3회 과태료처분을 받고 다시 업무정지처분에 해
>   당하는 행위를 한 경우

① ㉠   ② ㉠, ㉢   ③ ㉡, ㉣
④ ㉢, ㉣   ⑤ ㉠, ㉡, ㉢

해설 ㉠㉢은 필요적 등록취소사유에 해당한다.
      ㉡㉣은 임의적 등록취소사유에 해당한다.

정답 ②

---

01 공인중개사법령상 중개사무소 개설등록의 절대적 취소사유가 아닌 것은? 제30회

① 개업공인중개사인 법인이 해산한 경우
② 자격정지처분을 받은 소속공인중개사로 하여금 자격정지기간 중에 중개업무를 한 경우
③ 거짓 그 밖의 부정한 방법으로 중개사무소의 개설등록을 한 경우
④ 법인이 아닌 개업공인중개사가 파산선고를 받고 복권되지 아니한 경우
⑤ 공인중개사법령을 위반하여 2 이상의 중개사무소를 둔 경우

해설 ⑤ 상대적(임의적) 등록취소사유에 해당한다.

02 「공인중개사법」상 중개사무소 개설등록을 반드시 취소해야 하는 사유가 아닌 것을 모두 고른 것은? 제24회

> ㉠ 자격정지처분을 받은 소속공인중개사로 하여금 자격정지기간 중에 중개업무를 하게 한 경우
> ㉡ 거래계약서에 거래금액을 거짓으로 기재한 경우
> ㉢ 개인인 개업공인중개사가 사망한 경우
> ㉣ 증여의 명목으로 법령이 정한 보수 또는 실비를 초과하는 금품을 받은 경우
> ㉤ 탈세를 목적으로 미등기 부동산의 매매를 중개하는 등 부동산 투기를 조장한 경우

① ㉠, ㉡, ㉤   ② ㉠, ㉢, ㉣
③ ㉡, ㉣, ㉤   ④ ㉠, ㉢, ㉣, ㉤
⑤ ㉡, ㉢, ㉣, ㉤

해설 ㉡㉣㉤은 임의적 등록취소사유에 해당한다.

03 공인중개사법령상 중개사무소 개설등록을 취소하여야 하는 사유에 해당하는 것을 모두 고른 것은? 제32회

> ㉠ 개업공인중개사인 법인이 해산한 경우
> ㉡ 개업공인중개사가 거짓으로 중개사무소 개설등록을 한 경우
> ㉢ 개업공인중개사가 이중으로 중개사무소 개설등록을 한 경우
> ㉣ 개업공인중개사가 개설등록 후 금고 이상의 형의 집행유예를 받고 그 유예기간 중에 있게 된 경우

① ㉠, ㉡, ㉢
② ㉠, ㉡, ㉣
③ ㉠, ㉢, ㉣
④ ㉡, ㉢, ㉣
⑤ ㉠, ㉡, ㉢, ㉣

해설 ㉠㉡㉢㉣ 모두 중개사무소 개설등록을 취소하여야 하는 사유(필요적 등록취소사유)에 해당된다.

04 공인중개사법령상 등록관청이 공인중개사인 개업공인중개사 甲의 중개사무소 개설등록을 취소하여야 하는 경우에 해당하지 않는 것은? 제29회

① 甲이 사망한 경우
② 공인중개사법령을 위반한 甲에게 400만원 벌금형이 선고되어 확정된 경우
③ 甲이 배임죄로 징역 1년, 집행유예 1년 6개월이 선고되어 확정된 경우
④ 甲이 최근 1년 이내에 공인중개사법령을 위반하여 1회 업무정지처분, 2회 과태료처분을 받고 다시 업무정지처분에 해당하는 행위를 한 경우
⑤ 甲이 다른 사람에게 자기의 성명을 사용하여 중개업무를 하게 한 경우

해설 ④ 최근 1년 이내에 1회 업무정지, 2회 과태료처분을 받고 다시 업무정지처분사유에 해당하는 행위를 한 경우 등록을 취소할 수 있는 사유(임의적 등록취소사유)에 해당한다.
① 사망은 필요적 등록취소사유에 해당된다.
②③ 결격사유이므로 필요적 등록취소사유에 해당된다.
⑤ 등록증의 양도·대여이므로 필요적 등록취소사유에 해당된다.

정답 01 ⑤ 02 ③ 03 ⑤ 04 ④

05 공인중개사법령상 등록관청이 중개사무소의 개설등록취소처분을 하고자 하는 경우 청문을 실시하지 않아도 되는 것은? 제23회

① 개업공인중개사가 이중으로 중개사무소의 개설등록을 한 경우
② 개업공인중개사인 법인이 해산한 경우
③ 개업공인중개사가 중개의뢰인과 직접거래를 한 경우
④ 개업공인중개사가 다른 사람에게 자기의 중개사무소등록증을 대여한 경우
⑤ 개업공인중개사가 서로 다른 2 이상의 거래계약서를 작성한 경우

> **해설** ② 개인인 개업공인중개사의 사망, 법인인 개업공인중개사의 해산으로 인하여 등록을 취소하고자 하는 경우에는 청문을 실시하지 않아도 된다.

06 공인중개사법령상 개업공인중개사에 대한 업무정지처분을 할 수 있는 사유에 해당하는 것을 모두 고른 것은? 제32회

> ㉠ 부동산거래정보망에 중개대상물에 관한 정보를 거짓으로 공개한 경우
> ㉡ 거래당사자에게 교부해야 하는 중개대상물확인·설명서를 교부하지 않은 경우
> ㉢ 거래당사자에게 교부해야 하는 거래계약서를 적정하게 작성·교부하지 않은 경우
> ㉣ 해당 중개대상물의 거래상의 중요사항에 관하여 거짓된 언행으로 중개의뢰인의 판단을 그르치게 하는 행위를 한 경우

① ㉠, ㉢
② ㉡, ㉣
③ ㉠, ㉡, ㉢
④ ㉡, ㉢, ㉣
⑤ ㉠, ㉡, ㉢, ㉣

> **해설** ㉠㉡㉢ 업무정지처분사유에 해당된다.
> ㉣ 임의적 등록취소사유이므로 업무정지처분사유에 해당된다.

07 공인중개사법령상 개업공인중개사에 대한 업무정지처분에 관한 설명으로 옳은 것은? 제20회

① 업무정지기간을 가중처분하는 경우에는 6개월을 초과할 수 있다.

② 등록관청은 법인인 개업공인중개사에게 분사무소별로 등록을 취소할 수 있다.

③ 부정한 방법으로 중개사무소의 개설등록을 한 경우 3개월의 업무정지를 명할 수 있다.

④ 업무정지처분은 그 사유가 발생한 날부터 3년이 경과한 때에는 이를 할 수 없다.

⑤ 등록관청이 업무정지처분을 하고자 하는 경우 청문을 실시해야 한다.

해설 ① 업무정지기간은 가중처분하더라도 6개월을 초과할 수 없다.
② 등록취소처분은 분사무소별로 할 수 없으며, 업무정지처분은 분사무소별로 할 수 있다.
③ 업무정지사유가 아닌 필요적 등록취소사유에 해당한다.
⑤ 업무정지처분은 청문사유에 해당하지 않는다.

08 「공인중개사법」상 개업공인중개사에 대한 업무정지처분에 관한 설명으로 옳은 것은? 제24회

① 광역시장은 업무정지기간의 2분의 1 범위 안에서 가중할 수 있다.

② 업무정지기간을 가중처분하는 경우 그 기간은 9개월을 한도로 한다.

③ 최근 1년 이내에 이 법에 의하여 2회 이상 업무정지처분을 받은 개업공인중개사가 다시 업무정지처분에 해당하는 행위를 한 경우, 6개월의 업무정지처분을 받을 수 있다.

④ 업무정지처분은 해당사유가 발생한 날부터 2년이 된 때에는 이를 할 수 없다.

⑤ 개업공인중개사가 중개대상물에 관한 정보를 거짓으로 공개한 경우 등록관청은 위반행위의 동기 등을 참작하여 4개월의 업무정지처분을 할 수 있다.

해설 ① 광역시장 ⇨ 등록관청
② 9개월 ⇨ 6개월
③ 필요적 등록취소사유에 해당하는 것으로 업무정지처분을 할 수 없다.
④ 2년 ⇨ 3년

09 공인중개사법령상 지도·감독에 관한 설명으로 옳은 것은? 제28회

① 공인중개사자격증을 교부한 시·도지사와 공인중개사사무소의 소재지를 관할하는 시·도지사가 서로 다른 경우, 국토교통부장관이 공인중개사의 자격취소처분을 행한다.
② 개업공인중개사가 등록하지 아니한 인장을 사용한 경우, 등록관청이 명할 수 있는 업무정지기간의 기준은 3개월이다.
③ 시·도지사가 가중하여 자격정지처분을 하는 경우, 그 자격정지기간은 6개월을 초과할 수 있다.
④ 등록관청은 개업공인중개사가 이동이 용이한 임시 중개시설물을 설치한 경우에는 중개사무소의 개설등록을 취소해야 한다.
⑤ 업무정지처분은 그 사유가 발생한 날부터 2년이 경과한 때에는 이를 할 수 없다.

해설 ① 국토교통부장관 ⇨ 공인중개사자격증을 교부한 시·도지사
③ 가중하여 처분하더라도 최대 6개월을 초과할 수는 없다.
④ 등록을 취소할 수 있는 임의적 등록취소사유에 해당한다.
⑤ 2년 ⇨ 3년

10 개업공인중개사 甲은 중개업무를 하면서 법정한도를 초과하는 중개보수를 요구하여 수령하였다. 공인중개사법령상 甲의 행위에 관한 설명으로 틀린 것은? (다툼이 있으면 판례에 따름) 제29회

① 등록관청은 甲에게 업무의 정지를 명할 수 있다.
② 등록관청은 甲의 중개사무소 개설등록을 취소할 수 있다.
③ 1년 이하의 징역 또는 1천만원 이하의 벌금 사유에 해당한다.
④ 법정한도를 초과하는 중개보수 약정은 그 한도를 초과하는 범위 내에서 무효이다.
⑤ 甲이 법정한도를 초과하는 금액을 중개의뢰인에게 반환하였다면 금지행위에 해당하지 않는다.

해설 ⑤ 개업공인중개사가 법정한도를 초과하는 금품을 수수한 경우에는 금지행위에 해당되어 처벌되며, 초과부분을 부당이득으로 반환하였다 하더라도 범죄의 성립에는 영향이 없다(대판 2004도4136 참조).

11 공인중개사법령상 행정제재처분효과의 승계 등에 관한 설명으로 옳은 것을 모두 고른 것은? 제33회

> ⊙ 폐업신고 전에 개업공인중개사에게 한 업무정지처분의 효과는 그 처분일부터 2년 간 재등록 개업공인중개사에게 승계된다.
> ⊙ 폐업기간이 2년을 초과한 재등록 개업공인중개사에 대해 폐업신고 전의 중개사무 소 업무정지사유에 해당하는 위반행위를 이유로 행정처분을 할 수 없다.
> ⊙ 폐업신고 전에 개업공인중개사에게 한 과태료부과처분의 효과는 그 처분일부터 10개월 된 때에 재등록을 한 개업공인중개사에게 승계된다.
> ⊙ 폐업기간이 3년 6개월이 지난 재등록 개업공인중개사에게 폐업신고 전의 중개사무소 개설등록취소사유에 해당하는 위반행위를 이유로 개설등록취소처분을 할 수 없다.

① ⊙　　　　　　② ⊙, ⊙　　　　　　③ ⊙, ⊙
④ ⊙, ⊙, ⊙　　　⑤ ⊙, ⊙, ⊙, ⊙

해설　⊙⊙⊙ 옳은 내용이다.
　　　⊙ 처분일부터 2년간 ⇨ 처분일부터 1년간

12 개업공인중개사 甲, 乙, 丙에 대한 「공인중개사법」 제40조(행정제재처분효과의 승계 등)의 적용에 관한 설명으로 옳은 것을 모두 고른 것은? 제32회

> ⊙ 甲이 2020. 11. 16. 「공인중개사법」에 따른 과태료부과처분을 받았으나, 2020. 12. 16. 폐업신고를 하였다가 2021. 10. 15. 다시 중개사무소의 개설등록을 하였 다면, 위 과태료부과처분의 효과는 승계된다.
> ⊙ 乙이 2020. 8. 1. 국토교통부령으로 정하는 전속중개계약서에 의하지 않고 전속중 개계약을 체결한 후, 2020. 9. 1. 폐업신고를 하였다가 2021. 10. 1. 다시 중개사 무소의 개설등록을 하였다면, 등록관청은 업무정지처분을 할 수 있다.
> ⊙ 丙이 2018. 8. 5. 다른 사람에게 자기의 상호를 사용하여 중개업무를 하게 한 후, 2018. 9. 5. 폐업신고를 하였다가 2021. 10. 5. 다시 중개사무소의 개설등록을 하였다면, 등록관청은 개설등록을 취소해야 한다.

① ⊙　　　　　　② ⊙, ⊙　　　　　　③ ⊙, ⊙
④ ⊙, ⊙　　　　　⑤ ⊙, ⊙, ⊙

해설　⊙ 폐업신고 전 과태료부과처분의 효과는 처분일로부터 1년간 승계되므로 옳은 내용이다.
　　　⊙ 폐업기간이 1년 1개월로써 1년을 초과하였으므로 폐업신고 전 위반행위로 업무정지처분을 할 수 없다.
　　　⊙ 폐업기간이 3년 1개월로써 3년을 초과하였으므로 폐업신고 전 위반행위로 등록취소처분을 할 수 없다.

정답 ▶ 09 ② 　10 ⑤ 　11 ④ 　12 ①

13 공인중개사법령상 행정제재처분효과의 승계 등에 관한 설명으로 틀린 것은?

제23회

① 폐업기간이 1년을 초과한 경우에는 폐업신고 전의 위반행위에 대한 행정처분이 업무정지에 해당하더라도 재등록 개업공인중개사에게 다시 업무정지처분을 할 수 없다.

② 중개대상물확인·설명서를 교부하지 않은 사유로 폐업신고 전에 개업공인중개사에게 한 업무정지처분의 효과는 처분일부터 1년간 재등록 개업공인중개사에게 승계된다.

③ 폐업기간이 3년을 초과한 경우에도 재등록 개업공인중개사에 대해 폐업신고 전의 중개사무소 개설등록 취소사유에 해당하는 위반행위를 이유로 행정처분을 할 수 있다.

④ 중개사무소 이전신고를 하지 않은 사유로 폐업신고 전에 개업공인중개사에게 한 과태료부과처분의 효과는 그 처분일부터 1년간 재등록 개업공인중개사에게 승계된다.

⑤ 재등록 개업공인중개사에 대하여 폐업신고 전의 개설등록취소 및 업무정지에 해당하는 위반행위에 대한 행정처분을 함에 있어서는 폐업기간과 폐업의 사유 등을 고려해야 한다.

해설 ③ 폐업기간이 3년을 초과한 경우에는 폐업신고 전의 위반행위가 등록취소사유에 해당하는 경우라 하더라도 이를 이유로 등록취소처분을 할 수 없다.

14 공인중개사법령상 공인중개사인 개업공인중개사 甲의 중개사무소 폐업 및 재등록에 관한 설명으로 옳은 것은? 제31회

① 甲이 중개사무소를 폐업하고자 하는 경우, 국토교통부장관에게 미리 신고하여야 한다.

② 甲이 폐업사실을 신고하고 중개사무소 간판을 철거하지 아니한 경우, 과태료 부과처분을 받을 수 있다.

③ 甲이 공인중개사법령 위반으로 2019. 2. 8. 1개월의 업무정지처분을 받았으나 2019. 7. 1. 폐업신고를 하였다가 2019. 12. 11. 다시 중개사무소 개설등록을 한 경우, 종전의 업무정지처분의 효과는 승계되지 않고 소멸한다.

④ 甲이 공인중개사법령 위반으로 2019. 1. 8. 1개월의 업무정지처분에 해당하는 행위를 하였으나 2019. 3. 5. 폐업신고를 하였다가 2019. 12. 5. 다시 중개사무소 개설등록을 한 경우, 종전의 위반행위에 대하여 1개월의 업무정지처분을 받을 수 있다.

⑤ 甲이 공인중개사법령 위반으로 2018. 2. 5. 등록취소처분에 해당하는 행위를 하였으나 2018. 3. 6. 폐업신고를 하였다가 2020. 10. 16. 다시 중개사무소 개설등록을 한 경우, 그에게 종전의 위반행위에 대한 등록취소처분을 할 수 없다.

해설 ④ 폐업기간이 1년 이내이므로, 종전의 위반행위에 대하여 1개월의 업무정지처분을 받을 수 있다.
① 국토교통부장관 ⇨ 등록관청
② 과태료 부과처분대상이 아니며, 행정대집행 대상이 될 뿐이다.
③ 업무정지처분을 받은 날로부터 1년이 경과하지 않아 재등록 하더라도 종전의 업무정지처분의 효과는 승계된다.
⑤ 폐업기간이 3년 이내이므로, 그에게 종전의 위반행위에 대한 등록취소처분을 할 수 있다.

15 공인중개사법령에 관한 내용으로 옳은 것은?

① 폐업기간이 1년 미만인 경우, 폐업신고 전의 위반행위를 사유로 재등록 개업공인중개사에 대하여 등록취소처분을 함에 있어서 폐업기간과 폐업의 사유는 고려의 대상이 아니다.

② 「공인중개사법」을 위반하여 200만원의 벌금형을 선고받고 5년이 경과되지 아니한 자는 중개사무소의 개설등록을 할 수 없다.

③ 휴업기간 중에 있는 개업공인중개사는 다른 개업공인중개사인 법인의 임원이 될 수 있다.

④ 무자격자에게 토지매매의 중개를 의뢰한 거래당사자는 처벌의 대상이 된다.

⑤ 유치권이 행사되고 있는 건물도 중개대상물이 될 수 있다.

해설 ① 폐업신고 전의 위반행위를 사유로 재등록 개업공인중개사에 대하여 행정처분을 함에 있어서는 폐업기간과 폐업사유를 고려하여야 한다.
② 벌금이 300만원에 미달하여 결격사유에 해당하지 않는다. 따라서 중개사무소의 개설등록을 할 수 있다.
③ 휴업기간 중에도 이중소속은 절대 금지된다.
④ 무자격자 또는 무등록중개업자에게 중개를 의뢰한 거래당사자는 처벌대상이 되지 않는다.

2. 공인중개사에 대한 행정처분

 대표 문제

공인중개사법령상 공인중개사의 자격취소에 관한 설명으로 옳은 것은? 제27회

① 공인중개사 자격취소처분을 받은 개업공인중개사는 중개사무소의 소재지를 관할하는 시·도지사에게 공인중개사자격증을 반납해야 한다.

② 부정한 방법으로 공인중개사의 자격을 취득한 경우 자격취소사유에 해당하며, 1년 이하의 징역 또는 1천만원 이하의 벌금에 처해진다.

③ 시·도지사는 공인중개사의 자격취소처분을 한 때에는 7일 이내에 이를 국토교통부장관에게 보고해야 한다.

④ 자격증을 교부한 시·도지사와 공인중개사 사무소의 소재지를 관할하는 시·도지사가 다른 경우, 자격증을 교부한 시·도지사가 자격취소처분에 필요한 절차를 이행한다.

⑤ 공인중개사가 자격정지처분을 받고 그 정지기간 중에 다른 개업공인중개사의 소속공인중개사가 된 경우 자격취소사유가 된다.

해설 ① 중개사무소 소재지 관할 시·도지사 ⇨ 자격증 교부 시·도지사
② 자격취소사유에 해당할 뿐 행정형벌은 부과되지 않는다.
③ 7일 이내에 ⇨ 5일 이내에
④ 사무소 소재지를 관할하는 시·도지사가 자격취소처분에 필요한 절차를 이행한다.

정답 ⑤

16 **공인중개사법령상 공인중개사 자격취소에 관한 설명으로 틀린 것은?** 제33회

① 시·도지사는 공인중개사가 이 법을 위반하여 300만원 이상 벌금형의 선고를 받은 경우에는 그 자격을 취소해야 한다.

② 공인중개사의 자격이 취소된 자는 공인중개사자격증을 교부한 시·도지사에게 반납해야 한다.

③ 시·도지사는 공인중개사의 자격취소처분을 한 때에는 5일 이내에 이를 국토교통부장관에게 보고하고 다른 시·도지사에게 통지해야 한다.

④ 시·도지사는 공인중개사의 자격을 취소하고자 하는 경우에는 청문을 실시해야 한다.

⑤ 시·도지사는 공인중개사가 부정한 방법으로 공인중개사의 자격을 취득한 경우에는 그 자격을 취소해야 한다.

해설 ① 이 법을 위반하여 "징역형"을 선고받아야 자격취소사유에 해당되며, "벌금"의 선고로는 자격이 취소되지 않는다.

정답 15 ⑤ 16 ①

17 공인중개사법령상 공인중개사의 자격취소에 관한 설명으로 옳은 것은? 제30회

① 공인중개사의 자격취소처분은 공인중개사의 현 주소지를 관할하는 시장·군수·구청장이 행한다.
② 시·도지사는 공인중개사의 자격취소처분을 한 때에는 5일 이내에 이를 국토교통부장관에게 보고하고 다른 시·도지사에게 통지하여야 한다.
③ 자격취소사유가 발생한 경우에는 청문을 실시하지 않아도 해당 공인중개사의 자격을 취소할 수 있다.
④ 공인중개사의 자격이 취소된 자는 공인중개사자격증을 7일 이내에 한국산업인력공단에 반납하여야 한다.
⑤ 공인중개사 자격이 취소되었으나 공인중개사자격증을 분실 등의 사유로 반납할 수 없는 자는 신규발급절차를 거쳐 공인중개사자격증을 반납하여야 한다.

> **해설** ① 공인중개사 자격취소처분은 자격증 교부 시·도지사가 행한다.
> ③ 시·도지사가 자격취소처분을 하려면 사전에 청문절차를 거쳐야 한다.
> ④ 자격증을 자격취소처분을 한 시·도지사에게 반납하여야 한다.
> ⑤ 신규발급절차를 거치는 것이 아니라 사유서를 제출하여야 한다.

18 공인중개사법령상 공인중개사의 자격취소 등에 관한 설명으로 틀린 것은?

제34회

① 공인중개사의 자격취소처분은 청문을 거쳐 중개사무소의 개설등록증을 교부한 시·도지사가 행한다.
② 공인중개사가 자격정지처분을 받은 기간 중에 법인인 개업공인중개사의 임원이 되는 경우 시·도지사는 그 자격을 취소하여야 한다.
③ 자격취소처분을 받아 공인중개사자격증을 반납하려는 자는 그 처분을 받은 날부터 7일 이내에 반납해야 한다.
④ 시·도지사는 공인중개사의 자격취소처분을 한 때에는 5일 이내에 이를 국토교통부장관에게 보고하여야 한다.
⑤ 분실로 인하여 공인중개사자격증을 반납할 수 없는 자는 자격증 반납을 대신하여 그 이유를 기재한 사유서를 시·도지사에게 제출하여야 한다.

> **해설** ① 공인중개사의 자격취소처분은 청문을 거쳐 공인중개사자격증을 교부한 시·도지사가 행한다.

19 공인중개사법령상 공인중개사 자격취소에 관한 설명으로 틀린 것은? 제29회

① 자격취소처분은 그 자격증을 교부한 시·도지사가 행한다.

② 처분권자가 자격을 취소하려면 청문을 실시해야 한다.

③ 자격취소처분을 받아 그 자격증을 반납하고자 하는 자는 그 처분을 받은 날부터 7일 이내에 반납해야 한다.

④ 처분권자가 자격취소처분을 한 때에는 5일 이내에 이를 국토교통부장관에게 보고해야 한다.

⑤ 자격증을 교부한 시·도지사와 중개사무소의 소재지를 관할하는 시·도지사가 서로 다른 경우에는 자격증을 교부한 시·도지사가 자격취소처분에 필요한 절차를 이행해야 한다.

> **해설** ⑤ 사무소의 소재지를 관할하는 시·도지사가 자격취소에 필요한 절차를 이행하고, 자격증을 교부한 시·도지사에게 통보한다.

20 공인중개사법령상 공인중개사의 자격취소사유와 소속공인중개사의 자격정지사유에 관한 구분으로 옳은 것을 모두 고른 것은? 제31회

> ㉠ 다른 사람에게 자기의 성명을 사용하여 중개업무를 하게 한 경우 - 취소사유
> ㉡ 「공인중개사법」을 위반하여 징역형의 집행유예를 받은 경우 - 취소사유
> ㉢ 거래계약서를 작성할 때 거래금액 등 거래내용을 거짓으로 기재한 경우 - 정지사유
> ㉣ 중개대상물의 매매를 업으로 하는 경우 - 정지사유

① ㉠

② ㉠, ㉣

③ ㉢, ㉣

④ ㉠, ㉡, ㉢

⑤ ㉠, ㉡, ㉢, ㉣

> **해설** ⑤ 모두 옳은 내용이다.

21 공인중개사법령상 공인중개사 자격취소에 관한 설명으로 옳은 것은? 제24회

① 공인중개사가 폭행죄로 징역형을 선고받은 경우에는 자격취소사유가 된다.

② 자격이 취소된 자는 그 자격증을 폐기하고 그 사실을 시·도지사에게 고지해야 한다.

③ 자격취소처분을 받은 자는 그 취소처분을 안 날로부터 14일 이내에 그 자격증을 반납해야 한다.

④ 취소처분을 받은 자가 자격증을 분실한 경우에는 그 사유를 구두로 설명하는 것으로 자격증 반납에 갈음할 수 있다.

⑤ 공인중개사가 자격정지처분을 받고 그 기간 중에 다른 개업공인중개사의 소속공인중개사가 된 경우 자격취소사유가 된다.

해설 ① '다른 법률'을 위반하여 징역형을 선고받은 경우에는 자격취소사유에 해당하지 않는다.
② 법적 근거가 없는 내용이다.
③ 14일 이내에 ⇨ 7일 이내에
④ 구두로 설명하는 것으로는 부족하고 이유가 기재된 사유서를 제출하여야 한다.

22 공인중개사법령상 소속공인중개사로서 업무를 수행하는 기간 동안 발생한 사유 중 자격정지사유로 규정되어 있지 않은 것은? 제32회

① 둘 이상의 중개사무소에 소속된 경우

② 성실·정확하게 중개대상물의 확인·설명을 하지 않은 경우

③ 등록관청에 등록하지 않은 인장을 사용하여 중개행위를 한 경우

④ 「공인중개사법」을 위반하여 징역형의 선고를 받은 경우

⑤ 중개대상물의 매매를 업으로 하는 행위를 한 경우

해설 ④ 자격정지가 아닌 자격취소사유에 해당된다.

23 공인중개사법령상 공인중개사 자격정지의 절차에 관한 설명으로 옳은 것은? 제22회

① 등록관청은 공인중개사가 자격정지처분 사유에 해당하는 사실을 알게 된 때에는 지체 없이 그 사실을 시·도지사에게 통보해야 한다.

② 시·도지사는 공인중개사의 자격을 정지하고자 하는 경우에는 청문을 실시해야 한다.

③ 공인중개사자격증을 교부한 시·도지사와 공인중개사사무소의 소재지를 관할하는 시·도지사가 서로 다른 경우에는 공인중개사 사무소의 소재지를 관할하는 시·도지사가 자격정지처분을 한다.

④ 시·도지사는 공인중개사의 자격정지처분을 한 때에는 5일 이내에 이를 국토교통부장관에게 보고해야 한다.

⑤ 공인중개사의 자격이 정지된 자는 자격정지처분을 받은 날부터 7일 이내에 자격증을 교부한 시·도지사에게 그 자격증을 반납해야 한다.

> 해설 ② 자격정지의 경우 청문을 실시하지 않는다.
> ③ 공인중개사자격증을 교부한 시·도지사와 공인중개사 사무소의 소재지를 관할하는 시·도지사가 서로 다른 경우에는 공인중개사자격증을 교부한 시·도지사가 자격정지처분을 한다.
> ④ 시·도지사는 공인중개사의 자격취소처분을 한 때에는 5일 이내에 이를 국토교통부장관에게 보고해야 한다.
> ⑤ 자격정지처분과 무관한 내용이며, 자격취소처분에 타당한 내용이다.

24 공인중개사법령상 중개업무를 수행하는 소속공인중개사의 자격정지사유에 해당하지 않는 것은? 제30회

① 고객을 위하여 거래내용에 부합하는 동일한 거래계약서를 4부 작성한 경우

② 2 이상의 중개사무소에 소속된 경우

③ 고객의 요청에 의해 거래계약서에 거래금액을 거짓으로 기재한 경우

④ 권리를 취득하고자 하는 중개의뢰인에게 중개가 완성되기 전까지 등기사항증명서 등 확인·설명의 근거자료를 제시하지 않은 경우

⑤ 법인의 분사무소의 책임자가 서명 및 날인 하였기에 당해 중개행위를 한 소속공인중개사가 확인·설명서에 서명 및 날인을 하지 않은 경우

> 해설 ① 적법한 행위이다.

25 공인중개사법령상 공인중개사의 자격취소와 자격정지에 관한 설명으로 틀린 것은?

제25회

① 자격취소 또는 자격정지처분을 할 수 있는 자는 자격증을 교부한 시·도지사이다.
② 자격취소처분은 공인중개사를 대상으로, 자격정지처분은 소속공인중개사를 대상으로 한다.
③ 자격정지처분을 받고 그 자격정지기간 중에 중개업무를 행한 경우는 자격취소 사유에 해당한다.
④ 공인중개사에 대하여 자격취소와 자격정지를 명할 수 있는 자는 자격취소 또는 자격정지처분을 한 때에 5일 이내에 국토교통부장관에게 보고해야 한다.
⑤ 자격정지사유에는 행정형벌이 병과될 수 있는 경우도 있다.

해설 ④ 자격취소에만 해당하는 내용이다.

26 공인중개사법령상 중개업무를 수행하는 소속공인중개사의 자격정지에 관한 설명으로 틀린 것은?

제23회

① 시장·군수 또는 구청장은 공인중개사의 자격을 정지할 수 있다.
② 2 이상의 중개사무소에 소속된 경우, 6개월의 자격정지를 받을 수 있다.
③ 거래계약서에 거래금액을 거짓으로 기재한 경우, 6개월의 자격정지를 받을 수 있다.
④ 등록하지 않은 인장을 중개행위에 사용한 경우, 3개월의 자격정지를 받을 수 있다.
⑤ 자격정지기간은 2분의 1의 범위 안에서 가중 또는 감경 할 수 있지만 가중하더라도 6개월을 초과할 수 없다.

해설 ① 자격정지나 자격취소의 권한은 오직 자격증을 교부한 시·도지사에게만 있다.

27 공인중개사법령상 중개업무를 수행하는 소속공인중개사의 자격정지에 관한 설명으로 옳은 것은? 제27회

① 거래계약서에 서명 및 날인을 하지 아니한 경우는 자격정지사유에 해당한다.

② 중개대상물확인·설명서를 교부하지 아니한 경우는 자격정지사유에 해당한다.

③ 전속중개계약서에 의하지 아니하고 전속중개계약을 체결한 경우는 자격정지사유에 해당한다.

④ 시장·군수 또는 구청장은 공인중개사 자격정지사유 발생시 6개월의 범위 안에서 기간을 정하여 그 자격을 정지할 수 있다.

⑤ 자격정지기간은 2분의 1의 범위 안에서 가중 또는 감경할 수 있으며, 가중하여 처분하는 때에는 9개월로 할 수 있다.

해설 ②③은 소속공인중개사의 의무사항이 아니라 개업공인중개사의 의무사항이다.
④ 시장·군수 또는 구청장 ⇨ 시·도지사
⑤ 가중하여 처분하는 때에도 6개월로 초과할 수 없다.

28 공인중개사법령상 개업공인중개사의 업무정지사유인 동시에 중개행위를 한 소속공인중개사의 자격정지사유에 해당하는 것은? 제26회

① 최근 1년 이내에 「공인중개사법」에 의하여 2회 이상 업무정지처분을 받고 다시 과태료의 처분에 해당하는 행위를 한 경우

② 거래계약서 원본, 사본 또는 전자문서를 보존기간 동안 보존하지 아니한 경우

③ 거래계약서를 작성·교부하지 아니한 경우

④ 중개대상물확인·설명서에 서명 및 날인을 하지 아니한 경우

⑤ 중개대상물확인·설명서를 교부하지 아니한 경우

해설 ④ 개업공인중개사에게는 업무정지사유에 해당하고, 소속공인중개사에게는 자격정지사유에 해당한다.
①②③⑤ 개업공인중개사의 업무정지사유에만 해당된다.

정답 25 ④ 26 ① 27 ① 28 ④

29 공인중개사법령상 개업공인중개사의 업무정지사유이면서 중개행위를 한 소속공인중개사의 자격정지사유에 해당하는 것을 모두 고른 것은? 제29회

> ㉠ 인장등록을 하지 아니한 경우
> ㉡ 중개대상물확인·설명서에 서명 및 날인하지 아니한 경우
> ㉢ 거래계약서에 서명 및 날인을 하지 아니한 경우
> ㉣ 중개대상물확인·설명서를 교부하지 않은 경우

① ㉠, ㉡　　　　　② ㉢, ㉣　　　　　③ ㉠, ㉡, ㉢
④ ㉡, ㉢, ㉣　　　⑤ ㉠, ㉡, ㉢, ㉣

> **해설** ㉣ 확인·설명서 교부의무는 개업공인중개사에게 있다. 따라서 확인·설명서를 교부하지 않은 경우에는 개업공인중개사의 업무정지처분사유에 해당될 뿐이고, 소속공인중개사의 자격정지사유에는 해당되지 않는다.

30 공인중개사법령상 소속공인중개사의 규정 위반행위 중 자격정지기준이 6개월에 해당하는 것을 모두 고른 것은? 제34회

> ㉠ 2 이상의 중개사무소에 소속된 경우
> ㉡ 거래계약서에 서명·날인을 하지 아니한 경우
> ㉢ 등록하지 아니한 인장을 사용한 경우
> ㉣ 확인·설명의 근거자료를 제시하지 아니한 경우

① ㉠　　　　　　② ㉠, ㉢　　　　　③ ㉡, ㉢
④ ㉠, ㉡, ㉣　　⑤ ㉡, ㉢, ㉣

> **해설** [자격정지사유 및 기준]
>
> | 자격정지사유 | 기 준 |
> |---|---|
> | ① 2 이상의 중개사무소에 소속된 경우 | 6월 |
> | ② 인장등록을 하지 아니하거나 미등록인장을 사용한 경우 | 3월 |
> | ③ 거래계약서에 서명 및 날인을 하지 아니한 경우 | 3월 |
> | ④ 거래계약서 거짓기재, 이중계약서를 작성한 경우 | 6월 |
> | ⑤ 성실·정확하게 확인·설명 또는 설명의 근거자료를 제시하지 아니한 경우 | 3월 |
> | ⑥ 확인·설명서에 서명 및 날인을 하지 아니한 경우 | 3월 |
> | ⑦ 법 제33조 제1항의 금지행위를 한 경우 | 6월 |

31 공인중개사법령상 거래정보사업자의 지정을 취소할 수 있는 사유에 해당하는 것을 모두 고른 것은?

제33회

> ㉠ 거짓 등 부정한 방법으로 지정을 받은 경우
> ㉡ 정당한 사유 없이 지정받은 날부터 1년 이내에 부동산거래정보망을 설치·운영하지 아니한 경우
> ㉢ 개업공인중개사로부터 공개를 의뢰받은 중개대상물의 내용과 다르게 부동산거래정보망에 정보를 공개한 경우
> ㉣ 부동산거래정보망의 이용 및 정보제공방법 등에 관한 운영규정을 위반하여 부농산거래정보망을 운영한 경우

① ㉠, ㉡ ② ㉡, ㉢ ③ ㉢, ㉣

④ ㉠, ㉢, ㉣ ⑤ ㉠, ㉡, ㉢, ㉣

해설 ⑤ 모두 지정취소사유에 해당된다.
[지정취소사유]
1. 거짓, 그 밖의 부정한 방법으로 지정을 받은 경우
2. 운영규정의 승인·변경승인을 받지 아니하거나 운영규정에 위반하여 운영한 경우
3. 정보망 운영 관련 의무를 위반한 경우(의뢰받지 않은 정보 공개, 사실과 다르게 공개, 차별적 공개)
4. 정당한 사유 없이 지정받은 날로부터 1년 이내에 정보망을 설치·운영하지 아니한 경우
5. 개인인 거래정보사업자의 사망 또는 법인인 거래정보사업자의 해산, 그 밖의 사유로 부동산거래정보망의 계속적인 운영이 불가능한 경우

제2절 | **벌 칙**

1. 행정형벌

 대표 문제

1. 공인중개사법령상 3년 이하의 징역 또는 3천만원 이하의 벌금에 처해지는 개업공인중개사 등의 행위가 아닌 것은? 제33회

① 관계 법령에서 양도가 금지된 부동산의 분양과 관련 있는 증서의 매매를 중개하는 행위
② 법정 중개보수를 초과하여 수수하는 행위
③ 중개의뢰인과 직접 거래를 하는 행위
④ 거래당사자 쌍방을 대리하는 행위
⑤ 단체를 구성하여 특정 중개대상물에 대하여 중개를 제한하는 행위

해설 ② 1년 이하의 징역 또는 1천만원 이하의 벌금사유에 해당된다.

정답 ②

2. 공인중개사법령상 1년 이하의 징역 또는 1천만원 이하의 벌금에 해당하지 않는 자는? 제29회

① 공인중개사가 아닌 자로서 공인중개사 또는 이와 유사한 명칭을 사용한 자
② 개업공인중개사가 아닌 자로서 중개업을 하기 위하여 중개대상물에 대한 표시·광고를 한 자
③ 개업공인중개사가 아닌 자로서 "공인중개사사무소", "부동산중개" 또는 이와 유사한 명칭을 사용한 자
④ 관계 법령에서 양도·알선 등이 금지된 부동산의 분양·임대 등과 관련 있는 증서 등의 매매·교환 등을 중개한 개업공인중개사
⑤ 다른 사람에게 자기의 상호를 사용하여 중개업무를 하게 한 개업공인중개사

해설 ④ 법 제33조 제1항 제5호 소정의 금지행위에 해당되며, 3년 이하의 징역 또는 3천만원 이하의 벌금형에 해당되는 사유이다.

정답 ④

32 공인중개사법령상 벌칙의 법정형이 같은 것끼리 모두 묶은 것은? 제25회

> ㉠ 이중으로 중개사무소의 개설등록을 한 개업공인중개사
> ㉡ 중개의뢰인과 직접거래를 한 개업공인중개사
> ㉢ 이동이 용이한 임시 중개시설물을 설치한 개업공인중개사
> ㉣ 2 이상의 중개사무소에 소속된 공인중개사
> ㉤ 중개사무소의 개설등록을 하지 아니하고 중개업을 한 자

① ㉠, ㉡　　　　　　　　　　② ㉠, ㉢, ㉣
③ ㉠, ㉣, ㉤　　　　　　　　　④ ㉡, ㉢, ㉤
⑤ ㉢, ㉣, ㉤

해설　㉠㉢㉣ 1년 이하의 징역이나 1천만원 이하의 벌금사유
　　　㉡㉤ 3년 이하의 징역이나 3천만원 이하의 벌금사유

33 공인중개사법령상 벌금부과기준에 해당하는 자를 모두 고른 것은? 제31회

> ㉠ 중개사무소 개설등록을 하지 아니하고 중개업을 한 공인중개사
> ㉡ 거짓으로 중개사무소의 개설등록을 한 자
> ㉢ 등록관청의 관할구역 안에 2개의 중개사무소를 개설등록한 개업공인중개사
> ㉣ 임시 중개시설물을 설치한 개업공인중개사
> ㉤ 중개대상물이 존재하지 않아서 거래할 수 없는 중개대상물을 광고한 개업공인중개사

① ㉠　　　　　　　　　　　　② ㉠, ㉡
③ ㉡, ㉢, ㉤　　　　　　　　④ ㉠, ㉡, ㉢, ㉣
⑤ ㉠, ㉡, ㉢, ㉣, ㉤

해설　㉠㉡ 3년 이하의 징역 또는 3천만원 이하의 벌금
　　　㉢㉣ 1년 이하의 징역 또는 1천만원 이하의 벌금
　　　㉤ 500만원 이하의 과태료

정답　32 ②　33 ④

34 공인중개사법령상 법정형이 1년 이하의 징역 또는 1천만원 이하의 벌금에 해당하는 자를 모두 고른 것은?　　제28회

> ㉠ 공인중개사가 아닌 자로서 공인중개사 명칭을 사용한 자
> ㉡ 이중으로 중개사무소의 개설등록을 하여 중개업을 한 개업공인중개사
> ㉢ 개업공인중개사로부터 공개를 의뢰받지 아니한 중개대상물의 정보를 부동산거래정보망에 공개한 거래정보사업자
> ㉣ 중개의뢰인과 직접거래를 한 개업공인중개사

① ㉠, ㉣　　　　　　　　　　② ㉡, ㉢
③ ㉠, ㉡, ㉢　　　　　　　　④ ㉡, ㉢, ㉣
⑤ ㉠, ㉡, ㉢, ㉣

해설　㉣ 3년 이하의 징역 또는 3천만원 이하의 벌금사유

35 공인중개사법령상 개업공인중개사가 1년 이하의 징역 또는 1천만원 이하의 벌금에 처해지는 사유로 명시된 것이 아닌 것은?　　제27회

① 공인중개사자격증을 대여한 경우
② 중개사무소등록증을 양도한 경우
③ 이중으로 중개사무소의 개설등록을 한 경우
④ 중개의뢰인과 직접거래를 한 경우
⑤ 천막 그 밖에 이동이 용이한 임시 중개시설물을 설치한 경우

해설　④ 3년 이하의 징역 또는 3천만원 이하의 벌금사유에 해당한다.

36 **공인중개사법령상 벌칙에 관한 설명으로 옳은 것은?** 제22회

① 이 법에 의한 과태료의 부과기준은 국토교통부령으로 정한다.

② 중개사무소의 개설등록을 하지 않고 중개업을 한 자는 2년 이하의 징역 또는 3천만원 이하의 벌금에 처한다.

③ 업무상 알게 된 비밀을 누설한 개업공인중개사는 피해자의 명시한 의사에 반하여 벌하지 아니한다.

④ 소속공인중개사가 중개업무에 관하여 벌칙에 처해질 위반행위를 한 때에는 그 행위자를 벌하는 외에 그 개업공인중개사에 대하여도 동일한 금액의 벌금형을 과한다.

⑤ 개업공인중개사가 소속공인중개사의 위반행위를 방지하기 위해 해당 업무에 관하여 상당한 주의와 감독을 게을리하지 않았다면 2분의 1의 범위 내에서 그 형을 감경할 수 있다.

> 해설 ① 과태료 부과기준은 대통령령으로 정한다.
> ② 중개사무소 개설등록을 하지 않고 중개업을 한 자는 '3년' 이하의 징역 또는 3천만원 이하의 벌금에 처한다.
> ④ 소속공인중개사가 중개업무에 관하여 벌칙에 처해질 위반행위를 한 때에는 그 행위자를 벌하는 외에 그 개업공인중개사에 대하여 동조에 규정된 벌금형을 과하는 것이 원칙이다.
> ⑤ 개업공인중개사가 소속공인중개사의 위반행위를 방지하기 위해 해당 업무에 관하여 상당한 주의와 감독을 게을리하지 않았다면 벌금형을 면할 수 있다.

37 **공인중개사법령상 개업공인중개사에 대한 제재로서 틀린 내용은?** 제20회

① 개업공인중개사가 이 법에 대한 1건의 위반행위로 행정처분 외에 행정형벌을 받을 수 있다.

② 공인중개사 및 개업공인중개사가 아닌 자도 이 법에 따라 과태료처분을 받을 수 있다.

③ 공인중개사 및 개업공인중개사가 아닌 자도 이 법에 따라 행정형벌을 받을 수 있다.

④ 법인이 아닌 개업공인중개사의 소속공인중개사가 결격사유에 해당하는 경우 그 사유가 발생한 날부터 2개월 이내에 그 사유를 해소하지 않는 한 등록관청은 개업공인중개사에게 업무정지를 명할 수 있다.

⑤ 중개사무소 개설등록기준에 미달하여 등록이 취소된 경우 취소된 날부터 3년 이내에는 개설등록할 수 없다.

> 해설 ⑤ 등록기준 미달에 따라 등록이 취소된 경우는 결격사유에 해당하지 않는다.

정답 ▶ 34 ③ 35 ④ 36 ③ 37 ⑤

제10장 지도 · 감독 및 벌칙 **159**

38 공인중개사법령상 벌칙에 관한 설명으로 틀린 것은? (다툼이 있으면 판례에 의함)

제21회

① 양벌규정은 소속공인중개사가 과태료 부과대상인 행위를 한 경우에도 적용된다.

② 등록관청의 관할구역 안에 2 이상의 중개사무소를 둔 공인중개사인 개업공인중개사는 1년 이하의 징역 또는 1천만원 이하의 벌금에 처한다.

③ 벌금과 과태료는 병과할 수 있다.

④ 거래당사자 쌍방을 대리하는 행위를 한 개업공인중개사는 3년 이하의 징역 또는 3천만원 이하의 벌금에 처한다.

⑤ 개업공인중개사가 중개보조원의 위반행위로 양벌규정에 의하여 벌금형을 받은 경우는 이 법상 '벌금형의 선고를 받고 3년이 경과되지 아니한 자'에 해당하지 않는다.

> **해설** ① 행정형벌에 한하여 양벌규정이 적용된다.

39 공인중개사인 개업공인중개사가 다음의 행위를 한 경우, 공인중개사법령상 피해자의 명시한 의사에 반하여 처벌할 수 없는 것은?

제23회

① 거짓 그 밖의 부정한 방법으로 중개사무소의 개설등록을 한 경우

② 임시 중개시설물을 설치한 경우

③ 2 이상의 중개사무소를 둔 경우

④ 업무상 알게 된 비밀을 누설할 경우

⑤ 중개대상물의 매매를 업으로 한 경우

> **해설** ④ 공인중개사법령상 피해자의 명시한 의사에 반하여 처벌할 수 없는 반의사불벌죄(反意思不罰罪)는 비밀누설죄뿐이다.

2. 행정질서벌(과태료)

 대표 문제

다음 중 공인중개사법령상 과태료를 부과할 경우 과태료의 부과기준에서 정하는 과태료 금액이 가장 큰 경우는? 제30회

① 공제업무의 개선명령을 이행하지 않은 경우
② 휴업한 중개업의 재개신고를 하지 않은 경우
③ 중개사무소의 이전신고를 하지 않은 경우
④ 중개사무소등록증을 게시하지 않은 경우
⑤ 휴업기간의 변경신고를 하지 않은 경우

해설 ① 500만원 이하의 과태료사유(부과기준금액 : 400만원)
② ⑤ 100만원 이하의 과태료사유(부과기준금액 : 20만원)
③ 100만원 이하의 과태료사유(부과기준금액 : 30만원)
④ 100만원 이하의 과태료사유(부과기준금액 : 30만원)

정답 ①

40 공인중개사법령상 과태료 부과대상자가 아닌 것은? 제28회

① 연수교육을 정당한 사유 없이 받지 아니한 소속공인중개사
② 신고한 휴업기간을 변경하고 변경신고를 하지 아니한 개업공인중개사
③ 중개사무소의 개설등록취소에 따른 중개사무소등록증 반납의무를 위반한 자
④ 중개사무소의 이전신고의무를 위반한 개업공인중개사
⑤ 개업공인중개사가 아닌 자로서 중개업을 하기 위하여 중개대상물에 대한 표시·광고를 한 자

해설 ⑤ 행정형벌의 대상자에 해당하며, 1년 이하의 징역이나 1천만원 이하의 벌금에 처한다.
① 500만원 이하의 과태료사유
② ③ ④ 100만원 이하의 과태료사유

정답 38 ① 39 ④ 40 ⑤

41 공인중개사법령상 100만원 이하의 과태료 부과대상인 개업공인중개사에 해당하지 않는 자는? 제26회

① 중개사무소를 이전한 날부터 10일 이내에 이전신고를 하지 아니한 자
② 중개사무소등록증을 게시하지 아니한 자
③ 「공인중개사법」에 따른 연수교육을 정당한 사유 없이 받지 아니한 자
④ 사무소의 명칭에 "공인중개사사무소" 또는 "부동산중개"라는 문자를 사용하지 아니한 자
⑤ 「옥외광고물 등 관리법」에 따른 옥외광고물에 성명을 거짓으로 표기한 자

해설 ③ 500만원 이하의 과태료사유에 해당한다.

42 공인중개사법령상 과태료 대상자와 부과기관의 연결이 틀린 것은? 제29회

① 공제사업 운용실적을 공시하지 아니한 자 – 국토교통부장관
② 공인중개사협회의 임원에 대한 징계·해임의 요구를 이행하지 아니한 자 – 국토교통부장관
③ 연수교육을 정당한 사유 없이 받지 아니한 자 – 등록관청
④ 휴업기간의 변경신고를 하지 아니한 자 – 등록관청
⑤ 성실·정확하게 중개대상물의 확인·설명을 하지 아니한 자 – 등록관청

해설 ③ 연수교육을 정당한 사유 없이 받지 아니한 자에 대한 과태료는 등록관청이 아니라 시·도지사가 부과한다.

43 공인중개사법령상 개업공인중개사의 행위 중 과태료 부과대상이 아닌 것은?

제32회

① 중개대상물의 거래상의 중요사항에 관해 거짓된 언행으로 중개의뢰인의 판단을 그르치게 한 경우
② 휴업신고에 따라 휴업한 중개업을 재개하면서 등록관청에 그 사실을 신고하지 않은 경우
③ 중개대상물에 관한 권리를 취득하려는 중개의뢰인에게 해당 중개대상물의 권리관계를 성실·정확하게 확인·설명하지 않은 경우
④ 인터넷을 이용하여 중개대상물에 대한 표시·광고를 하면서 중개대상물의 종류별로 가격 및 거래형태를 명시하지 않은 경우
⑤ 연수교육을 정당한 사유 없이 받지 않은 경우

해설 ① 임의적 등록취소사유에 해당될 뿐 과태료 부과대상에 해당되지 않는다.
②④ 100만원 이하의 과태료사유에 해당된다.
③⑤ 500만원 이하의 과태료사유에 해당된다.

44 공인중개사법령상 과태료의 부과대상자와 부과기관이 바르게 연결된 것을 모두 고른 것은?

제30회

> ㉠ 부동산거래정보망의 이용 및 정보제공방법 등에 관한 운영규정의 내용을 위반하여 부동산거래정보망을 운영한 거래정보사업자 – 국토교통부장관
> ㉡ 공인중개사법령에 따른 보고의무를 위반하여 보고를 하지 아니한 거래정보사업자 – 국토교통부장관
> ㉢ 중개사무소등록증을 게시하지 아니한 개업공인중개사 – 등록관청
> ㉣ 공인중개사 자격이 취소된 자로 공인중개사자격증을 반납하지 아니한 자 – 등록관청
> ㉤ 중개사무소 개설등록이 취소된 자로 중개사무소등록증을 반납하지 아니한 자 – 시·도지사

① ㉠, ㉢
② ㉠, ㉡, ㉢
③ ㉡, ㉣, ㉤
④ ㉠, ㉡, ㉢, ㉣
⑤ ㉠, ㉡, ㉢, ㉣, ㉤

해설 ㉣ 등록관청 ⇨ 시·도지사
㉤ 시·도지사 ⇨ 등록관청

정답 41 ③ 42 ③ 43 ① 44 ②

박문각 공인중개사

제1장　부동산거래신고제
제2장　외국인 등의 부동산 취득 등 특례
제3장　토지거래허가제

부동산 거래신고 등에
관한 법령

Chapter 01

부동산거래신고제

부동산 거래신고 등에 관한 법령상 부동산 거래신고에 관한 설명으로 옳은 것은? (다툼이 있으면 판례에 따름) 제30회

① 개업공인중개사가 거래계약서를 작성·교부한 경우 거래당사자는 30일 이내에 부동산 거래 신고를 하여야 한다.

② 소속공인중개사 및 중개보조원은 부동산 거래신고를 할 수 있다.

③ 「지방공기업법」에 따른 지방공사와 개인이 매매계약을 체결한 경우 양 당사자는 공동으로 신고하여야 한다.

④ 거래대상 부동산의 공법상 거래규제 및 이용제한에 관한 사항은 부동산 거래계약 신고서의 기재사항이다.

⑤ 매매대상 토지 중 공장부지로 편입되지 아니할 부분의 토지를 매도인에게 원가로 반환한다 는 조건을 당사자가 약정한 경우 그 사항은 신고사항이다.

해설 ① "거래당사자"가 아닌 "개업공인중개사"가 부동산 거래신고를 하여야 한다.
② 중개보조원은 부동산 거래신고를 할 수 없다.
③ 지방공사가 단독으로 신고하여야 한다.
④ 부동산 거래계약 신고서의 기재사항이 아니다.

정답 ⑤

01 부동산 거래신고 등에 관한 법령상 부동산 거래신고에 관한 설명으로 틀린 것은?

제26회

① 「도시 및 주거환경정비법」에 따른 관리처분계획의 인가로 취득한 입주자로 선정된 지위에 관한 매매계약을 체결한 경우, 거래신고를 해야 한다.

② 공인중개사법령상 중개대상물에 해당한다고 하여 모두 부동산 거래신고의 대상이 되는 것은 아니다.

③ 거래의 신고를 받은 신고관청은 그 신고내용을 확인한 후 신고인에게 부동산 거래계약 신고필증을 지체없이 발급해야 한다.

④ 거래의 신고를 하려는 개업공인중개사는 부동산 거래계약 신고서에 서명 또는 날인하여 중개사무소 소재지 시·군·구청장에 제출해야 한다.

⑤ 거래의 신고를 해야 하는 개업공인중개사의 위임을 받은 소속공인중개사는 부동산 거래계약 신고서의 제출을 대행할 수 있다.

해설 ④ 중개사무소 소재지 시·군·구청장 ⇨ 부동산 등의 소재지 관할 시·군·구청장

02 부동산 거래신고 등에 관한 법령상 부동산 거래신고에 관한 설명으로 틀린 것은?

제29회

① 지방자치단체가 개업공인중개사의 중개 없이 토지를 매수하는 경우 부동산 거래계약 신고서에 단독으로 서명 또는 날인하여 신고관청에 제출해야 한다.

② 개업공인중개사가 공동으로 토지의 매매를 중개하여 거래계약서를 작성·교부한 경우 해당 개업공인중개사가 공동으로 신고해야 한다.

③ 매수인은 신고인이 거래신고를 하고 신고필증을 발급받은 때에 「부동산등기특별조치법」에 따른 검인을 받은 것으로 본다.

④ 「공공주택 특별법」에 따른 공급계약에 의해 부동산을 공급받는 자로 선정된 지위를 매매하는 계약은 부동산 거래신고의 대상이 아니다.

⑤ 매매계약에 조건이나 기한이 있는 경우 그 조건 또는 기한도 신고해야 한다.

해설 ④ 「공공주택 특별법」에 따른 공급계약에 의한 부동산을 공급받는 자로 선정된 지위(분양권)의 매매계약은 부동산 거래신고 대상이다.

정답 ▶ 01 ④ 02 ④

03 부동산 거래신고 등에 관한 법령상 부동산 거래신고에 관한 설명으로 옳은 것은?

제31회

① 부동산매매계약을 체결한 경우 거래당사자는 거래계약의 체결일부터 3개월 이내에 신고관청에 단독 또는 공동으로 신고하여야 한다.
② 「주택법」에 따라 지정된 조정대상지역에 소재하는 주택으로서 실제 거래가격이 5억원이고, 매수인이 국가인 경우 국가는 매도인과 공동으로 실제거래가격 등을 신고하여야 한다.
③ 권리대상인 부동산 소재지를 관할하는 특별자치도 행정시의 시장은 부동산 거래신고의 신고관청이 된다.
④ 개업공인중개사가 거래계약서를 작성·교부한 경우에는 거래당사자 또는 해당 개업공인중개사가 신고할 수 있다.
⑤ 부동산 거래계약을 신고하려는 개업공인중개사는 부동산 거래계약 신고서에 서명 또는 날인하여 관할 등록관청에 제출하여야 한다.

> **해설** ① 3개월 이내에 ⇨ 30일 이내에, 단독 또는 공동으로 ⇨ 공동으로
> ② 매수인이 국가인 경우 국가가 단독으로 실제거래가격 등을 신고하여야 한다.
> ④ 거래당사자 또는 해당 개업공인중개사 ⇨ 해당 개업공인중개사
> ⑤ 등록관청 ⇨ 신고관청(부동산 소재지 관할 시장·군수·구청장)

04 부동산 거래신고 등에 관한 법령상 부동산 거래신고에 관한 설명으로 틀린 것은?

제27회

① 「공인중개사법」에 따라 거래계약서를 작성·교부한 개업공인중개사는 부동산 거래신고를 할 의무를 부담한다.
② 거래당사자 일방이 부동산 거래신고를 거부하는 경우, 다른 당사자는 국토교통부령에 따라 단독으로 신고할 수 있다.
③ 개업공인중개사에게 거짓으로 부동산 거래신고를 하도록 요구한 자는 과태료 부과대상자가 된다.
④ 신고관청은 부동산 거래신고의 내용에 누락이 있는 경우, 신고인에게 신고내용을 보완하게 할 수 있다.
⑤ 신고관청의 요구에도 거래대금 지급을 증명할 수 있는 자료를 제출하지 아니한 자에게는 해당 부동산에 대한 취득가액의 100분의 10 이하에 상당하는 금액의 과태료가 부과된다.

> **해설** ⑤ 3천만원 이하의 과태료처분사유이다.

05 부동산 거래신고 등에 관한 법령상 부동산 거래신고의 대상이 되는 계약을 모두 고른 것은? 제28회

> ㉠ 「건축물의 분양에 관한 법률」에 따른 부동산에 대한 공급계약
> ㉡ 「도시개발법」에 따른 부동산에 대한 공급계약
> ㉢ 「주택법」에 따른 부동산에 대한 공급계약을 통하여 부동산을 공급받는 자로 선정된 지위의 매매계약
> ㉣ 「도시 및 주거환경정비법」에 따른 관리처분계획의 인가로 취득한 입주자로 선정된 지위의 매매계약

① ㉠, ㉡   ② ㉢, ㉣   ③ ㉠, ㉡, ㉢
④ ㉡, ㉢, ㉣   ⑤ ㉠, ㉡, ㉢, ㉣

해설 ㉠㉡ 부동산의 최초 분양계약으로서 신고대상에 해당한다.
　　 ㉢㉣ 분양권 및 조합원입주권으로서 신고대상에 해당한다.

06 부동산 거래신고 등에 관한 법령상 부동산 거래신고의 대상이 아닌 것은? 제35회

① 「주택법」에 따른 조정대상지역에 소재하는 주택의 증여계약
② 「공공주택 특별법」에 따른 부동산의 공급계약
③ 토지거래허가를 받은 토지의 매매계약
④ 「택지개발촉진법」에 따른 부동산 공급계약을 통하여 부동산을 공급받는 자로 선정된 지위의 매매계약
⑤ 「빈집 및 소규모주택 정비에 관한 특례법」에 따른 사업시행계획인가로 취득한 입주자로 선정된 지위의 매매계약

해설 ① 신고대상은 신고대상물에 대한 매매계약 및 공급계약이고, 증여계약은 신고대상이 아니다.

정답 03 ③　04 ⑤　05 ⑤　06 ①

07 부동산 거래신고 등에 관한 법령상 부동산 거래신고에 관한 설명으로 틀린 것은?

제35회

① 거래당사자 또는 개업공인중개사는 부동산 거래계약 신고내용 중 거래 지분 비율이 잘못 기재된 경우 신고관청에 신고내용의 정정을 신청할 수 있다.

② 자연인 甲이 단독으로 「주택법」상 투기과열지구 외에 소재하는 주택을 실제 거래가격 6억원으로 매수한 경우 입주 예정 시기 등 그 주택의 이용계획은 신고시항이다.

③ 법인이 주택의 매수자로서 거래계약을 체결한 경우 임대 등 그 주택의 이용계획은 신고사항이다.

④ 부동산의 매수인은 신고인이 부동산 거래계약 신고필증을 발급받은 때에 「부동산등기 특별조치법」에 따른 검인을 받은 것으로 본다.

⑤ 개업공인중개사가 신고한 후 해당 거래계약이 해제된 경우 그 계약을 해제한 거래당사자는 해제가 확정된 날부터 30일 이내에 해당 신고관청에 단독으로 신고하여야 한다.

> **해설** ⑤ 개업공인중개사가 신고한 후 해당 거래계약이 해제된 경우 그 계약을 해제한 거래당사자는 해제가 확정된 날부터 30일 이내에 해당 신고관청에 공동으로 신고하여야 한다.

08 甲이 「건축법 시행령」에 따른 단독주택을 매수하는 계약을 체결하였을 때, 부동산 거래신고 등에 관한 법령에 따라 甲 본인이 그 주택에 입주할지 여부를 신고해야 하는 경우를 모두 고른 것은? (甲, 乙, 丙은 자연인이고 丁은 「지방공기업법」상 지방공단임)

제32회

> ㉠ 甲이 「주택법」상 투기과열지구에 소재하는 乙 소유의 주택을 실제 거래가격 3억원으로 매수하는 경우
> ㉡ 甲이 「주택법」상 '투기과열지구 또는 조정대상지역' 외의 장소에 소재하는 丙 소유의 주택을 실제 거래가격 5억원으로 매수하는 경우
> ㉢ 甲이 「주택법」상 투기과열지구에 소재하는 丁 소유의 주택을 실제 거래가격 10억원으로 매수하는 경우

① ㉠
② ㉡
③ ㉠, ㉡
④ ㉠, ㉢
⑤ ㉡, ㉢

> **해설** ㉠ 투기과열지구에 소재하는 주택에 대한 자연인 간의 매매계약의 경우에는 거래가액에 관계없이 입주계획을 신고하여야 한다.
> ㉢ 부동산 거래신고 등에 관한 법령상 내용으로만 접근한다면 당사자 일방이 국가등인 경우 자금조달·입주계획을 신고대상에서 제외하나, 실무적으로는 개인이 국가등으로부터 주택을 매수하는 경우라면 자금조달·입주계획을 신고하도록 하고 있다. 실제로도 LH나 SH로부터 주택 분양을 받는 경우 자금조달·입주계획을 신고하고 있다.
> ㉡ 비규제지역에 소재하는 주택은 6억원 이상인 경우에 한하여 입주계획을 신고하여야 하므로 사례의 실제 거래가격 5억원인 주택은 입주계획을 신고하지 않아도 된다.

09 부동산 거래신고 등에 관한 법령상 신고대상인 부동산 거래계약의 신고에 관한 설명으로 틀린 것은? 제28회

① 사인(私人)간의 거래를 중개한 개업공인중개사가 거래계약서를 작성·교부한 경우, 해당 개업공인중개사가 거래신고를 해야 한다.

② 부동산의 매수인은 신고인이 부동산 거래계약 신고필증을 발급받은 때에 「부동산등기 특별조치법」에 따른 검인을 받은 것으로 본다.

③ 개업공인중개사의 위임을 받은 소속공인중개사가 부동산 거래계약 신고서의 제출을 대행하는 경우, 소속공인중개사는 신분증명서를 신고관청에 보여주어야 한다.

④ 거래당사자 중 일방이 국가인 경우, 국가가 부동산 거래계약의 신고를 해야 한다.

⑤ 신고관청은 거래대금 지급을 증명할 수 있는 자료를 제출하지 아니한 사실을 자진 신고한 자에 대하여 과태료를 감경 또는 면제할 수 있다.

> **해설** ⑤ '거래대금 지급을 증명할 수 있는 자료를 제출하지 아니한 사실을 자진 신고한 자'는 과태료를 감면받을 수 있는 위반행위자에 해당하지 않는다.
> [자진신고에 의한 과태료 감면대상 위반행위자]
> 1. 부동산 거래신고를 거짓으로 한 자
> 2. 거짓신고를 요구한 자
> 3. 거짓신고를 조장한 자
> 4. 거짓신고를 방조한 자

10 부동산 거래신고 등에 관한 법령상 부동산 거래계약 신고내용의 정정신청사항이 아닌 것은? 제30회

① 거래대상 건축물의 종류 ② 개업공인중개사의 성명·주소
③ 거래대상 부동산의 면적 ④ 거래 지분비율
⑤ 거래당사자의 전화번호

> **해설** ② 개업공인중개사의 성명·주소는 정정신청사항에 해당되지 않는다.
> [정정신청사항]
> 1. 거래당사자의 전화번호 또는 휴대전화번호·주소
> 2. 개업공인중개사의 전화번호, 상호·사무소소재지
> 3. 거래 지분 비율, 대지권 비율
> 4. 거래대상 건축물의 종류
> 5. 거래대상 부동산 등(부동산을 취득할 수 있는 권리에 관한 계약의 경우 그 권리의 대상인 부동산을 말함)의 지목·거래지분·면적

정답 ▶ 07 ⑤ 08 ④ 09 ⑤ 10 ②

11 부동산 거래신고 등에 관한 법령상 부동산 거래계약의 변경신고사항이 아닌 것은?

제35회

① 거래가격
② 공동매수의 경우 매수인의 추가
③ 거래 지분 비율
④ 거래대상 부동산의 면적
⑤ 거래 지분

해설 ② 매수인의 제외와 달리 변경신고를 할 수 없는 사항이다.

12 개업공인중개사 甲이 A도 B시 소재의 X주택에 관한 乙과 丙 간의 임대차계약 체결을 중개하면서 「부동산 거래신고 등에 관한 법률」에 따른 주택임대차계약의 신고에 관하여 설명한 내용의 일부이다. ( )에 들어갈 숫자를 바르게 나열한 것은? (X주택은 「주택임대차보호법」의 적용대상이며, 乙과 丙은 자연인임) 제32회

> 보증금이 (㉠)천만원을 초과하거나 월차임이 (㉡)만원을 초과하는 주택임대차계약을 신규로 체결한 계약당사자는 그 보증금 또는 차임 등을 임대차계약의 체결일부터 (㉢)일 이내에 주택 소재지를 관할하는 신고관청에 공동으로 신고해야 한다.

① ㉠ : 3, ㉡ : 30, ㉢ : 60
② ㉠ : 3, ㉡ : 50, ㉢ : 30
③ ㉠ : 6, ㉡ : 30, ㉢ : 30
④ ㉠ : 6, ㉡ : 30, ㉢ : 60
⑤ ㉠ : 6, ㉡ : 50, ㉢ : 60

해설 ③ 보증금이 6천만원을 초과하거나 월차임이 30만원을 초과하는 주택임대차계약을 신규로 체결한 계약당사자는 그 보증금 또는 차임 등을 임대차계약의 체결일부터 30일 이내에 주택 소재지를 관할하는 신고관청에 공동으로 신고해야 한다.

13 부동산 거래신고 등에 관한 법령상 주택 임대차계약의 신고에 관한 설명으로 옳은 것은? (단, 다른 법률에 따른 신고의 의제는 고려하지 않음) 제35회

① A특별자치시 소재 주택으로서 보증금이 6천만원이고 월차임이 30만원으로 임대차계약을 신규 체결한 경우 신고대상이다.

② B시 소재 주택으로서 보증금이 5천만원이고 월차임이 40만원으로 임대차계약을 신규 체결한 경우 신고대상이 아니다.

③ 자연인 甲과 「지방공기업법」에 따른 지방공사 乙이 신고대상인 주택 임대차계약을 체결한 경우 甲과 乙은 관할 신고관청에 공동으로 신고하여야 한다.

④ C광역시 D군 소재 주택으로서 보증금이 1억원이고 월차임이 100만원으로 신고된 임대차계약에서 보증금 및 차임의 증감 없이 임대차 기간만 연장하는 갱신계약은 신고대상이 아니다.

⑤ 개업공인중개사가 신고대상인 주택 임대차계약을 중개한 경우 해당 개업공인중개사가 신고하여야 한다.

> **해설** ① 보증금이 6천만원 초과 또는 월차임이 30만원을 초과한 경우 신고대상이다.
> ② 월차임이 30만원을 초과하였으므로 신고대상이다.
> ③ 당사자 일방이 국가 등인 경우 국가 등이(「지방공기업법」에 따른 지방공사) 신고하여야 한다.
> ⑤ 개업공인중개사가 신고대상인 주택 임대차계약을 중개한 경우라도 해당 개업공인중개사는 신고의무가 없고, 임대차계약 당사자가 공동으로 신고하여야 한다.

14 甲이 서울특별시에 있는 자기 소유의 주택에 대해 임차인 乙과 보증금 3억원의 임대차계약을 체결하는 경우, 「부동산 거래신고 등에 관한 법률」에 따른 신고에 관한 설명으로 옳은 것을 모두 고른 것은? (단, 甲과 乙은 자연인임) 제34회

> ㉠ 보증금이 증액되면 乙이 단독으로 신고해야 한다.
> ㉡ 乙이 「주민등록법」에 따라 전입신고를 하는 경우 주택임대차계약의 신고를 한 것으로 본다.
> ㉢ 임대차계약서를 제출하면서 신고를 하고 접수가 완료되면 「주택임대차보호법」에 따른 확정일자가 부여된 것으로 본다.

① ㉠   ② ㉡   ③ ㉠, ㉡

④ ㉡, ㉢   ⑤ ㉠, ㉡, ㉢

> **해설** ㉠ 임대차계약당사자는 주택임대차계약을 신고한 후 해당 주택임대차계약의 보증금, 차임 등 임대차 가격이 변경된 때에는 변경이 확정된 날부터 30일 이내에 해당 신고관청에 공동으로 신고하여야 한다.

정답 11 ② 12 ③ 13 ④ 14 ④

15 부동산 거래신고 등에 관한 법령상 부동산 거래계약 신고서 작성에 관한 설명으로 틀린 것은? 제28회

① 거래대상 부동산의 공법상 거래규제 및 이용제한에 관한 사항은 신고서 기재사항이다.

② 거래당사자는 부동산 거래신고를 한 후 해당 거래계약이 해제된 경우 해제 등이 확정된 날부터 30일 이내에 해당 신고관청에 공동으로 신고하여야 한다.

③ 개업공인중개사가 거래계약서를 작성·교부한 경우, 개업공인중개사의 인적사항과 중개사무소의 상호·전화번호 및 소재지도 신고사항에 포함된다.

④ 거래대상의 종류가 공급계약(분양)인 경우, 물건별 거래가격 및 총 실제 거래가격에 부가가치세를 포함한 금액을 적는다.

⑤ 계약대상 면적에는 실제 거래면적을 계산하여 적되, 건축물 면적은 집합건축물의 경우 전용면적을 적고, 그 밖의 건축물의 경우 연면적을 적는다.

> **해설** ① 거래대상 부동산의 '공법상 거래규제 및 이용제한에 관한 사항'은 신고관청이 '직접 확인할 수 있는 사항'이므로 신고사항에 해당하지 않는다.

16 부동산 거래신고 등에 관한 법령상 부동산 거래계약 신고서 작성방법으로 틀린 것은? 제29회

① 거래당사자가 외국인인 경우 거래당사자의 국적을 반드시 기재해야 한다.

② 거래당사자 간 직접거래의 경우 공동으로 신고서에 서명 또는 날인을 하여 공동으로 신고서를 제출해야 한다.

③ 자금조달 및 입주계획란은 상가의 경우에는 해당 없음에 √ 표시를 한다.

④ "임대주택 분양전환"은 법인인 임대주택사업자가 임대기한이 완료되어 분양전환하는 주택인 경우에 √ 표시를 한다.

⑤ 계약대상 면적에는 실제 거래면적을 계산하여 적되, 건축물 면적은 집합건축물의 경우 전용면적을 적는다.

> **해설** ② 신고서에 서명 또는 날인은 공동으로 하되, 신고서의 제출은 당사자 중 1인이 하면 족하다.

17 부동산 거래신고 등에 관한 법령상 부동산 거래계약 신고서 작성에 관한 설명으로 틀린 것은? 제33회

① 거래당사자가 외국인인 경우 거래당사자의 국적을 반드시 적어야 한다.
② '계약대상 면적'란에는 실제 거래면적을 계산하여 적되, 건축물 면적은 집합건축물의 경우 전용면적을 적는다.
③ '종전 부동산'란은 입주권 매매의 경우에만 작성한다.
④ '계약의 조건 및 참고사항'란은 부동산 거래계약 내용에 계약조건이나 기한을 붙인 경우, 거래와 관련한 참고내용이 있을 경우에 적는다.
⑤ 거래대상의 종류가 공급계약(분양)인 경우 물건별 거래가격 및 총 실제거래가격에 부가가치세를 제외한 금액을 적는다.

해설 ⑤ 부가가치세를 '포함한' 금액을 적는다.

18 부동산 거래신고 등에 관한 법령상 부동산 거래계약 신고서 작성에 관한 설명으로 옳은 것은? 제26회

① 계약의 조건 또는 기한은 부동산 거래계약 내용에 계약조건이나 기한을 붙인 경우에만 적는다.
② 계약대상 면적에는 실제 거래면적을 계산하여 적되, 건축물 면적은 집합건축물의 경우 연면적을 적는다.
③ 실제 거래가격의 구분 없이 거래대상 주택의 취득에 필요한 자금 조달계획은 신고서 작성사항에 해당한다.
④ 신고를 해야 하는 '물건별 거래가격'과 '총 실제 거래가격'에 부가가치세를 제외한 금액을 적는다.
⑤ 개업공인중개사가 거짓으로 신고서를 작성하여 신고한 경우 500만원 이하의 과태료 부과사유에 해당한다.

해설 ② 건축물 면적은 집합건물인 경우에 전용면적을 적는다.
③ 법인이 주택을 매수하는 경우 및 규제지역의 경우에는 타당한 설명이나, 법인 외의 자가 비규제지역의 주택을 매수하는 경우 6억원 이상이어야 해당된다.
④ 거래대상의 종류가 공급계약(분양) 또는 전매계약(분양권, 입주권)인 경우 '물건별 거래가격' 및 '총 실제 거래가격'에 부가가치세를 포함한 금액을 적고, 그 외의 거래대상의 경우 부가가치세를 제외한 금액을 적는다.
⑤ 거짓신고를 한 자에게는 해당 부동산 등의 취득가액의 100분의 10 이하에 상당하는 금액의 과태료를 부과한다.

정답 15 ① 16 ② 17 ⑤ 18 ①

19 부동산 거래신고 등에 관한 법령상 부동산 매매계약에 관한 신고사항 및 신고서의 작성에 관한 설명으로 옳은 것은? 제31회

① 「국토의 계획 및 이용에 관한 법률」에 따른 개발제한사항은 신고사항에 포함되지 않는다.

② 「주택법」에 따라 지정된 투기과열지구에 소재하는 주택의 거래계약을 체결한 경우 신고서를 세출할 때 매수인과 매도인이 공동으로 시명 및 날인한 자금조달·입주계획서를 함께 제출하여야 한다.

③ 부동산 거래계약 신고서의 물건별 거래가격란에 발코니 확장 등 선택비용에 대한 기재란은 없다.

④ 부동산 거래계약 신고서를 작성할 때 건축물의 면적은 집합건축물의 경우 연면적을 적고, 그 밖의 건축물의 경우 전용면적을 적는다.

⑤ 개업공인중개사가 거짓으로 부동산 거래계약 신고서를 작성하여 신고한 경우에는 벌금형 부과사유가 된다.

> **해설** ② 매수인이 단독으로 서명 또는 날인한 자금조달·입주계획서를 함께 제출하여야 한다.
> ③ 물건별 거래가격란에는 각각의 부동산별 거래가격을 적는다. 최초 공급계약(분양) 또는 전매계약(분양권, 입주권)의 경우 공급가격(분양가액 등), 발코니 등 옵션비용(발코니 확장비용, 시스템에어컨 설치비용 등) 및 추가지불액(프리미엄 등 공급가액을 초과 또는 미달하는 금액)을 각각 적는다.
> ④ 집합건축물의 경우 전용면적을 적고, 그 밖의 건축물의 경우 연면적을 적는다.
> ⑤ 개업공인중개사가 거짓으로 부동산 거래계약 신고서를 작성하여 신고한 경우에는 취득가액의 100분의 10 이하의 과태료 부과사유가 된다.

20 토지를 매수하면서 부동산 거래계약 신고를 하는 경우, 다음 설명 중 옳은 것은?

제22회

① 이 신고는 탈세 및 투기를 방지하기 위한 것이므로 관할 세무서에 신고를 해야 한다.

② 개업공인중개사가 거래계약서를 작성·교부한 경우 거래당사자가 이 신고를 하면 개업공인중개사는 신고의무가 없다.

③ 외국인이 부동산 등을 매수하는 경우 대한민국 국민과 달리 부동산 등의 매수용도를 표시해야 한다.

④ 신고서의 신고사항에는 실제 거래가격 및 기준시가가 포함되어야 한다.

⑤ 물건별 거래가격란에는 합산액을 기재한다.

해설 ① 부동산 거래신고는 부동산 소재지 관할 시·군·구청장에 신고하여야 한다.
② 개업공인중개사가 거래계약서를 작성한 경우에는 개업공인중개사가 부동산 거래신고를 하여야 한다.
④ 부동산거래 신고사항에 기준시가는 포함되지 않는다.
⑤ 물건별 거래가격란에는 각각의 부동산별 거래가격을 적는다.

정답 19 ① 20 ③

외국인 등의 부동산 취득 등 특례

 대표 문제

부동산 거래신고 등에 관한 법령상 외국인 등의 부동산 취득 등에 관한 특례에 대한 설명으로 옳은 것은? (조약의 이행에 필요한 경우는 고려하지 않음) 제30회

① 국제연합의 전문기구가 경매로 대한민국 안의 부동산 등을 취득한 때에는 부동산 등을 취득한 날부터 3개월 이내에 신고관청에 신고하여야 한다.

② 외국인 등이 부동산 임대차계약을 체결하는 경우 계약체결일로부터 6개월 이내에 신고관청에 신고하여야 한다.

③ 특별자치시장은 외국인 등이 신고한 부동산 등의 취득·계속보유 신고내용을 매 분기 종료일부터 1개월 이내에 직접 국토교통부장관에게 제출하여야 한다.

④ 외국인 등의 토지거래 허가신청서를 받은 신고관청은 신청서를 받은 날부터 60일 이내에 허가 또는 불허가 처분을 하여야 한다.

⑤ 외국인 등이 법원의 확정판결로 대한민국 안의 부동산 등을 취득한 때에는 신고하지 않아도 된다.

해설 ① 경매의 경우에는 취득한 날부터 "6개월" 이내에 신고하여야 한다.
② 외국인 등의 취득 특례규정은 소유권 취득에 한하여 적용되므로 임대차계약의 경우는 신고의 의무가 없다.
④ 군사시설보호구역은 "30일", 그 외의 지역은 "15일" 이내에 허가 또는 불허가 처분을 하여야 한다.
⑤ 법원의 확정판결로 부동산 등을 취득한 때에도 신고하여야 한다.

정답 ③

01 부동산 거래신고 등에 관한 법령상 외국인 등에 해당되는 것을 모두 고른 것은?

제33회

> ㉠ 국제연합의 전문기구
> ㉡ 대한민국의 국적을 보유하고 있지 아니한 개인
> ㉢ 외국의 법령에 따라 설립된 법인
> ㉣ 비정부간 국제기구
> ㉤ 외국정부

① ㉠, ㉡
② ㉡, ㉢, ㉤
③ ㉠, ㉡, ㉢, ㉤
④ ㉠, ㉢, ㉣, ㉤
⑤ ㉠, ㉡, ㉢, ㉣, ㉤

해설 ⑤ 모두 "외국인 등"에 해당한다.

02 개업공인중개사가 외국인에게 부동산 거래신고 등에 관한 법령의 내용을 설명한 것으로 틀린 것은?

제28회

① 외국인이 부동산 거래신고의 대상인 계약을 체결하여 부동산 거래신고를 한 때에도 부동산 취득신고를 해야 한다.

② 외국인이 경매로 대한민국 안의 부동산을 취득한 때에는 취득한 날부터 6개월 이내에 신고관청에 신고해야 한다.

③ 외국인이 취득하려는 토지가 「자연환경보전법」에 따른 생태·경관보전지역에 있으면, 「부동산 거래신고 등에 관한 법률」에 따라 토지거래계약에 관한 허가를 받은 경우를 제외하고는 토지취득계약을 체결하기 전에 신고관청으로부터 토지취득의 허가를 받아야 한다.

④ 대한민국 안의 부동산을 가지고 있는 대한민국 국민이 외국인으로 변경되었음에도 해당 부동산을 계속 보유하려는 경우, 외국인으로 변경된 날부터 6개월 이내에 신고관청에 계속보유에 관한 신고를 해야 한다.

⑤ 외국의 법령에 따라 설립된 법인이 자본금의 2분의 1 이상을 가지고 있는 법인은 "외국인 등"에 해당한다.

해설 ① 외국인이 부동산 거래신고를 한 경우에는 특례규정에 의한 취득신고를 별도로 하지 않아도 된다.

정답 01 ⑤ 02 ①

03 부동산 거래신고 등에 관한 법령상 외국인 등의 부동산 취득 등에 관한 설명으로 옳은 것을 모두 고른 것은?   제31회

> ⊙ 국제연합도 외국인 등에 포함된다.
> ⓒ 외국인 등이 대한민국 안의 부동산에 대한 매매계약을 체결하였을 때에는 계약체결일부터 60일 이내에 신고관청에 신고하여야 한다.
> ⓒ 외국인이 상속으로 대한민국 안의 부동산을 취득한 때에는 부동산을 취득한 날부터 1년 이내에 신고관청에 신고하여야 한다.
> ⓒ 외국인이 「수도법」에 따른 상수원보호구역에 있는 토지를 취득하려는 경우 토지취득계약을 체결하기 전에 신고관청으로부터 토지취득의 허가를 받아야 한다.

① ⊙   ② ⊙, ⓒ   ③ ⓒ, ⓒ
④ ⊙, ⓒ, ⓒ   ⑤ ⊙, ⓒ, ⓒ, ⓒ

해설 ⓒ 계약체결일부터 '30일 이내에' 신고관청에 '부동산 거래신고'를 하여야 한다.
ⓒ 외국인이 상속으로 대한민국 안의 부동산을 취득한 때에는 부동산을 취득한 날부터 6개월 이내에 신고관청에 신고하여야 한다.
ⓒ 외국인이 「수도법」에 따른 상수원보호구역에 있는 토지를 취득하려는 경우는 허가대상이 아니다.

04 부동산 거래신고 등에 관한 법령상 외국인 등의 대한민국 안의 부동산(이하 "국내 부동산"이라 함) 취득에 관한 설명으로 틀린 것은? (단, 상호주의에 따른 제한은 고려하지 않음)   제35회

① 정부간 기구는 외국인등에 포함된다.
② 외국의 법령에 따라 설립된 법인이 건축물의 신축으로 국내 부동산을 취득한 때에는 부동산을 취득한 날부터 60일 이내에 신고관청에 취득신고를 하여야 한다.
③ 외국인이 국내 부동산을 취득하는 교환계약을 체결하였을 때에는 계약체결일부터 60일 이내에 신고관청에 취득신고를 하여야 한다.
④ 외국인이 국내 부동산을 매수하기 위하여 체결한 매매 계약은 부동산 거래신고의 대상이다.
⑤ 국내 부동산을 가지고 있는 대한민국 국민이 외국인으로 변경된 경우 그 외국인이 해당 부동산을 계속보유하려는 때에는 외국인으로 변경된 날부터 6개월 이내에 신고관청에 계속보유신고를 하여야 한다.

해설 ② 외국의 법령에 따라 설립된 법인이 건축물의 신축으로 국내 부동산을 취득한 때에는 부동산을 취득한 날부터 6개월 이내에 신고관청에 취득신고를 하여야 한다.

05 부동산 거래신고 등에 관한 법령상 외국인 등의 국내 부동산의 취득·보유 등에 관한 설명으로 틀린 것은? (단, 헌법과 법률에 따라 체결된 조약의 이행에 필요한 경우는 고려하지 않음) 제29회

① 대한민국 국적을 보유하고 있지 아니한 자가 토지를 증여받은 경우 계약체결일부터 60일 이내에 취득신고를 해야 한다.

② 외국의 법령에 의하여 설립된 법인이 합병을 통하여 부동산을 취득한 경우에는 취득한 날부터 6개월 이내에 취득신고를 해야 한다.

③ 부동산을 소유한 대한민국 국민이 대한민국 국적을 상실한 경우 부동산을 계속 보유하려면 국적을 상실한 때부터 6개월 이내에 계속보유신고를 해야 한다.

④ 외국정부가 「군사기지 및 군사시설 보호법」에 따른 군사시설 보호지역 내 토지를 취득하려는 경우 계약 체결 전에 국토교통부장관에게 취득허가를 받아야 한다.

⑤ 국제연합의 산하기구가 허가 없이 「자연환경보전법」상 생태·경관보전지역의 토지를 취득하는 계약을 체결한 경우 그 효력은 발생하지 않는다.

해설 ④ 신고관청, 즉 관할 시장·군수·구청장의 허가를 받아야 한다.

06 부동산 거래신고 등에 관한 법령상 외국인 등의 부동산 취득에 관한 설명으로 옳은 것을 모두 고른 것은? (단, 법 제7조에 따른 상호주의는 고려하지 않음) 제32회

> ㉠ 대한민국의 국적을 보유하고 있지 않은 개인이 이사 등 임원의 2분의 1 이상인 법인은 외국인 등에 해당한다.
> ㉡ 외국인 등이 건축물의 개축을 원인으로 대한민국 안의 부동산을 취득한 때에도 부동산 취득신고를 해야 한다.
> ㉢ 「군사기지 및 군사시설 보호법」에 따른 군사기지 및 군사시설 보호구역 안의 토지는 외국인 등이 취득할 수 없다.
> ㉣ 외국인 등이 허가 없이 「자연환경보전법」에 따른 생태·경관보전지역 안의 토지를 취득하는 계약을 체결한 경우 그 계약은 효력이 발생하지 않는다.

① ㉠, ㉢   ② ㉠, ㉣   ③ ㉠, ㉡, ㉣

④ ㉡, ㉢, ㉣   ⑤ ㉠, ㉡, ㉢, ㉣

해설 ㉢ 「군사기지 및 군사시설 보호법」에 따른 군사기지 및 군사시설 보호구역 안의 토지도 외국인 등이 취득할 수 있다. 다만, 사전에 허가를 받아야 한다.

정답 ▶ 03 ① 04 ② 05 ④ 06 ③

07 「부동산 거래신고 등에 관한 법률」상 "외국인"의 토지취득에 관한 설명으로 옳은 것은? (다툼이 있으면 판례에 의함) 제26회

① 현행법은 대한민국 영토에서 외국인의 상속·경매 등 계약 외의 원인에 의한 토지취득에는 적용되지 않는다.

② 외국인은 토지거래허가를 받은 경우에도 토지의 취득허가를 받아야 한다.

③ 외국인이 대한민국에 소재하는 건물에 대한 소유권을 경매로 취득하는 경우에도 현행법상 취득신고를 하여야 한다.

④ 외국의 법령에 따라 설립된 법인이라도 구성원의 2분의 1이 대한민국 국민인 경우 "외국인 등"에 해당하지 아니한다.

⑤ 전원이 외국인으로 구성된 비법인사단은 "외국인 등"에 해당하지 아니한다.

> **해설** ① 상속·경매 등에 의한 토지취득의 경우에도 적용된다.
> ② 토지취득허가를 받을 필요가 없다.
> ④ 외국의 법령에 따라 설립된 법인 또는 단체는 외국인에 해당한다.
> ⑤ 외국인에 해당한다.

08 부동산 거래신고 등에 관한 법령상 외국인의 부동산 취득 등에 관한 설명으로 옳은 것은? (단, 상호주의에 따른 제한은 고려하지 않음) 제33회

① 「자연환경보전법」에 따른 생태·경관보전지역에서 외국인이 토지취득의 허가를 받지 아니하고 체결한 토지취득계약은 유효하다.

② 외국인이 건축물의 신축을 원인으로 대한민국 안의 부동산을 취득한 때에는 신고관청으로부터 부동산 취득의 허가를 받아야 한다.

③ 외국인이 취득하려는 토지가 토지거래허가구역과 「문화재보호법」에 따른 지정문화재와 이를 위한 보호물 또는 보호구역에 있으면 토지거래계약허가와 토지취득허가를 모두 받아야 한다.

④ 대한민국 안의 부동산을 가지고 있는 대한민국 국민이 외국인으로 변경된 경우 그 외국인이 해당 부동산을 계속 보유하려는 경우에는 부동산 보유의 허가를 받아야 한다.

⑤ 외국인으로부터 문화재보호구역 내의 토지취득 허가신청서를 받은 신고관청은 신청서를 받은 날부터 15일 이내에 허가 또는 불허가처분을 해야 한다.

> **해설** ① 무효이다.
> ② 외국인의 건축물 신축을 원인으로 한 부동산 취득은 "신고사항"이다.
> ③ 토지거래계약허가와 토지취득허가 중 하나만 받으면 된다.
> ④ 외국인의 계속보유는 "신고사항"이다.

토지거래허가제

대표 문제

부동산 거래신고 등에 관한 법령상 토지거래계약 허가구역의 지정에 관한 설명으로 틀린 것은?

제25회

① 허가구역이 2 이상의 시·도의 관할구역에 걸쳐 있는 경우 국토교통부장관이 지정한다.
② 시·도지사는 지정기간이 끝나는 허가구역을 계속하여 다시 허가구역으로 지정하려면 시·도 도시계획위원회의 심의 전에 미리 시장·군수 또는 구청장의 의견을 들어야 한다.
③ 허가구역지정 공고내용의 통지를 받은 시장·군수 또는 구청장은 지체 없이 그 공고 내용을 그 허가구역을 관할하는 등기소의 장에게 통지하여야 한다.
④ 허가구역의 지정은 허가구역의 지정을 공고한 날부터 5일 후에 그 효력이 발생한다.
⑤ 국토교통부장관은 허가구역의 지정사유가 없어졌다고 인정되면 중앙도시계획위원회의 심의를 거치지 않고 허가구역의 지정을 해제할 수 있다.

해설 ⑤ 국토교통부장관 또는 시·도지사는 허가구역을 지정하거나 해제 또는 축소하려면 중앙도시계획위원회 또는 시·도도시계획위원회의 심의를 거쳐야 한다.

정답 ⑤

---

01 부동산 거래신고 등에 관한 법령상 토지거래허가구역에 관한 설명으로 옳은 것은?

제31회

① 국토교통부장관은 토지의 투기적인 거래가 성행하는 지역에 대해서는 7년의 기간을 정하여 토지거래계약에 관한 허가구역을 지정할 수 있다.
② 시·도지사가 토지거래허가구역을 지정하려면 시·도도시계획위원회의 심의를 거쳐 인접 시·도지사의 의견을 들어야 한다.
③ 시·도지사가 토지거래허가구역을 지정한 때에는 이를 공고하고 그 공고내용을 국토교통부장관, 시장·군수 또는 구청장에게 통지하여야 한다.
④ 허가구역의 지정은 허가구역의 지정을 공고한 날부터 3일 후에 효력이 발생한다.
⑤ 「국토의 계획 및 이용에 관한 법률」에 따른 도시지역 중 주거지역의 경우 600제곱미터 이하의 토지에 대해서는 토지거래계약허가가 면제된다.

정답 07 ③ 08 ⑤ / 01 ③

해설 ① 5년의 기간을 정하여 토지거래계약에 관한 허가구역을 지정할 수 있다.

② 시·도지사가 토지거래허가구역을 지정할 경우 인접 시·도지사의 의견을 들어야 하는 규정은 없다.

④ 허가구역의 지정은 허가구역의 지정을 공고한 날부터 5일 후에 효력이 발생한다.

⑤ 「국토의 계획 및 이용에 관한 법률」에 따른 도시지역 중 주거지역의 경우 60제곱미터 이하의 토지에 대해서는 토지거래계약허가가 면제된다.

02 부동산 거래신고 등에 관한 법령상 토지거래허가구역(이하 "허가구역"이라 함)의 지정에 관한 설명으로 옳은 것은? 제35회

① 허가구역이 둘 이상의 시·도의 관할구역에 걸쳐 있는 경우 해당 시·도지사가 공동으로 지정한다.

② 토지의 투기적인 거래 성행으로 지가가 급격히 상승하는 등의 특별한 사유가 있으면 7년 이내의 기간을 정하여 허가구역을 지정할 수 있다

③ 허가구역의 지정은 시장·군수 또는 구청장이 허가구역 지정의 통지를 받은 날부터 5일 후에 그 효력이 발생한다.

④ 허가구역 지정에 관한 공고 내용의 통지를 받은 시장·군수 또는 구청장은 지체 없이 그 공고 내용을 관할 등기소의 장에게 통지해야 한다.

⑤ 허가구역 지정에 관한 공고 내용의 통지를 받은 시장·군수 또는 구청장은 그 사실을 7일 이상 공고해야 하고, 그 공고 내용을 30일간 일반이 열람할 수 있도록 해야 한다.

해설 ① 허가구역이 둘 이상의 시·도의 관할구역에 걸쳐 있는 경우 국토교통부장관이 지정한다.

② 토지의 투기적인 거래 성행으로 지가가 급격히 상승하는 등의 특별한 사유가 있더라도 5년 이내의 기간을 정하여 허가구역을 지정할 수 있다.

③ 허가구역의 지정은 지정권자가 허가구역의 지정을 공고한 날부터 5일 후에 그 효력이 발생한다.

⑤ 허가구역 지정에 관한 공고 내용의 통지를 받은 시장·군수 또는 구청장은 그 사실을 7일 이상 공고해야 하고, 그 공고 내용을 15일간 일반이 열람할 수 있도록 해야 한다.

03 부동산 거래신고 등에 관한 법령상 토지거래계약에 관한 허가구역 내에서 행하는 법인 아닌 사인(私人)간의 다음 거래 중 토지거래계약의 허가가 필요한 것은? (단, 국토교통부장관이 별도 공고하는 기준면적은 고려하지 않음) 　제24회

① 주거지역에서 50m²의 토지를 매매하는 계약
② 상업지역에서 120m²의 토지를 매매하는 계약
③ 공업지역에서 100m²의 토지를 매매하는 계약
④ 녹지지역에서 300m²의 토지를 매매하는 계약
⑤ 도시지역 외의 지역에서 500m²의 임야를 매매하는 계약

해설 ① 60m², ② 150m², ③ 150m², ④ 200m² ⑤ 1,000m² 초과시 허가대상이다.

04 부동산 거래신고 등에 관한 법령상 토지거래허가구역 등에 관한 설명으로 틀린 것은? (단, 거래당사자는 모두 대한민국 국적의 자연인임) 　제34회

① 허가구역의 지정은 그 지정을 공고한 날부터 7일 후에 그 효력이 발생한다.
② 허가구역에 있는 토지거래에 대한 처분에 이의가 있는 자는 그 처분을 받은 날부터 1개월 이내에 시장·군수 또는 구청장에게 이의를 신청할 수 있다.
③ 허가구역에 있는 토지에 관하여 사용대차계약을 체결하는 경우에는 토지거래허가를 받을 필요가 없다.
④ 허가관청은 허가신청서를 받은 날부터 15일 이내에 허가 또는 불허가 처분을 하여야 한다.
⑤ 허가신청에 대하여 불허가처분을 받은 자는 그 통지를 받은 날부터 1개월 이내에 시장·군수 또는 구청장에게 해당 토지에 관한 권리의 매수를 청구할 수 있다.

해설 ① 허가구역의 지정은 그 지정을 공고한 날부터 5일 후에 그 효력이 발생한다.

정답 ▶ 02 ④　03 ④　04 ①

05 부동산 거래신고 등에 관한 법령상 벌금 또는 과태료의 부과기준이 '계약 체결 당시의 개별공시지가에 따른 해당 토지가격' 또는 '해당 부동산 등의 취득가액'의 비율 형식으로 규정된 경우가 아닌 것은? 제32회

① 토지거래허가구역 안에서 허가 없이 토지거래계약을 체결한 경우
② 외국인이 부정한 방법으로 허가를 받아 토지취득계약을 체결한 경우
③ 토지거래허가구역 안에서 속임수나 그 밖의 부정한 방법으로 토지거래계약허가를 받은 경우
④ 부동산매매계약을 체결한 거래당사자가 그 실제 거래가격을 거짓으로 신고한 경우
⑤ 부동산매매계약을 체결한 후 신고의무자가 아닌 자가 거짓으로 부동산 거래신고를 한 경우

> **해설** ② 2년 이하의 징역 또는 2천만원 이하의 벌금사유이므로 비율 형식이 아니다.
> ①③ 2년 이하의 징역 또는 계약체결 당시의 개별공시지가에 의한 해당 토지가격의 30/100에 해당하는 금액 이하의 벌금사유이므로 비율 형식으로 규정되어 있다.
> ④⑤ 해당 부동산 등의 취득가액의 100분의 10 이하에 해당하는 금액의 과태료사유이므로 비율 형식으로 규정되어 있다.

06 부동산 거래신고 등에 관한 법령상 2년 이하의 징역 또는 계약 체결 당시의 개별공시지가에 따른 해당 토지가격의 100분의 30에 해당하는 금액 이하의 벌금에 처해지는 자는? 제33회

① 신고관청의 관련 자료의 제출요구에도 거래대금 지급을 증명할 수 있는 자료를 제출하지 아니한 자
② 토지거래허가구역 내에서 토지거래계약허가를 받은 사항을 변경하려는 경우 변경허가를 받지 아니하고 토지거래계약을 체결한 자
③ 외국인이 경매로 대한민국 안의 부동산을 취득한 후 취득신고를 하지 아니한 자
④ 개업공인중개사에게 부동산 거래신고를 하지 아니하게 한 자
⑤ 부동산의 매매계약을 체결한 후 신고의무자가 아닌 자가 거짓으로 부동산 거래신고를 하는 자

> **해설** ① 3천만원 이하의 과태료사유
> ③ 100만원 이하의 과태료사유
> ④ 500만원 이하의 과태료사유
> ⑤ 취득가액의 100분의 10 이하의 과태료사유

07 부동산 거래신고 등에 관한 법령상 토지거래허가구역 등에 관한 설명으로 옳은 것을 모두 고른 것은? 제28회

> ㉠ 허가구역의 지정은 그 지정을 공고한 날부터 5일 후에 그 효력이 발생한다.
> ㉡ 「민사집행법」에 따른 경매의 경우에는 허가구역 내 토지거래에 대한 허가의 규정은 적용하지 아니한다.
> ㉢ 자기의 거주용 주택용지로 이용할 목적으로 토지거래계약을 허가받은 자는 대통령령으로 정하는 사유가 있는 경우 외에는 토지취득일부터 2년간 그 토지를 허가받은 목적대로 이용해야 한다.
> ㉣ 토지의 이용의무를 이행하지 않아 이행명령을 받은 자가 그 명령을 이행하는 경우에는 새로운 이행강제금의 부과를 즉시 중지하고 명령을 이행하기 전에 이미 부과된 이행강제금을 징수해서는 안 된다.

① ㉠, ㉡   ② ㉡, ㉢   ③ ㉠, ㉡, ㉢
④ ㉠, ㉢, ㉣   ⑤ ㉠, ㉡, ㉢, ㉣

해설 ㉣ 이행명령을 받은 자가 그 명령을 이행하는 경우에는 새로운 이행강제금의 부과를 즉시 중지하되, 명령을 이행하기 전에 이미 부과된 이행강제금은 징수하여야 한다(법 제18조 제5항).

08 부동산 거래신고 등에 관한 법령상 토지거래허가구역(이하 '허가구역'이라 함)에 관한 설명으로 옳은 것은? 제32회

① 시·도지사는 법령의 개정으로 인해 토지이용에 대한 행위제한이 강화되는 지역을 허가구역으로 지정할 수 있다.
② 토지의 투기적인 거래 성행으로 지가가 급격히 상승하는 등의 특별한 사유가 있으면 5년을 넘는 기간으로 허가구역을 지정할 수 있다.
③ 허가구역 지정의 공고에는 허가구역에 대한 축척 5만분의 1 또는 2만 5천분의 1의 지형도가 포함되어야 한다.
④ 허가구역을 지정한 시·도지사는 지체 없이 허가구역 지정에 관한 공고내용을 관할 등기소의 장에게 통지해야 한다.
⑤ 허가구역 지정에 이의가 있는 자는 그 지정이 공고된 날부터 1개월 내에 시장·군수·구청장에게 이의를 신청할 수 있다.

해설 ① 행위제한이 강화되는 지역 ⇨ 행위제한이 완화되거나 해제되는 지역
② 허가구역은 5년 이내의 기간을 정하여 지정한다.
④ 허가구역을 지정한 시·도지사 ⇨ 시장·군수·구청장
⑤ 허가처분이나 불허가처분에 대한 이의신청제도는 규정되어 있으나, 허가구역의 지정에 대한 이의신청제도는 규정된 바가 없다.

정답 ▷ 05 ②   06 ②   07 ③   08 ③

09 부동산 거래신고 등에 관한 법령상 토지거래허가구역 내의 토지매매에 관한 설명으로 옳은 것을 모두 고른 것은? (단, 법령상 특례는 고려하지 않으며, 다툼이 있으면 판례에 따름) 제34회

> ㉠ 허가를 받지 아니하고 체결한 매매계약은 그 효력이 발생하지 않는다.
> ㉡ 허가를 받기 전에 당사자는 매매계약상 채무불이행을 이유로 계약을 해제할 수 있다.
> ㉢ 매매계약의 확정적 무효에 일부 귀책사유가 있는 당사자도 그 계약의 무효를 주장할 수 있다.

① ㉠   ② ㉡   ③ ㉠, ㉢
④ ㉡, ㉢   ⑤ ㉠, ㉡, ㉢

해설 ㉡ 거래계약은 관할관청의 허가를 받아야만 그 효력이 발생하고, 허가를 받기 전에는 물권적 효력은 물론 채권적 효력도 발생하지 아니하여 무효이므로 어떠한 내용의 이행청구도 할 수 없고, 채무불이행을 이유로 거래계약을 해제하거나 손해배상을 청구할 수 없다(대판 90다12243).
㉢ 거래계약이 확정적으로 무효가 된 경우에는 거래계약이 확정적으로 무효로 됨에 있어서 귀책사유가 있는 자라고 하더라도 그 계약의 무효를 주장할 수 있다(대판 97다4357).

10 개업공인중개사가 토지거래허가구역 내의 허가대상 토지매매를 중개하면서 당사자에게 설명한 내용으로 틀린 것은? (다툼이 있으면 판례에 의함) 제22회

① 이 매매계약은 관할관청의 허가를 받기 전에는 효력이 발생하지 않는다.
② 관할관청의 허가가 있기 전에는 매수인은 그 계약내용에 따른 대금의 지급의무가 없다.
③ 허가신청에 이르기 전에 매매계약을 일방적으로 철회하는 경우, 상대방에게 일정한 손해액을 배상하기로 하는 약정은 그 효력이 없다.
④ 매도인이 허가신청절차에 협력하지 않으면, 매수인은 매도인에게 협력의무의 이행을 소로써 구할 수 있다.
⑤ 이 매매계약은 당사자 쌍방이 허가신청을 하지 아니하기로 의사표시를 명백히 한 때에는 확정적으로 무효가 된다.

해설 ③ 허가신청에 이르기 전에 매매계약을 일방적으로 철회하는 경우, 상대방에게 일정한 손해액을 배상하기로 하는 약정은 그 효력이 있다.

11 부동산 거래신고 등에 관한 법령상 이행강제금에 대하여 개업공인중개사가 중개의뢰인에게 설명한 내용으로 옳은 것은? 제30회

① 군수는 최초의 의무이행위반이 있었던 날을 기준으로 1년에 한 번씩 그 이행명령이 이행될 때까지 반복하여 이행강제금을 부과·징수할 수 있다.

② 시장은 토지의 이용 의무기간이 지난 후에도 이행명령위반에 대해서는 이행강제금을 반복하여 부과할 수 있다.

③ 시장·군수 또는 구청장은 이행명령을 받은 자가 그 명령을 이행하는 경우라도 명령을 이행하기 전에 이미 부과된 이행강세금은 징수하여야 한다.

④ 토지거래계약허가를 받아 토지를 취득한 자가 직접 이용하지 아니하고 임대한 경우에는 토지 취득가액의 100분의 20에 상당하는 금액을 이행강제금을 부과한다.

⑤ 이행강제금 부과처분을 받은 자가 국토교통부장관에게 이의를 제기하려는 경우에는 부과처분을 고지받은 날부터 14일 이내에 하여야 한다.

해설 ① "최초의 의무이행위반이 있었던 날"이 아닌 "최초의 이행명령이 있었던 날"을 기준으로 1년에 한 번씩 이행강제금을 부과·징수할 수 있다.
② 토지의 이용 의무기간이 지난 후에는 이행강제금을 부과할 수 없다.
④ 토지 취득가액의 "100분의 7"에 상당하는 금액을 이행강제금을 부과한다.
⑤ 이행강제금의 부과처분에 불복하는 자는 "시장·군수 또는 구청장"에게 이의를 제기할 수 있다. 또한 이행강제금 부과처분을 받은 자가 이의를 제기하려는 경우에는 부과처분을 고지받은 날부터 "30일" 이내에 이의를 제기하여야 한다.

12 부동산 거래신고 등에 관한 법령상 이행강제금에 관한 설명이다. (   )에 들어갈 숫자로 옳은 것은? 제33회

> 시장·군수는 토지거래계약허가를 받아 토지를 취득한 자가 당초의 목적대로 이용하지 아니하고 방치한 경우 그에 대하여 상당한 기간을 정하여 토지의 이용 의무를 이행하도록 명할 수 있다. 그 의무의 이행기간은 (㉠)개월 이내로 정하여야 하며, 그 정해진 기간 내에 이행되지 않은 경우, 토지 취득가액의 100분의 (㉡)에 상당하는 금액의 이행강제금을 부과한다.

① ㉠ : 3, ㉡ : 7　　　② ㉠ : 3, ㉡ : 10　　　③ ㉠ : 6, ㉡ : 7
④ ㉠ : 6, ㉡ : 10　　　⑤ ㉠ : 12, ㉡ : 15

해설 ㉠ 토지이용의무를 이행하지 아니한 자에 대하여는 "3개월" 이내의 기간을 정하여 문서로 토지이용의무를 이행하도록 명할 수 있다.
㉡ "당초의 목적대로 이용하지 아니하고 방치"한 경우이므로 토지 취득가액의 100분의 10에 상당하는 이행강제금을 부과한다.

정답 09 ③ 10 ③ 11 ③ 12 ②

13 부동산 거래신고 등에 관한 법령상 이행강제금에 관한 설명으로 옳은 것은?

제31회

① 이행명령을 구두 또는 문서로 하며 이행기간은 3개월 이내로 정하여야 한다.
② 토지거래계약허가를 받아 토지를 취득한 자가 당초의 목적대로 이용하지 아니하고 방치하여 이행명령을 받고도 정하여진 기간에 이를 이행하지 아니한 경우, 시장·군수 또는 구청장은 토지 취득가액의 100분의 10에 상당하는 금액의 이행강제금을 부과한다.
③ 이행강제금 부과처분에 불복하는 경우 이의를 제기할 수 있으나, 그에 관한 명문의 규정을 두고 있지 않다.
④ 이행명령을 받은 자가 그 명령을 이행하는 경우 새로운 이행강제금의 부과를 즉시 중지하며, 명령을 이행하기 전에 부과된 이행강제금도 징수할 수 없다.
⑤ 최초의 이행명령이 있었던 날을 기준으로 1년에 두 번씩 그 이행명령이 이행될 때까지 반복하여 이행강제금을 부과·징수할 수 있다.

해설 ① 이행명령은 문서로 하여야 한다.
③ 이행강제금의 부과처분에 불복하는 자는 부과처분의 고지를 받은 날부터 30일 이내에 시·군·구청장에게 이의를 제기할 수 있다(시행령 제16조 제7항).
④ 이행명령을 이행하기 전에 부과된 이행강제금은 징수하여야 한다.
⑤ 최초의 이행명령이 있었던 날을 기준으로 1년에 한 번씩 그 이행명령이 이행될 때까지 반복하여 이행강제금을 부과·징수할 수 있다.

14 부동산 거래신고 등에 관한 법령상 토지거래계약허가를 받아 취득한 토지를 허가받은 목적대로 이용하고 있지 않은 경우 시장·군수·구청장이 취할 수 있는 조치가 아닌 것은?

제32회

① 과태료를 부과할 수 있다.
② 토지거래계약허가를 취소할 수 있다.
③ 3개월 이내의 기간을 정하여 토지의 이용 의무를 이행하도록 문서로 명할 수 있다.
④ 해당 토지에 관한 토지거래계약 허가신청이 있을 때 국가, 지방자치단체, 한국토지주택공사가 그 토지의 매수를 원하면 이들 중에서 매수할 자를 지정하여 협의 매수하게 할 수 있다.
⑤ 해당 토지를 직접 이용하지 않고 임대하고 있다는 이유로 이행명령을 했음에도 정해진 기간에 이행되지 않은 경우, 취득가액의 100분의 7에 상당하는 금액의 이행강제금을 부과한다.

해설 ① 토지거래계약허가를 받아 취득한 토지를 허가받은 목적대로 이용하고 있지 않은 경우에 과태료를 부과할 수 있는 근거규정은 없다.

15 부동산 거래신고 등에 관한 법령상 토지거래허가에 관한 내용으로 옳은 것은?

제32회

① 토지거래허가구역의 지정은 그 지정을 공고한 날부터 3일 후에 효력이 발생한다.

② 토지거래허가구역의 지정 당시 국토교통부장관 또는 시·도지사가 따로 정하여 공고하지 않은 경우, 「국토의 계획 및 이용에 관한 법률」에 다른 도시지역 중 녹지지역 안의 250제곱미터 면적의 토지거래계약에 관하여는 허가가 필요 없다.

③ 토지거래계약을 허가받은 자는 대통령령으로 정하는 사유가 있는 경우 외에는 토지 취득일부터 10년간 그 토지를 허가받은 목적대로 이용해야 한다.

④ 허가받은 목적대로 토지를 이용하지 않았음을 이유로 이행강제금 부과처분을 받은 자가 시장·군수·구청장에게 이의를 제기하려면 그 처분을 고지받은 날부터 60일 이내에 해야 한다.

⑤ 토지거래허가신청에 대해 불허가처분을 받은 자는 그 통지를 받은 날부터 1개월 이내에 시장·군수·구청장에게 해당 토지에 관한 권리의 매수를 청구할 수 있다.

해설 ① 3일 후에 ⇨ 5일 후에
② 「국토의 계획 및 이용에 관한 법률」에 다른 도시지역 중 녹지지역 안에서는 면적이 200제곱미터를 초과하는 토지거래계약에 관하여는 허가를 받아야 한다.
③ 10년간 ⇨ 5년 범위 내에서
④ 60일 이내에 ⇨ 30일 이내에

16 부동산 거래신고 등에 관한 법령상 토지거래계약의 허가 등에 관한 설명으로 틀린 것은? 제23회

① 토지거래계약의 허가를 받으려는 자는 그 허가신청서에 계약내용과 그 토지의 이용계획, 취득자금 조달계획 등을 적어 시장·군수 또는 구청장에게 제출하여야 한다.

② 「민원사무처리에 관한 법률」에 따른 처리기간에 허가증의 발급 또는 불허가처분 사유의 통시가 없거나 선매협의 사실의 통지가 없는 경우에는 그 기간이 끝난 날의 다음날에 토지거래계약의 허가가 있는 것으로 본다.

③ 토지거래계약의 불허가처분에 이의가 있는 자는 그 처분을 받은 날부터 1개월 이내에 시장·군수 또는 구청장에게 이의를 신청할 수 있다.

④ 토지거래계약의 허가신청이 된 토지에 대하여 시장·군수 또는 구청장이 선매자를 지정하는 경우 선매자가 토지를 매수할 때의 가격은 토지소유자의 매입가격으로 한다.

⑤ 시장·군수 또는 구청장은 허가받은 목적대로 토지를 이용하지 아니한 자에 대하여 최초의 이행명령이 있었던 날을 기준으로 하여 1년에 한 번씩 그 이행명령이 이행될 때까지 반복하여 이행강제금을 부과·징수할 수 있다.

> 해설 ④ 선매자가 토지를 매수할 때의 가격은 「부동산 가격공시 및 감정평가에 관한 법률」에 따라 감정평가업자가 감정평가한 감정가격을 기준으로 하되, 토지거래계약 허가신청서에 적힌 가격이 감정가격보다 낮은 경우에는 허가신청서에 적힌 가격으로 할 수 있다.

17 부동산 거래신고 등에 관한 법령상 토지거래계약 허가와 관련된 선매제도에 대한 설명 중 옳은 것은? 제18회

① 토지거래계약 허가를 받아 취득한 토지가 이용목적대로 이용되고 있는 경우 해당 토지는 선매협의매수의 대상이 된다.

② 시장·군수 또는 구청장은 토지거래계약 허가의 신청이 있는 날부터 2개월 이내에 선매자를 지정하여 토지소유자에게 통지하여야 한다.

③ 선매자로 지정된 자는 그 지정일부터 15일 이내에 매수가격 등 선매조건을 기재한 서면을 토지소유자에게 통지하여 선매협의를 하여야 한다.

④ 선매자가 토지를 매수하는 경우의 가격은 토지소유자의 매입가격을 기준으로 한다.

⑤ 선매협의가 이루어지지 아니한 때에는 토지거래계약에 관한 허가신청에 대하여 불허가처분을 하여야 한다.

> 해설 ① 허가받은 토지를 이용목적대로 이용하고 있는 경우에는 선매대상이 되지 않는다.
> ② 1개월 이내에 선매자를 지정하여 통지하여야 한다.
> ④ 선매가격은 감정가격을 기준으로 한다.
> ⑤ 불허가처분을 하여야 한다. ⇨ 허가 또는 불허가처분을 하여야 한다.

18 부동산 거래신고 등에 관한 법령상 토지거래허가구역 등에 관한 설명으로 틀린 것은?

제33회

① 시장·군수 또는 구청장은 공익사업용 토지에 대해 토지거래계약에 관한 허가신청이 있는 경우, 한국토지주택공사가 그 매수를 원하는 경우에는 한국토지주택공사를 선매자로 지정하여 그 토지를 협의 매수하게 할 수 있다.

② 국토교통부장관 또는 시·도지사는 허가구역의 지정사유가 없어졌다고 인정되면 지체 없이 허가구역의 지정을 해제해야 한다.

③ 토지거래허가신청에 대해 불허가처분을 받은 자는 그 통지를 받은 날부터 1개월 이내에 시장·군수 또는 구청장에게 해당 토지에 관한 권리의 매수를 청구할 수 있다.

④ 허가구역의 지정은 허가구역의 지정을 공고한 날의 다음 날부터 그 효력이 발생한다.

⑤ 토지거래허가를 받으려는 자는 그 허가신청서에 계약내용과 그 토지의 이용계획, 취득자금 조달계획 등을 적어 허가관청에 제출해야 한다.

> **해설** ④ "공고한 날의 다음 날"부터 ⇨ "공고한 날부터 5일 후"에

19 부동산 거래신고 등에 관한 법령상 토지거래허가 등에 관한 설명으로 옳은 것은 모두 몇 개인가?

제33회

> A : 농지에 대하여 토지거래계약 허가를 받은 경우에는 「농지법」에 따른 농지전용허가를 받은 것으로 본다.
> B : 국세의 체납처분을 하는 경우에는 허가구역 내 토지거래에 대한 허가의 규정을 적용한다.
> C : 시장·군수는 토지이용 의무기간이 지난 후에도 이행강제금을 부과할 수 있다.
> D : 토지의 소유권자에게 부과된 토지이용에 관한 의무는 그 토지에 관한 소유권의 변동과 동시에 그 승계인에게 이전한다.

① 0개   ② 1개   ③ 2개
④ 3개   ⑤ 4개

> **해설** D : 옳은 내용이다.
> A : "농지전용허가"가 아닌 "농지취득자격증명"을 받은 것으로 본다.
> B : 국세의 체납처분을 하는 경우에는 토지거래허가규정을 적용하지 않는다.
> C : 토지이용 의무기간이 지난 후에는 이행강제금을 부과할 수 없다.

정답 ▶ 16 ④   17 ③   18 ④   19 ②

20 부동산 거래신고 등에 관한 법령상 신고포상금 지급대상에 해당하는 위반행위를 모두 고른 것은?

제32회

> ㉠ 부동산 매매계약의 거래당사자가 부동산의 실제 거래가격을 거짓으로 신고하는 행위
> ㉡ 부동산 매매계약에 관하여 개업공인중개사에게 신고를 하지 않도록 요구하는 행위
> ㉢ 토지거래계약허가를 받아 취득한 토지를 허가받은 목적대로 이용하지 않는 행위
> ㉣ 부동산 매매계약에 관하여 부동산의 실제 거래가격을 거짓으로 신고하도록 조장하는 행위

① ㉠, ㉢　　　　　　　　　　　　　② ㉠, ㉣
③ ㉡, ㉣　　　　　　　　　　　　　④ ㉠, ㉡, ㉢
⑤ ㉡, ㉢, ㉣

해설 ㉡㉣ 신고포상금 지급대상에 해당하는 위반행위가 아니다.

21 부동산 거래신고 등에 관한 법령상 신고포상금에 관한 설명으로 옳은 것은?

제30회

① 포상금의 지급에 드는 비용은 국고로 충당한다.
② 해당 위반행위에 관여한 자가 신고한 경우라도 신고포상금은 지급하여야 한다.
③ 익명으로 고발하여 고발인을 확인할 수 없는 경우에는 당해 신고포상금은 국고로 환수한다.
④ 부동산 등의 거래가격을 신고하지 않은 자를 수사기관이 적발하기 전에 수사기관에 1건 고발한 경우 1천 5백만원의 신고포상금을 받을 수 있다.
⑤ 신고관청 또는 허가관청으로부터 포상금 지급결정을 통보받은 신고인은 포상금을 받으려면 국토교통부령으로 정하는 포상금지급신청서를 작성하여 신고관청 또는 허가관청에 제출하여야 한다.

해설 ① 시·군·구 재원으로 충당한다.
② 포상금을 지급하지 아니할 수 있다.
③ 포상금을 지급하지 아니할 수 있을 뿐 국고 환수는 법적 근거가 없다.
④ 부동산 등의 거래가격을 신고하지 않은 자는 포상금을 지급받기 위한 신고·고발 대상자에 해당되지 않는다.

22 부동산 거래신고 등에 관한 법령상 포상금의 지급에 관한 설명으로 틀린 것을 모두 고른 것은?

제34회

> ㉠ 가명으로 신고하여 신고인을 확인할 수 없는 경우에는 포상금을 지급하지 아니할 수 있다.
> ㉡ 신고관청에 포상금지급신청서가 접수된 날부터 1개월 이내에 포상금을 지급하여야 한다.
> ㉢ 신고관청은 하나의 위반행위에 대하여 2명 이상이 각각 신고한 경우에는 포상금을 균능하게 배분하여 지급한다.

① ㉠　　　　　　　　② ㉠, ㉡　　　　　　　　③ ㉠, ㉢

④ ㉡, ㉢　　　　　　　⑤ ㉠, ㉡, ㉢

해설 ㉡ 신고관청에 포상금지급신청서가 접수된 날부터 2개월 이내에 포상금을 지급하여야 한다.
㉢ 신고관청은 하나의 위반행위에 대하여 2명 이상이 각각 신고한 경우에는 최초로 신고 또는 고발한 자에게 포상금을 지급한다.

제 1 장   중개대상물의 조사 · 확인
제 2 장   거래계약의 체결
제 3 장   개별적 중개실무

중개실무

제1절 | **조사·확인의 방법**

01 개업공인중개사가 중개의뢰인에게 중개대상물에 대하여 설명한 내용으로 옳은 것을 모두 고른 것은? (다툼이 있으면 판례에 따름) 제27회

> ㉠ 토지의 소재지, 지목, 지형 및 경계는 토지대장을 통해 확인할 수 있다.
> ㉡ 분묘기지권은 등기사항증명서를 통해 확인할 수 없다.
> ㉢ 지적도상의 경계와 실제 경계가 일치하지 않는 경우 특별한 사정이 없는 한 실제 경계를 기준으로 한다.
> ㉣ 동일한 건물에 대하여 등기부상의 면적과 건축물대장의 면적이 다른 경우 건축물 대장을 기준으로 한다.

① ㉠, ㉢　　　　　　　　　② ㉡, ㉣
③ ㉠, ㉡, ㉢　　　　　　　④ ㉠, ㉢, ㉣
⑤ ㉡, ㉢, ㉣

해설 ㉠ 지형 및 경계는 토지대장으로 확인할 수 없고, 지적도를 통해 확인할 수 있다.
　　 ㉢ 실제의 경계가 아닌 지적도상의 경계가 우선한다.

제2절 분묘기지권 및 장사 등에 관한 법률

 대표 문제

개업공인중개사가 분묘가 있는 토지에 관하여 중개의뢰인에게 설명한 내용으로 틀린 것은? (다툼이 있으면 판례에 따름) 제29회

① 분묘기지권이 성립하기 위해서는 그 내부에 시신이 안장되어 있고, 봉분 등 외부에서 분묘의 존재를 인식할 수 있는 형태를 갖추고 있어야 한다.

② 분묘기지권이 인정되는 분묘가 멸실되었더라도 유골이 존재하여 분묘의 원상회복이 가능하고 일시적인 멸실에 불과하다면 분묘기지권은 소멸하지 않는다.

③ 「장사 등에 관한 법률」의 시행에 따라 그 시행일 이전의 분묘기지권은 존립 근거를 상실하고, 그 이후에 설치된 분묘에는 분묘기지권이 인정되지 않는다.

④ 분묘기지권은 분묘의 기지 자체뿐만 아니라 분묘의 설치 목적인 분묘의 수호와 제사에 필요한 범위 내에서 분묘 기지 주위의 공지를 포함한 지역까지 미친다.

⑤ 분묘기지권은 권리자가 의무자에 대하여 그 권리를 포기하는 의사표시를 하는 외에 점유까지도 포기해야만 권리가 소멸하는 것은 아니다.

해설 ③ 「장사 등에 관한 법률」 시행 전에 취득한 분묘기지권은 그 효력이 그대로 유지되며, 동법 시행 후라도 분묘기지권은 인정되나 분묘기지권의 시효취득은 인정되지 않는다.

정답 ③

02 개업공인중개사가 묘소가 설치되어 있는 임야를 중개하면서 중개의뢰인에게 설명한 내용으로 틀린 것은? (다툼이 있으면 판례에 따름) 제30회

① 분묘가 1995년에 설치되었다 하더라도 「장사 등에 관한 법률」이 2001년에 시행되었기 때문에 분묘기지권을 시효취득할 수 없다.

② 암장되어 있어 객관적으로 인식할 수 있는 외형을 갖추고 있지 않은 묘소에는 분묘기지권이 인정되지 않는다.

③ 아직 사망하지 않은 사람을 위한 장래의 묘소인 경우 분묘기지권이 인정되지 않는다.

④ 분묘기지권을 시효로 취득한 사람은 토지소유자가 지료를 청구하면 그때부터 지급할 의무가 발생한다.

⑤ 분묘기지권의 효력이 미치는 지역의 범위 내라고 할지라도 기존의 분묘 외에 새로운 분묘를 신설할 권능은 포함되지 않는다.

해설 ① 「장사 등에 관한 법률」이 시행된 이후에 토지소유자 또는 묘지설치자의 승낙 없이 설치한 분묘는 시효취득이 인정되지 않으나, 「장사 등에 관한 법률」이 시행되기 전에 토지소유자 또는 묘지설치자의 승낙 없이 설치한 분묘는 시효취득이 가능하다.

정답 01 ② 02 ①

03 개업공인중개사가 토지를 중개하면서 분묘기지권에 대한 설명한 내용으로 틀린 것을 모두 고른 것은? (다툼이 있으면 판례에 의함) 제25회

> ⊙ 장래의 묘소(가묘)는 분묘에 해당하지 않는다.
> ⓒ 분묘의 특성상, 타인의 승낙 없이 분묘를 설치한 경우에도 즉시 분묘기지권을 취득한다.
> ⓒ 평장되어 있어 객관적으로 인식할 수 있는 외형을 갖추고 있지 아니한 경우, 분묘기지권이 인정되지 아니한다.
> ② 분묘기지권의 효력이 미치는 범위는 분묘의 기지 자체에 한정된다.

① ⊙, ⓒ　　　　　② ⓒ, ②　　　　　③ ⓒ, ②
④ ⊙, ⓒ, ⓒ　　　　⑤ ⊙, ⓒ, ②

해설 ⓒ 분묘기지권을 취득하려면 20년간 평온·공연하게 점유하여야 한다.
② 분묘기지권의 효력이 미치는 범위는 기지뿐만 아니라 주위의 공지도 포함된다.

04 개업공인중개사가 중개의뢰인에게 분묘가 있는 토지에 관하여 설명한 내용으로 틀린 것을 모두 고른 것은? (다툼이 있으면 판례에 따름) 제34회

> ⊙ 토지소유자의 승낙에 의하여 성립하는 분묘기지권의 경우 성립 당시 토지소유자와 분묘의 수호·관리자가 지료 지급의무의 존부에 관하여 약정을 하였다면 그 약정의 효력은 분묘 기지의 승계인에게 미치지 않는다.
> ⓒ 분묘기지권은 지상권 유사의 관습상 물권이다.
> ⓒ 「장사 등에 관한 법률」 시행일(2001. 1. 13.) 이후 토지소유자의 승낙 없이 설치한 분묘에 대해서 분묘기지권의 시효취득을 주장할 수 있다.

① ⊙　　　　　　　② ⓒ　　　　　　　③ ⊙, ⓒ
④ ⓒ, ⓒ　　　　　⑤ ⊙, ⓒ, ⓒ

해설 ⊙ 토지소유자의 승낙에 의하여 성립하는 분묘기지권의 경우 성립 당시 토지소유자와 분묘의 수호·관리자가 지료 지급의무의 존부에 관하여 약정을 하였다면 그 약정의 효력은 분묘 기지의 승계인에게 미친다.
ⓒ 「장사 등에 관한 법률」 시행일(2001. 1. 13.) 이후 토지소유자의 승낙 없이 설치한 분묘에 대해서 분묘기지권의 시효취득을 주장할 수 없다.

05 분묘가 있는 토지에 관하여 개업공인중개사가 중개의뢰인에게 설명한 내용으로 틀린 것은? (다툼이 있으면 판례에 따름) 제32회

① 분묘기지권은 등기사항증명서를 통해 확인할 수 없다.

② 분묘기지권은 분묘의 설치 목적인 분묘의 수호와 제사에 필요한 범위 내에서 분묘 기지 주위의 공지를 포함한 지역에까지 미친다.

③ 분묘기지권이 인정되는 경우 분묘가 멸실되었더라도 유골이 존재하여 분묘의 원상회복이 가능하고 일시적인 멸실에 불과하다면 분묘기지권은 소멸하지 않는다.

④ 분묘기지권에는 그 효력이 미치는 범위 안에서 새로운 분묘를 실치할 권능은 포함되지 않는다.

⑤ 甲이 자기 소유 토지에 분묘를 설치한 후 그 토지를 乙에게 양도하면서 분묘를 이장하겠다는 특약을 하지 않음으로써 甲이 분묘기지권을 취득한 경우, 특별한 사정이 없는 한 甲은 분묘의 기지에 대한 토지사용의 대가로서 지료를 지급할 의무가 없다.

해설 ⑤ 甲은 지료를 지급할 의무가 있다.

06 개업공인중개사가 토지를 매수하려는 중개의뢰인에게 분묘기지권에 관하여 설명한 내용으로 옳은 것을 모두 고른 것은? (다툼이 있으면 판례에 따름) 제35회

> ㉠ 분묘기지권을 시효취득한 사람은 시효취득한 때부터 지료를 지급할 의무가 발생한다.
> ㉡ 특별한 사정이 없는 한 분묘기지권자가 분묘의 수호와 봉사를 계속하는 한 그 분묘가 존속하는 동안은 분묘기지권이 존속한다.
> ㉢ 분묘기지권을 취득한 자는 그 분묘기지권의 등기 없이도 그 분묘가 설치된 토지의 매수인에게 대항할 수 있다

① ㉡

② ㉠, ㉡

③ ㉠, ㉢

④ ㉡, ㉢

⑤ ㉠, ㉡, ㉢

해설 ㉠ 분묘기지권을 시효취득한 사람은 토지소유자가 지료를 청구한 때부터 지료를 지급할 의무가 발생한다.

정답 03 ② 04 ③ 05 ⑤ 06 ④

07 개업공인중개사가 분묘가 있는 토지를 매수하려는 의뢰인에게 분묘기지권에 관해 설명한 것으로 옳은 것은? (다툼이 있으면 판례에 따름) 제33회

① 분묘기지권의 존속기간은 지상권의 존속기간에 대한 규정이 유추적용되어 30년으로 인정된다.

② 「장사 등에 관한 법률」이 시행되기 전에 설치된 분묘의 경우 그 법의 시행 후에는 분묘기지권의 시효취득이 인정되지 않는다.

③ 자기 소유 토지에 분묘를 설치한 사람이 분묘이장의 특약 없이 토지를 양도함으로써 분묘기지권을 취득한 경우, 특별한 사정이 없는 한 분묘기지권이 성립한 때부터 지료지급의무가 있다.

④ 분묘기지권을 시효로 취득한 사람은 토지소유자의 지료지급청구가 있어도 지료지급의무가 없다.

⑤ 분묘가 멸실된 경우 유골이 존재하여 분묘의 원상회복이 가능한 일시적인 멸실에 불과하여도 분묘기지권은 소멸한다.

> **해설** ① 지상권의 존속기간에 대한 규정이 유추적용되지 않는다.
> ② 분묘기지권의 시효취득이 인정된다.
> ④ 토지소유자의 지료 지급청구가 있으면 지료지급의무가 있다.
> ⑤ 분묘기지권은 소멸하지 않는다.

08 개업공인중개사가 분묘가 있는 토지에 관하여 중개의뢰인에게 설명한 내용으로 틀린 것은? (다툼이 있으면 판례에 의함) 제24회

① 문중자연장지를 조성하려는 자는 관할 시장 등의 허가를 받아야 한다.

② 남편의 분묘구역 내에 처의 분묘를 추가로 설치한 경우 추가설치 후 30일 이내에 해당묘지의 관할 시장 등에게 신고해야 한다.

③ 분묘기지권은 분묘의 수호와 봉사에 필요한 범위 내에서 타인의 토지를 사용할 수 있는 권리이다.

④ 분묘기지권은 특별한 사정이 없는 한 분묘의 수호와 봉사가 계속되고 그 분묘가 존속하는 동안 인정된다.

⑤ 가족묘지의 면적은 $100m^2$ 이하여야 한다.

> **해설** ① 문중자연장지의 조성은 허가사항이 아니라 사전신고사항이다.

09 개업공인중개사가 「장사 등에 관한 법률」에 대해 중개의뢰인에게 설명한 것으로 틀린 것은?　제27회

① 개인묘지는 20m²를 초과해서는 아니된다.

② 매장을 한 자는 매장 후 30일 이내에 매장지를 관할하는 시장 등에게 신고해야 한다.

③ 가족묘지란 「민법」에 따라 친족관계였던 자의 분묘를 같은 구역 안에 설치하는 묘지를 말한다.

④ 시장 등은 묘지의 설치·관리를 목적으로 「민법」에 따라 설립된 재단법인에 한정하여 법인묘지의 설치·관리를 허가할 수 있다.

⑤ 설치기간이 끝난 분묘의 연고자는 설치기간이 끝난 날부터 1년 이내에 해당 분묘에 설치된 시설물을 철거하고 매장된 유골을 화장하거나 봉안해야 한다.

해설　① 30m²를 초과할 수 없다.

10 개업공인중개사가 묘지를 설치하고자 토지를 매수하려는 중개의뢰인에게 장사 등에 관한 법령에 관하여 설명한 내용으로 틀린 것은?　제34회

① 가족묘지는 가족당 1개소로 제한하되, 그 면적은 100제곱미터 이하여야 한다.

② 개인묘지란 1기의 분묘 또는 해당 분묘에 매장된 자와 배우자 관계였던 자의 분묘를 같은 구역 안에 설치하는 묘지를 말한다.

③ 법인묘지에는 폭 4미터 이상의 도로와 그 도로로부터 각 분묘로 통하는 충분한 진출입로를 설치하여야 한다.

④ 화장한 유골을 매장하는 경우 매장 깊이는 지면으로부터 30센티미터 이상이어야 한다.

⑤ 「민법」에 따라 설립된 사단법인은 법인묘지의 설치 허가를 받을 수 없다.

해설　③ 법인묘지에는 폭 5미터 이상의 도로와 그 도로로부터 각 분묘로 통하는 충분한 진출입로를 설치하여야 한다(「장사 등에 관한 법률」 시행령 제15조 별표 2).

정답 ▶　07 ③　08 ①　09 ①　10 ③

11 토지를 매수하여 사설묘지를 설치하려는 중개의뢰인에게 개업공인중개사가 장사 등에 관한 법령에 관하여 설명한 내용으로 옳은 것은? 제35회

① 개인묘지를 설치하려면 그 묘지를 설치하기 전에 해당 묘지를 관할하는 시장등에게 신고해야 한다.
② 가족묘지를 설치하려면 해당 묘지를 관할하는 시장 등의 허가를 받아야 한다.
③ 개인묘지나 가족묘지의 면적은 제한을 받지만, 분묘의 형태나 봉분의 높이는 제한을 받지 않는다.
④ 분묘의 설치기간은 원칙적으로 30년이지만, 개인묘지의 경우에는 3회에 한하여 그 기간을 연장할 수 있다.
⑤ 설치기간이 끝난 분묘의 연고자는 그 끝난 날부터 1개월 이내에 해당 분묘에 설치된 시설물을 철거하고 매장된 유골을 화장하거나 봉안해야 한다.

해설 ① 개인묘지를 설치한 자는 그 묘지를 설치한 후 30일 이내에 해당 묘지를 관할하는 시장 등에게 신고해야 한다.
③ 개인묘지의 분묘의 형태는 봉분 또는 평분으로 하되, 봉분의 높이는 지면으로부터 1m, 평분의 높이는 50cm 이하여야 한다.
④ 공설묘지 및 사설묘지에 설치된 분묘의 설치기간은 원칙적으로 30년이지만, 1회에 한하여 그 기간을 연장할 수 있다.
⑤ 설치기간이 끝난 분묘의 연고자는 그 끝난 날부터 1년 이내에 해당 분묘에 설치된 시설물을 철거하고 매장된 유골을 화장하거나 봉안해야 한다.

제3절 **농지법**

 대표 문제

개업공인중개사가 농지법에 대하여 중개의뢰인에게 설명한 내용으로 틀린 것은? (다툼이 있으면 판례에 따름)   제29회

① 경매로 농지를 매수하려면 매수신청시에 농지취득자격증명서를 제출해야 한다.
② 개인이 소유하는 임대농지의 양수인은 「농지법」에 따른 임대인의 지위를 승계한 것으로 본다.
③ 농지전용협의를 마친 농지를 취득하려는 자는 농지취득자격증명을 발급받을 필요가 없다.
④ 농지를 취득하려는 자가 농지에 대한 매매계약을 체결하는 등으로 농지에 관한 소유권이전 등기청구권을 취득하였다면, 농지취득자격증명 발급신청권을 보유하게 된다.
⑤ 주말체험영농을 목적으로 농지를 소유하려면 세대원 전부가 소유하는 총 면적이 1천제곱미터 미만이어야 한다.

해설 ① 법원경매로 농지를 매수하려면 '매수신청시'가 아니라 '매각결정기일까지' 농지취득자격증명원을 제출하면 된다. 만약 제출하지 못하면 매각불허가결정으로 인하여 농지를 취득할 수 없게 된다.
정답 ①

12 개업공인중개사가 농지를 취득하려는 중개의뢰인에게 설명한 내용으로 틀린 것은?
제27회

① 주말·체험영농을 위해 농지를 소유하는 경우 한 세대의 부부가 각각 1천m² 미만으로 소유할 수 있다.
② 농업경영을 하려는 자에게 농지를 임대하는 임대차계약은 서면계약을 원칙으로 한다.
③ 농업법인의 합병으로 농지를 취득하는 경우 농지취득자격증명을 발급받지 않고 농지를 취득할 수 있다.
④ 징집으로 인하여 농지를 임대하면서 임대차기간을 정하지 않은 경우 3년으로 약정된 것으로 본다.
⑤ 농지전용허가를 받아 농지를 소유하는 자가 취득한 날부터 2년 이내에 그 목적 사업에 착수하지 않으면 해당 농지를 처분할 의무가 있다.

해설 ① 세대원 전부가 소유하는 총 면적 1천m² 미만을 소유할 수 있다.

정답 11 ② 12 ①

13 개업공인중개사가 농지를 거래하고자 하는 의뢰인에게 설명한 내용으로 틀린 것은?

제20회

① 농업경영이란 농업인이나 농업법인이 자기의 계산과 책임으로 농업을 영위하는 것을 말한다.
② 농지소유자와 농업경영을 하려는 자 사이의 농지에 관한 임대차계약은 서면계약을 원칙으로 한다.
③ 농지소유자는 3개월 이상 국외 여행 중인 경우 소유농지를 위탁경영할 수 있다.
④ 토지거래허가구역에 있는 농지를 취득하는 경우 토지거래계약 허가 외에 별도의 농지취득자격증명의 발급을 요한다.
⑤ 주말·체험영농을 하려는 자는 총 1천m² 미만의 농지를 소유할 수 있되, 이 경우 면적 계산은 그 세대원 전부가 소유하는 총 면적으로 한다.

해설 ④ 토지거래허가구역에 있는 농지를 취득하는 경우 토지거래계약 허가 외에 별도의 농지취득자격증명은 요하지 않는다.

14 개업공인중개사가 중개의뢰인에게 「농지법」상 농지의 임대차에 대해 설명한 내용으로 틀린 것은?

제26회

① 선거에 다른 공직취임으로 인하여 일시적으로 농업경영에 종사하지 아니하게 된 자가 소유하고 있는 농지는 임대할 수 있다.
② 농업경영을 하려는 자에게 농지를 임대하는 임대차계약은 서면계약을 원칙으로 한다.
③ 농지이용증진사업 시행계획에 따라 농지를 임대하는 경우 임대차기간은 5년 이상으로 해야 한다.
④ 농지 임대차계약의 당사자는 임차료에 관하여 협의가 이루어지지 아니한 경우 농지소재지를 관할하는 시장·군수 또는 자치구청장에게 조정을 신청할 수 있다.
⑤ 임대농지의 양수인은 「농지법」에 따른 임대인의 지위를 승계한 것으로 본다.

해설 ③ 임대차기간을 3년 이상으로 하여야 한다.

15 농지를 매수하고자 하는 의뢰인(법인 제외)에게 개업공인중개사가 설명한 내용으로 틀린 것은? 　　　　　　　　　　　　　　　　　　　　　　　제22회

① 주말·체험영농의 목적으로 농지를 소유하는 경우 세대원 전부가 소유하는 경우 세대의 전부가 소유하는 총면적이 1천제곱미터 미만이어야 한다.

② 주말·체험영농의 목적인 경우에도 농지취득자격증명을 발급받아야 한다.

③ 농지임대가 예외적으로 허용되어 농업경영을 하려는 자에게 임대하는 경우 그 임대차계약은 서면을 원칙으로 한다.

④ 임대농지를 양수한 자는 「농지법」에 따른 임대인의 지위를 승계한 것으로 본다.

⑤ 5년간 농업경영을 하다가 이농(離農)하는 경우 총 1만제곱미터까지만 소유할 수 있다.

해설 ⑤ 8년간 농업경영을 하다가 이농하는 경우 총 1만제곱미터까지만 소유할 수 있다.

16 개업공인중개사가 농지를 매수하려는 의뢰인에게 설명한 내용 중 옳은 것은? (다툼이 있으면 판례에 의함) 　　　　　　　　　　　　　　　　　제23회

① 농지에도 전세권을 설정할 수 있다.

② 농지전용협의를 마친 농지를 매수하는 경우에도 농지취득자격증명이 필요하다.

③ 경매로 농지를 매수하려면 매수신청시 농지취득자격증명을 함께 제출해야 한다.

④ 농지매매가 유효하려면 농지를 구입한 후 1년 안에 농지 소재지로부터 20km 이내로 전 가족이 이사를 와야 한다.

⑤ 농지취득자격증명은 농지취득의 원인이 되는 법률행위의 효력발생요건이 아니다.

해설 ⑤ 농지취득자격증명은 농지를 취득하는 자가 그 소유권에 관한 등기를 신청할 때에 첨부하여야 할 서류로서 농지를 취득하는 자에게 농지취득의 자격이 있다는 것을 증명하는 것일 뿐 농지취득의 원인이 되는 법률행위(매매 등)의 효력을 발생시키는 요건은 아니다(대판 97다49251).
① 농경지는 전세권의 목적으로 하지 못한다(「민법」 제303조 제2항).
② 농지전용협의를 마친 농지를 매수하는 경우에도 농지취득자격증명이 필요 없다.
③ 경매로 농지를 취득하는 경우 매매결정기일까지 농지취득자격증명을 제출해야 한다.
④ 통작거리 제한은 폐지되었다.

정답 　13 ④　14 ③　15 ⑤　16 ⑤

제4절 확인·설명서의 작성

 대표 문제

공인중개사법령상 개업공인중개사가 주거용 건축물의 중개대상물확인·설명서(Ⅰ)를 작성하는 방법에 관한 설명으로 틀린 것은? 제28회

① 개업공인중개사 기본 확인사항은 개업공인중개사가 확인한 사항을 적어야 한다.
② 건축물의 내진설계 적용 여부와 내진능력은 개업공인중개사 기본 확인사항이다.
③ 거래예정금액은 중개가 완성되기 전 거래예정금액을 적는다.
④ 벽면 및 도배상태는 매도(임대)의뢰인에게 자료를 요구하여 확인한 사항을 적는다.
⑤ 아파트를 제외한 주택의 경우, 단독경보형감지기 설치 여부는 개업공인중개사 세부 확인사항이 아니다.

해설 ⑤ 단독경보형감지기 설치 여부는 개업공인중개사 세부 확인사항에 해당한다.

정답 ⑤

17 **공인중개사법령상 주택매매시 작성하는 '중개대상물의 확인·설명서'에 관한 설명으로 틀린 것은?** 제24회

① '건폐율 상한 및 용적률 상한'은 「주택법」에 따라 기재한다.
② 권리관계의 '등기부기재사항'은 등기사항증명서를 확인하여 적는다.
③ '도시계획시설'과 '지구단위계획구역'은 개업공인중개사가 확인하여 적는다.
④ '환경조건'은 개업공인중개사의 세부 확인사항이다.
⑤ 주택 취득시 부담할 조세의 종류 및 세율은 개업공인중개사가 확인한 사항을 적는다.

해설 ① '건폐율 상한 및 용적률 상한'은 시·군 조례에 따라 기재한다.

18 공인중개사법령상 개업공인중개사가 확인·설명하여야 할 사항 중 중개대상물확인·설명서[Ⅰ](주거용 건축물), [Ⅱ](비주거용 건축물), [Ⅲ](토지), [Ⅳ](입목·광업재단·공장재단) 서식에 공통적으로 기재되어 있는 것을 모두 고른 것은? 　제31회

> ㉠ 권리관계(등기부 기재사항)
> ㉡ 비선호시설
> ㉢ 거래예정금액
> ㉣ 환경조건(일조량·소음)
> ㉤ 실제 권리관계 또는 공시되지 않은 물건의 권리사항

① ㉠, ㉡　　　　　　　　　　② ㉡, ㉣
③ ㉠, ㉢, ㉤　　　　　　　　④ ㉠, ㉢, ㉣, ㉤
⑤ ㉠, ㉡, ㉢, ㉣, ㉤

해설　㉠㉢㉤ 중개대상물확인·설명서 모든 서식에 공통적 기재사항이다.

19 공인중개사법령상 주거용 건축물의 중개대상물확인·설명서의 '개업공인중개사 기본 확인사항'이 아닌 것은? 　제23회

① 권리관계
② 입지조건
③ 비선호시설(1km 이내)
④ 내·외부시설물의 상태
⑤ 취득시 부담할 조세의 종류 및 세율

해설　④ 내·외부시설물의 상태는 개업공인중개사의 세부 확인사항에 해당하는 것으로서, 개업공인중개사가 권리이전의뢰인에게 상태에 관한 자료를 요구하여 기재할 사항에 해당한다.

정답　17 ①　18 ③　19 ④

20 공인중개사법령상 중개대상물확인·설명서[Ⅱ](비주거용 건축물)에서 개업공인중개사의 확인사항으로 옳은 것을 모두 고른 것은? 제29회

> ㉠ "단독경보형감지기" 설치 여부는 세부 확인사항이다.
> ㉡ "내진설계 적용 여부"는 기본 확인사항이다.
> ㉢ "실제권리관계 또는 공시되지 않은 물건의 권리사항"은 세부 확인사항이다.
> ㉣ "환경조건(일조량·소음·진동)"은 세부 확인사항이다.

① ㉠, ㉡　　　　② ㉠, ㉣　　　　③ ㉡, ㉢
④ ㉠, ㉡, ㉢　　　⑤ ㉡, ㉢, ㉣

> 해설 ㉠ 단독경보형 감지기 설치 여부와 ㉣ 환경조건은 주거용 건축물에 대한 확인·설명서 서식(Ⅰ)에만 작성하도록 규정되어 있다. 그러나 본 문제는 비주거용 건축물에 대하여 작성하는 확인·설명서 서식(Ⅱ)을 묻고 있으므로 ㉠ 단독경보형 감지기 설치 여부 및 ㉣ 환경조건은 기재사항이 아니다.

21 공인중개사법령상 중개대상물확인·설명서[Ⅱ](비주거용 건축물)에서 개업공인중개사의 기본 확인사항이 아닌 것은? 제33회

① 소재지, 면적 등 대상물건의 표시에 관한 사항
② 소유권 외의 권리사항
③ 비선호시설(1km 이내)의 유무에 관한 사항
④ 관리주체 등 관리에 관한 사항
⑤ 소유권에 관한 사항

> 해설 ③ 비선호시설(1km 이내)의 유무에 관한 사항은 애초에 중개대상물확인·설명서[Ⅱ](비주거용 건축물)의 기재사항에 해당되지 않는다.

22 공인중개사법령상 비주거용 건축물 중개대상물확인·설명서 작성시 개업공인중개사의 세부 확인사항이 아닌 것은? 제25회

① 벽면의 균열유무　　　　② 승강기의 유무
③ 주차장의 유무　　　　　④ 소화전·비상벨 설치 유무
⑤ 가스(취사용)의 공급방식

> 해설 ③ 주차장의 유무는 입지조건으로서 개업공인중개사의 기본 확인사항에 해당한다.

23 공인중개사법령상 중개대상물확인·설명서[Ⅱ](비주거용 건축물)에서 개업공인중개사 기본 확인사항이 아닌 것은?   제35회

① 토지의 소재지, 면적 등 대상물건의 표시
② 소유권 외의 권리사항 등 등기부 기재사항
③ 관리비
④ 입지조건
⑤ 거래예정금액

해설   ③ '관리비'는 확인·설명서[Ⅰ](주거용 건축물) 서식의 기본 확인사항이다.

24 공인중개사법령상 개업공인중개사가 주거용 건축물 중개대상물확인·설명서에 기재해야 할 기본 확인사항 중 입지조건에 해당하지 않는 것은?   제27회

① 공원   ② 대중교통
③ 주차장   ④ 교육시설
⑤ 도로와의 관계

해설   ① 공원은 입지조건에 해당하지 않는다.

25 개업공인중개사가 주택의 임대차를 중개하면서 중개대상물확인·설명서[Ⅰ](주거용 건축물)를 작성하는 경우 제외하거나 생략할 수 있는 것을 모두 고른 것은?

제33회

> ㉠ 취득시 부담할 조세의 종류 및 세율
> ㉡ 개별공시지가(m²당) 및 건물(주택)공시가격
> ㉢ 다가구주택 확인서류 제출 여부
> ㉣ 건축물의 방향

① ㉠, ㉡　　　　　　　② ㉠, ㉢　　　　　　　③ ㉢, ㉣
④ ㉠, ㉡, ㉣　　　　　⑤ ㉡, ㉢, ㉣

해설　㉠㉡이 해당된다.
[주택 임대차 중개시 제외 또는 생략할 수 있는 사항]
1. 토지이용계획, 공법상 이용제한 및 거래규제에 관한 사항
2. 개별공시지가(m²당) 및 건물(주택)공시가격
3. 취득시 부담할 조세의 종류 및 세율

26 공인중개사법령상 주거용 건축물의 중개대상물확인·설명서 작성방법에 관한 설명으로 옳은 것은?

제21회

① 대상물건이 위반건축물인지 여부는 등기부등본을 확인하여 기재한다.
② 비선호시설, 입지조건 및 관리에 관한 사항은 매도(임대)의뢰인에게 자료를 요구하여 확인한 사항을 기재한다.
③ 매매의 경우 "도시계획시설", "지구단위계획구역, 그 밖의 도시관리계획"은 개업공인중개사가 확인하여 기재한다.
④ 임대차의 경우 "개별공시지가" 및 "건물(주택)공시가격"을 반드시 기재해야 한다.
⑤ 취득시 부담할 조세의 종류 및 세율은 중개가 완성되기 전 「지방세법」의 내용을 확인하여 적어야 하며, 임대차의 경우에도 적어야 한다.

해설　① 등기부등본 ⇨ 건축물대장등본
② 비선호시설, 입지조건, 관리에 관한 사항은 자료요구 대상이 아니다.
④ 임대차의 경우에는 개별공시지가, 건물(주택)공시가격의 기재를 생략할 수 있다.
⑤ 임대차의 경우에는 취득시 부담할 조세의 종류 및 세율을 생략한다.

27 공인중개사법령상 개업공인중개사가 비주거용 건축물의 중개대상물확인·설명서를 작성하는 방법에 관한 설명으로 틀린 것은? 제26회

① '대상물건의 표시'는 토지대장 및 건축물대장 등을 확인하여 적는다.

② '권리관계'의 '등기부기재사항'은 등기사항증명서를 확인하여 적는다.

③ '건폐율 상한 및 용적률 상한'은 시·군의 조례에 따라 적는다.

④ '중개보수'는 실제거래금액을 기준으로 계산하고, 협의가 없는 경우 부가가치세는 포함된 것으로 본다.

⑤ 공동중개시 참여한 개업공인중개사(소속공인중개사 포함)는 모두 서명 및 날인 해야 한다.

> 해설 ④ 중개보수는 '실제거래금액'이 아니라 '거래예정금액'을 기준으로 계산하며, 협의가 없는 경우 부가가치세는 별도로 부과될 수 있다.

28 공인중개사법령상 중개대상물확인·설명서[Ⅰ](주거용 건축물)의 작성방법으로 옳은 것을 모두 고른 것은? 제34회

> ㉠ 임대차의 경우 '취득시 부담할 조세의 종류 및 세율'은 적지 않아도 된다.
> ㉡ '환경조건'은 중개대상물에 대해 개업공인중개사가 매도(임대)의뢰인에게 자료를 요구하여 확인한 사항을 적는다.
> ㉢ 중개대상물에 법정지상권이 있는지 여부는 '실제 권리관계 또는 공시되지 않은 물건의 권리사항'란에 개업공인중개사가 직접 확인한 사항을 적는다.

① ㉠   ② ㉠, ㉡   ③ ㉠, ㉢

④ ㉡, ㉢   ⑤ ㉠, ㉡, ㉢

> 해설 ㉢ 중개대상물에 법정지상권이 있는지 여부는 '실제 권리관계 또는 공시되지 않은 물건의 권리사항'란에 매도(임대)의뢰인이 고지한 사항을 적는다.

29 공인중개사법령상 개업공인중개사가 토지의 중개대상물확인·설명서에 기재해야 할 사항에 해당하는 것은 모두 몇 개인가? 제27회

> ㉠ 비선호시설(1km 이내)의 유무
> ㉡ 일조량 등 환경조건
> ㉢ 관리주체의 유형에 관한 사항
> ㉣ 공법상 이용제한 및 거래규제에 관한 사항
> ㉤ 접근성 등 입지조건

① 1개 ② 2개 ③ 3개
④ 4개 ⑤ 5개

해설 ㉡의 '일조량 등 환경조건'은 주거용 건축물 서식에만 기재한다.
㉢의 '관리주체의 유형에 관한 사항'은 주거용 및 비주거용 건축물 서식에만 기재한다.

30 공인중개사법령상 개업공인중개사의 중개대상물확인·설명서 작성에 관한 설명으로 틀린 것은? 제23회

① 개업공인중개사 기본 확인사항은 개업공인중개사가 확인한 사항을 적어야 한다.
② 권리관계의 등기부기재사항은 등기사항증명서를 확인하여 적는다.
③ 매매의 경우 취득시 부담할 조세의 종류 및 세율은 중개가 완성되기 전에 「지방세법」의 내용을 확인하여 적는다.
④ 당해 중개행위를 한 소속공인중개사가 있는 경우, 확인·설명서에 개업공인중개사와 소속공인중개사가 함께 서명 또는 날인해야 한다.
⑤ 중개보수는 거래예정금액을 기준으로 계산하여 적는다.

해설 ④ 중개행위를 한 소속공인중개사는 확인·설명서에 '서명 및 날인'하여야 한다.

31 공인중개사법령상 중개대상물확인·설명서 작성방법에 관한 설명으로 옳은 것은?

① 권리관계의 '등기부기재사항'은 개업공인중개사 기본 확인사항으로, '실제권리관계 또는 공시되지 않은 물건의 권리사항'은 개업공인중개사 세부 확인사항으로 구분하여 기재한다.

② '건폐율 상한 및 용적률 상한'은 개업공인중개사 기본 확인사항으로 토지이용계획확인서의 내용을 확인하여 적는다.

③ '거래예정금액'은 개업공인중개사 세부 확인사항으로 중개가 완성된 때의 거래금액을 기재한다.

④ '취득시 부담할 조세의 종류 및 세율'은 중개대상물 유형별 모든 서식에 공통적으로 기재할 사항으로 임대차의 경우에도 기재해야 한다.

⑤ 중개보수는 법령으로 정한 요율한도에서 중개의뢰인과 개업공인중개사가 협의하여 결정하며, 중개보수에는 부가가치세가 포함된 것으로 본다.

해설 ② 시·군 조례를 통해 확인한다.
③ '기본 확인사항'으로 '중개가 완성되기 전' 거래예정금액을 기재한다.
④ 임대차 경우에는 제외된다.
⑤ 중개보수는 시·도 조례로 정한 요율에 따르거나, 시·도 조례로 정한 요율한도에서 중개의뢰인과 개업공인중개사가 서로 협의하여 결정하도록 한 요율에 따르며 부가가치세는 별도로 부과될 수 있다.

정답 ▶ 29 ③   30 ④   31 ①

Chapter 02

거래계약의 체결

01 개업공인중개사 甲이 丁소유의 X토지를 공유하고자 하는 乙과 丙에게 매매계약을 중개하였다. 다음 설명 중 옳은 것을 모두 고른 것은? (다툼이 있으면 판례에 의함) 제21회

> ㉠ 乙의 지분이 2분의 1이고 다른 특약이 없는 경우, 乙이 X토지 전부를 사용·수익하고 있다면 丙은 乙에게 부당이득반환청구를 할 수 있다.
> ㉡ 乙의 지분이 2분의 1이고 다른 특약이 없는 경우, 乙은 단독으로 공유물의 관리에 관한 사항을 결정할 수 없다.
> ㉢ 乙의 지분이 3분의 2인 경우, 乙은 X토지의 특정된 부분을 배타적으로 사용하는 결정을 할 수 있다.
> ㉣ 乙과 丙은 X토지를 5년 내에 분할하지 않을 것을 약정할 수 있다.

① ㉠, ㉡   ② ㉡, ㉣   ③ ㉠, ㉡, ㉣
④ ㉡, ㉢, ㉣   ⑤ ㉠, ㉡, ㉢, ㉣

해설 ㉠㉡㉢㉣ 모두 옳은 내용이다.

02 개업공인중개사 甲이 A와 B가 공유하고 있는 X토지에 대한 A의 지분을 매수하려는 乙의 의뢰를 받아 매매를 중개하고자 한다. 이에 관한 설명으로 옳은 것은? (다툼이 있으면 판례에 의함) 제24회

① 甲과 乙은 「민법」상의 위임관계에 있지 않으므로 甲은 乙에 대하여 선관주의의무를 부담하지 않는다.
② 甲은 매매계약서에 A와 B의 주소지를 기재해야 한다.
③ 甲은 A의 지분처분에 대한 B의 동의 여부를 확인해야 할 의무가 있다.
④ 매매계약 체결시에 매매대금은 반드시 특정되어 있어야 한다.
⑤ 甲이 X토지에 저당권이 설정된 사실을 확인하지 않고 중개하였고 후에 저당권이 실행되어 乙이 소유권을 잃게 된다면 乙은 甲에게 손해배상을 청구할 수 있다.

해설 ① 개업공인중개사는 선관주의의무를 부담한다.
② B의 주소지는 기재하지 않아도 된다.
③ B의 동의 여부는 확인하지 않아도 된다.
④ 매매대금은 계약 당시 특정되지 않아도 된다.

03 개업공인중개사 甲의 중개로 丙이 乙 소유의 X토지를 매수한 후 乙에게 계약금과 중도금을 지급하였다. 그 후 甲은 乙이 X토지를 丁에게 다시 매각한 사실을 알게 되었다. 甲의 설명으로 옳은 것을 모두 고른 것은? (다툼이 있으면 판례에 의함)

제24회

> ㉠ 丁이 乙과 丙 사이의 매매계약이 있음을 미리 알았다는 사실만으로도 乙과 丁 사이의 매매계약은 무효가 된다.
> ㉡ 특별한 사정이 없는 한 乙은 丙으로부터 받은 계약금의 배액과 중도금을 반환하고 丙과의 매매계약을 해제할 수 있다.
> ㉢ 특별한 사정이 없는 한 丙과 丁 중에서 소유권이전 등기를 먼저 하는 자가 X토지의 소유자가 된다.

① ㉠   ② ㉡   ③ ㉢
④ ㉠, ㉡   ⑤ ㉡, ㉢

해설 ㉠ 제2의 매수인 丁이 乙의 배임행위에 적극가담하지 않고 알았다는 사정만으로는 무효가 되지 않는다.
㉡ 중도금 지급 이후이므로 계약을 해제할 수 없다.

04 부동산 전자계약에 관한 설명으로 옳은 것은?   제30회

① 시·도지사는 부동산 거래의 계약·신고·허가·관리 등의 업무와 관련된 정보체계를 구축·운영하여야 한다.
② 부동산 거래계약의 신고를 하는 경우 전자인증의 방법으로 신분을 증명할 수 없다.
③ 정보처리시스템을 이용하여 주택임대차계약을 체결하였더라도 해당 주택의 임차인은 정보처리시스템을 통하여 전자계약증서에 확정일자 부여를 신청할 수 없다.
④ 개업공인중개사가 부동산 거래계약시스템을 통하여 부동산 거래계약을 체결한 경우 부동산 거래계약이 체결된 때에 부동산 거래계약 신고서를 제출한 것으로 본다.
⑤ 거래계약서 작성시 확인·설명사항이 「전자문서 및 전자거래 기본법」에 따른 공인전자문서센터에 보관된 경우라도 개업공인중개사는 확인·설명사항을 서면으로 작성하여 보존하여야 한다.

해설 ① "시·도지사"가 아닌 "국토교통부장관"이 효율적인 정보의 관리 및 국민편의 증진을 위하여 대통령령으로 정하는 바에 따라 부동산 거래의 계약·신고·허가·관리 등의 업무와 관련된 정보체계를 구축·운영할 수 있다.
② 전자인증의 방법으로 신분을 증명할 수 있다.
③ 임대차계약서를 전자계약서로 작성하여 타임스탬프가 되면 확정일자가 자동 부여된다.
⑤ 확인·설명사항이 공인전자문서센터에 보관된 경우에는 개업공인중개사는 확인·설명서 보존의무가 면제된다.

정답 ▶ 01 ⑤ 02 ⑤ 03 ③ 04 ④

제1절 **계약서의 검인제도**

01 개업공인중개사가 중개한 계약 중 「부동산등기 특별조치법」에 따른 검인을 받아야 하는 것은?   제18회

① 지상권설정계약서   ② 증여계약서
③ 임대차계약서   ④ 전세권설정계약서
⑤ 저당권설정계약서

해설 ② 검인대상은 계약을 원인으로 한 부동산소유권이전계약이다.

02 개업공인중개사 甲이 乙 소유의 X토지를 매수하려는 丙의 의뢰를 받아 매매를 중개하는 경우에 관한 설명으로 옳은 것은?   제24회

① 계약서를 작성한 甲이 자신의 이름으로는 그 계약서의 검인을 신청할 수 없다.
② X토지의 소유권을 이전받은 丙이 매수대금의 지급을 위하여 X토지에 저당권을 설정하는 경우 저당권설정계약서도 검인의 대상이 된다.
③ 丙이 X토지에 대하여 매매를 원인으로 소유권이전청구권 보전을 위한 가등기에 기하여 본등기를 하는 경우 매매계약서는 검인의 대상이 된다.
④ 甲이 부동산거래신고필증을 교부받아도 계약서에 검인을 받지 않는 한 소유권이전등기를 신청할 수 없다.
⑤ 丙으로부터 검인신청을 받은 X토지의 소재지 관할청이 검인할 때에는 계약서 내용의 진정성을 확인해야 한다.

해설 ① 계약서를 작성한 개업공인중개사는 자신의 이름으로 검인을 신청할 수 있다.
② 저당권 설정계약서는 소유권 이전이 수반되지 아니하므로 검인대상이 아니다.
④ 부동산거래신고필증을 교부받으면 검인을 받은 것으로 의제되므로 검인을 받지 않고도 소유권이전등기를 신청할 수 있다.
⑤ 검인관청은 형식적 요건만 확인하면 되고, 계약내용의 진정성을 확인할 필요는 없다.

부동산 실권리자명의 등기에 관한 법률

 대표 문제

유효한 명의신탁에 관한 개업공인중개사의 설명 중 틀린 것은? (다툼이 있으면 판례에 의함)

제18회

① 배우자 명의로 부동산에 관한 물권을 등기한 경우로서 조세포탈, 강제집행의 면탈 또는 법령상 제한의 회피를 목적으로 하지 않는 명의신탁은 유효하다.

② 명의신탁자는 대내적으로 명의수탁자에 대하여 실질적인 소유권을 주장할 수 있다.

③ 명의수탁자의 점유는 권원의 객관적 성질상 타주점유에 해당하므로, 명의수탁자 또는 그 상속인은 소유권을 점유시효취득할 수 없다.

④ 명의수탁자로부터 신탁재산을 매수한 제3자가 명의수탁자의 배임행위에 적극적으로 가담한 경우, 대외적으로 명의수탁자와 제3자 사이의 매매계약은 유효하다.

⑤ 명의신탁자는 명의신탁계약을 해지하고 명의수탁자에게 신탁재산의 반환을 청구할 수 있다.

해설 ④ 제3자가 악의인 경우라도 취득할 수 있으나, 명의수탁자의 배임행위에 적극적으로 가담한 경우에는 취득할 수 없다.

정답 ④

03 개업공인중개사가 중개의뢰인에게 「부동산 실권리자명의 등기에 관한 법률」의 내용에 관하여 설명한 것으로 옳은 것을 모두 고른 것은? (다툼이 있으면 판례에 따름)

제33회

> ㉠ 부동산의 위치와 면적을 특정하여 2인 이상이 구분소유하기로 하는 약정을 하고 그 구분소유자의 공유로 등기한 경우, 그 등기는 「부동산 실권리자명의 등기에 관한 법률」 위반으로 무효이다.
>
> ㉡ 배우자 명의로 부동산에 관한 물권을 등기한 경우 조세 포탈, 강제집행의 면탈 또는 법령상 제한의 회피를 목적으로 하지 아니하는 경우 그 등기는 유효하다.
>
> ㉢ 명의신탁자가 계약당사자가 되는 3자간 등기명의신탁이 무효인 경우 명의신탁자는 매도인을 대위하여 명의수탁자 명의의 등기의 말소를 청구할 수 있다.

① ㉠

② ㉡

③ ㉠, ㉢

④ ㉡, ㉢

⑤ ㉠, ㉡, ㉢

해설 ㉠ 틀린 내용이다. 명의신탁약정에서 제외되므로 그 등기는 유효하다.

정답 01 ② 02 ③ 03 ④

04 공인중개사가 중개행위를 하면서 부동산 실권리자명의 등기에 관한 법령에 대하여 설명한 내용으로 옳은 것은? 제25회

① 위법한 명의신탁약정에 따라 수탁자명의로 등기한 명의신탁자는 5년 이하의 징역 또는 2억원 이하의 벌금에 처한다.

② 무효인 명의신탁약정에 따라 수탁자명의로 등기한 명의신탁자에게 해당 부동산 가액의 100분의 30에 해당하는 확정금액의 과징금을 부과한다.

③ 위법한 명의신탁의 신탁자라도 이미 실명등기를 하였을 경우에는 과징금을 부과하지 않는다.

④ 명의신탁을 이유로 과징금을 부과받은 자에게 과징금 부과일부터 부동산평가액의 100분의 20에 해당하는 금액을 매년 이행강제금으로 부과한다.

⑤ 종교단체의 명의로 그 산하조직이 보유한 부동산에 관한 물권을 등기한 경우, 그 등기는 언제나 무효이다.

> **해설** ② 확정금액이 아니라 100분의 30 범위 내에서 과징금을 부과된다.
> ③ 명의신탁기간에 따라 과징금이 부과된다.
> ④ 과징금 부과일부터 1년이 경과하면 부동산평가액의 100분의 10에 해당하는 금액을 제1차 이행강제금을 부과하고, 다시 1년이 경과하면 부동산평가액의 100분의 20에 해당하는 금액을 제2차 이행강제금으로 부과한다.
> ⑤ 조세포탈 등의 목적이 없다면 특례가 인정되어 유효이다.

05 甲은 乙과 乙 소유 부동산의 매매계약을 체결하면서 세금을 줄이기 위해 甲과 丙 간의 명의신탁약정에 따라 丙 명의로 소유권이전등기를 하기로 하였다. 丙에게 이전등기가 이루어질 경우에 대하여 개업공인중개사가 甲과 乙에게 설명한 내용으로 옳은 것은? (다툼이 있으면 판례에 따름) 제27회

① 계약명의신탁에 해당한다.

② 丙 명의의 등기는 유효하다.

③ 丙 명의로 등기가 이루어지면 소유권은 甲에게 귀속된다.

④ 甲은 매매계약에 기하여 乙에게 소유권이전등기를 청구할 수 있다.

⑤ 丙이 소유권을 취득하고 甲은 丙에게 대금 상당의 부당이득반환청구권을 행사할 수 있다.

> **해설** ① 3자간 등기명의신탁에 해당한다.
> ② 무효이다.
> ③⑤ 소유권은 乙에게 귀속한다.

06 2020. 10. 1. 甲과 乙은 甲 소유의 X토지에 관해 매매계약을 체결하였다. 乙과 丙은 「농지법」상 농지소유제한을 회피할 목적으로 명의신탁약정을 하였다. 그 후 甲은 乙의 요구에 따라 丙 명의로 소유권이전등기를 마쳐주었다. 그 사정을 아는 개업공인중개사가 X토지의 매수의뢰인에게 설명한 내용으로 옳은 것을 모두 고른 것은? (다툼이 있으면 판례에 따름) 제32회

> ㉠ 甲이 丙 명의로 마쳐준 소유권이전등기는 유효하다.
> ㉡ 乙은 丙을 상대로 매매대금 상당의 부당이득반환청구권을 행사할 수 있다.
> ㉢ 乙은 甲을 대위하여 丙 명의의 소유권이전등기의 말소를 청구할 수 있다.

① ㉠   ② ㉡   ③ ㉢
④ ㉠, ㉡   ⑤ ㉡, ㉢

해설 ③ 본 사례는 3자간 명의신탁으로서 ㉢은 옳은 내용이다.
㉠ 丙 명의의 등기는 무효이다.
㉡ 乙은 丙을 상대로 부당이득반환청구권을 행사할 수 없다.

07 甲은 乙과 乙 소유의 X부동산의 매매계약을 체결하고, 친구 丙과의 명의신탁약정에 따라 乙로부터 바로 丙 명의로 소유권이전등기를 하였다. 이와 관련하여 개업공인중개사가 甲과 丙에게 설명한 내용으로 옳은 것을 모두 고른 것은? (다툼이 있으면 판례에 따름) 제30회

> ㉠ 甲과 丙 간의 약정이 조세포탈, 강제집행의 면탈 또는 법령상 제한의 회피를 목적으로 하지 않은 경우 명의신탁약정 및 그 등기는 유효하다.
> ㉡ 丙이 X부동산을 제3자에게 처분한 경우 丙은 甲과의 관계에서 횡령죄가 성립하지 않는다.
> ㉢ 甲과 乙 사이의 매매계약은 유효하므로 甲은 乙을 상대로 소유권이전등기를 청구할 수 있다.
> ㉣ 丙이 소유권을 취득하고 甲은 丙에게 대금 상당의 부당이득반환청구권을 행사할 수 있다.

① ㉠, ㉢   ② ㉠, ㉣   ③ ㉡, ㉢
④ ㉠, ㉡, ㉣   ⑤ ㉡, ㉢, ㉣

해설 ㉠ 甲과 丙 간의 명의신탁약정은 종중, 배우자, 종교단체 등에 적용되는 특례규정의 적용이 없으므로 조세포탈, 강제집행의 면탈 또는 법령상 제한의 회피를 목적으로 하지 않은 경우라도 명의신탁약정 및 그 등기는 무효이다.
㉣ 수탁자 丙은 소유권을 취득할 수 없으며, 甲은 丙에게 대금 상당의 부당이득반환청구권을 행사할 수 없다.

정답 ▶ 04 ①   05 ④   06 ③   07 ③

08 A 주식회사는 공장부지를 확보하기 위하여 그 직원 甲과 명의신탁약정을 맺고, 甲은 개업공인중개사 乙의 중개로 丙 소유 X토지를 매수하여 甲 명의로 등기하였다. 이에 관한 설명으로 틀린 것은? 제31회

① A와 甲 사이의 명의신탁약정은 丙의 선의, 악의를 묻지 아니하고 무효이다.

② 丙이 甲에게 소유권이전등기를 할 때 비로소 A와 甲 사이의 명의신탁약정 사실을 알게 된 경우 X토지의 소유자는 丙이다.

③ A는 甲에게 X토지의 소유권이전등기를 청구할 수 없다.

④ 甲이 X토지를 丁에게 처분하고 소유권이전등기를 한 경우 丁은 유효하게 소유권을 취득한다.

⑤ A와 甲의 명의신탁약정을 丙이 알지 못한 경우, 甲은 X토지의 소유권을 취득한다.

> **해설** ② A와 甲 사이의 명의신탁약정 사실은 법률행위시점을 기준으로 판단하므로 丙이 甲에게 소유권이전등기를 할 때 비로소 A와 甲 사이의 명의신탁약정 사실을 알게 되고 매매계약 체결시 명의신탁약정 사실을 알지 못했다면 X토지의 소유권은 甲에게 있다.

제**3**절 주택임대차보호법

 대표 문제

개업공인중개사가 중개의뢰인에게 주택임대차보호법령에 대해 설명한 내용으로 틀린 것은? (다툼이 있으면 판례에 따름) 제26회

① 차임의 증액청구에 관한 규정은 임대차계약이 종료된 후 재계약을 하는 경우에는 적용되지 않는다.

② 확정일자는 확정일자번호, 확정일자부여일 및 확정일자부여기관을 주택임대차계약증서에 표시하는 방법으로 부여한다.

③ 주택임차인이 그 지위를 강화하고자 별도로 전세권설정등기를 마쳤더라도 「주택임대차보호법」상 대항요건을 상실하면 이미 취득한 「주택임대차보호법」상 대항력 및 우선변제권을 상실한다.

④ 임차인이 다세대주택의 동·호수 표시 없이 그 부지 중 일부 지번으로만 주민등록을 한 경우, 대항력을 취득할 수 없다.

⑤ 「지방공기업법」에 따라 주택사업을 목적으로 설립된 지방공사는 「주택임대차보호법」상 대항력이 인정되는 법인이 아니다.

<u>해설</u> ⑤ 「주택임대차보호법」상 대항력이 인정되는 법인에 해당한다.

<u>정답</u> ⑤

09 개업공인중개사가 중개의뢰인에게 「주택임대차보호법」의 내용에 관하여 설명한 것으로 틀린 것은? (단, 임차인은 자연인임) 제33회

① 「주택임대차보호법」은 주거용 건물의 임대차에 적용되며, 그 임차주택의 일부가 주거 외의 목적으로 사용되는 경우에도 적용된다.

② 임차인의 계약갱신요구권의 행사를 통해 갱신되는 임대차의 존속기간은 2년으로 본다.

③ 임차인은 임차주택에 대한 경매신청의 등기 전에 대항요건을 갖추지 않은 경우에도 보증금 중 일정액에 대해서는 다른 담보물권자보다 우선하여 변제받을 권리가 있다.

④ 임차인이 대항력을 갖춘 경우 임차주택의 양수인은 임대인의 지위를 승계한 것으로 본다.

⑤ 임차권등기명령의 집행에 따른 임차권등기를 마친 임차인은 이후 대항요건을 상실하더라도 이미 취득한 대항력 또는 우선변제권을 상실하지 않는다.

<u>해설</u> ③ 임차인은 임차주택에 대한 "경매신청의 등기 전"에 "대항요건을 갖추어야" 보증금 중 일정액에 대해서는 다른 담보물권자보다 우선하여 변제받을 권리가 있다.

<u>정답</u> 08 ② 09 ③

10 개업공인중개사가 주택임차의뢰인에게 설명한 「주택임대차보호법」상 대항력의 내용으로 옳은 것은? (다툼이 있으면 판례에 의함)   제22회

① 2022년 2월 1일에 주택의 인도와 주민등록을 마친 임차인에게 대항력이 생기는 때는 2022년 2월 2일 오전 0시이다.

② 한 지번에 다가구용 단독주택 1동만 있는 경우 임차인이 전입신고시 그 지번만 기재하고 편의상 부여된 호수를 기재하지 않았다면 대항력을 취득하지 못한다.

③ 임차인이 전입신고를 올바르게 하고 입주했으나 공무원이 착오로 지번을 잘못 기재한 경우 대항력은 인정되지 않는다.

④ 「중소기업기본법」에 따른 중소기업에 해당하는 법인은 「주택임대차보호법」의 보호를 받은 법인에 해당하지 않는다.

⑤ 임차인이 별도로 전세권설정등기를 마쳤다면 세대원 전원이 다른 곳으로 이사를 가더라도 이미 취득한 대항력은 유지된다.

> 해설 ② 한 지번에 다가구용 단독주택 1동만 있는 경우 임차인이 전입신고시 그 지번만 기재하고 편의상 부여된 호수를 기재하지 않아도 대항력 존속된다.
> ③ 공무원이 착오로 지번을 잘못 기재하여도 대항력은 존속한다.
> ④ 「주택임대차보호법」의 보호를 받은 법인에 해당한다.
> ⑤ 세대원 전원이 다른 곳으로 이사를 간 경우 대항력은 존속되지 않는다.

11 개업공인중개사가 주택임대차계약을 중개하면서 설명한 내용으로 틀린 것은?   제23회

① 당사자의 합의로 임대차계약기간을 1년으로 정한 경우에 임차인은 그 기간이 유효함을 주장할 수 있다.

② 주택의 미등기 전세계약에 관하여는 「주택임대차보호법」을 준용한다.

③ 「주택임대차보호법」에 따라 임대차계약이 묵시적으로 갱신된 경우 임차인은 언제든지 임대인에게 계약해지를 통지할 수 있다.

④ 「주택임대차보호법」에 위반된 약정으로서 임차인에게 불리한 것은 그 효력이 없다.

⑤ 임차인이 대항력을 취득하려면 주민등록전입신고 이외에 임대차계약증서에 확정일자도 받아야 한다.

> 해설 ⑤ 대항력 취득요건은 입주와 주민등록뿐으로서, 확정일자는 그 요건이 아니다. 확정일자는 우선변제권의 취득요건이다.

12 주택임대차에 관한 개업공인중개사의 설명으로 옳은 것은? (다툼이 있으면 판례에 의함) 제19회

① 차임 등의 증액청구에 대한 제한규정은 임대차계약이 종료된 후 재계약을 하는 경우에도 적용된다.

② 자연인인 임차인에 한하여 「주택임대차보호법」에 의한 보호를 받는다.

③ 임차권등기명령에 의한 임차권등기가 첫 경매개시결정등기 전에 이루어진 경우, 임차인은 별도의 배당요구를 하지 않아도 당연히 배당받을 채권자에 속한다.

④ 임대인이 계약해제로 인하여 주택의 소유권을 상실하게 되었다면, 임차인이 그 계약이 해제되기 전에 대항력을 갖춘 경우에도 새로운 소유자에게 대항할 수 없다.

⑤ 일시사용을 위한 임대차임이 명백한 경우에도 「주택임대차보호법」이 적용된다.

> 해설 ① 차임 등의 증액청구에 대한 제한규정은 임대차계약이 종료된 후 재계약을 하는 경우에는 적용되지 아니한다.
> ② 임차인이 대한주택공사나 「지방공기업법」에 따라 주택사업을 목적으로 설립된 지방공사인 경우 「주택임대차보호법」에 의한 보호를 받는다.
> ④ 소유권을 취득하였다가 계약해제로 인하여 소유권을 상실하게 된 임대인으로부터 그 계약이 해제되기 전에 주택을 임차하여 주택의 인도와 주민등록을 마침으로서 대항요건을 갖춘 임차인은 자신의 임차권을 새로운 소유자에게 대항할 수 있고, 이 경우 계약해제로 소유권을 회복한 제3자는 임대인의 지위를 승계한다(대판 2003다12717).
> ⑤ 일시사용을 위한 임대차임이 명백한 경우에는 「주택임대차보호법」이 적용되지 아니한다.

13 개업공인중개사가 「주택임대차보호법」의 적용에 관하여 설명한 내용으로 틀린 것을 모두 고른 것은? (다툼이 있으면 판례에 따름) 제34회

> ㉠ 주택의 미등기 전세계약에 관하여는 「주택임대차보호법」을 준용한다.
> ㉡ 주거용 건물에 해당하는지 여부는 임대차목적물의 공부상의 표시만을 기준으로 정하여야 한다.
> ㉢ 임차권등기 없이 우선변제청구권이 인정되는 소액임차인의 소액보증금반환채권은 배당요구가 필요한 배당요구채권에 해당하지 않는다.

① ㉠ ② ㉡ ③ ㉠, ㉢
④ ㉡, ㉢ ⑤ ㉠, ㉡, ㉢

> 해설 ㉡ 주거용 건물인지의 여부는 공부상 표시만을 기준으로 할 것이 아니라, 계약을 체결하는 때를 기준으로 그 실제 용도에 따라 결정하여야 한다(판례).
> ㉢ 우선변제권 있는 임차인이라도 경매절차에서 배당요구의 종기까지 배당요구를 해야 배당을 받을 수 있다.

정답 ▶ 10 ① 11 ⑤ 12 ③ 13 ④

14 개업공인중개사 甲의 중개로 乙과 丙은 丙 소유의 주택에 관하여 임대차계약(이하 '계약'이라 함)을 체결하려 한다. 「주택임대차보호법」의 적용에 관한 甲의 설명으로 틀린 것은? (임차인 乙은 자연인임)   제32회

① 乙과 丙이 임대차기간을 2년 미만으로 정한다면 乙은 그 임대차기간이 유효함을 주장할 수 없다.

② 계약이 묵시적으로 갱신되면 임대차의 존속기간은 2년으로 본다.

③ 계약이 묵시적으로 갱신되면 乙은 丙에게 계약해지를 통지할 수 있고, 丙이 그 통지를 받은 날부터 3개월이 지나면 해지의 효력이 발생한다.

④ 乙이 丙에게 계약갱신요구권을 행사하여 계약이 갱신되면, 갱신되는 임대차의 존속기간은 2년으로 본다.

⑤ 乙이 丙에게 계약갱신요구권을 행사하여 계약이 갱신된 경우 乙은 언제든지 丙에게 계약해지를 통지할 수 있다.

> **해설** ① 주택 임대차기간을 정하지 아니하거나 2년 미만으로 정한 임대차는 그 기간을 2년으로 본다. 다만, 임차인은 2년 미만으로 정한 기간이 유효함을 주장할 수 있다.

15 개업공인중개사가 중개의뢰인에게 「주택임대차보호법」상 계약갱신요구권에 관하여 설명한 것으로 옳은 것은?   제35회

① 임차인은 최초의 임대차기간을 포함한 전체 임대차기간이 10년을 초과하지 아니하는 범위에서 계약갱신요구권을 행사할 수 있다.

② 임차인뿐만 아니라 임대인도 계약갱신요구권을 행사할 수 있다.

③ 임차인이 계약갱신요구권을 행사하여 임대차계약이 갱신된 경우 임차인은 언제든지 임대인에게 계약해지를 통지할 수 있다.

④ 임차인이 계약갱신요구권을 행사하여 임대차계약이 갱신된 경우 임대인은 차임을 증액할 수 없다.

⑤ 임차인이 계약갱신요구권을 행사하려는 경우 계약기간이 끝난 후 즉시 이를 행사하여야 한다.

> **해설** ① 상가건물임대차에 대한 내용이다. 주택임차인은 계약갱신요구권을 1회에 한하여 행사할 수 있다. 이 경우 갱신되는 임대차의 존속기간은 2년으로 본다(동법 제6조의3 제2항).
> ② 임대인은 계약갱신요구권을 행사할 수 없다.
> ④ 차임과 보증금은 20분의 1의 범위에서 증감할 수 있다(동법 제6조의3 제3항).
> ⑤ 임차인이 계약갱신요구권을 행사하려는 경우 임대차기간이 끝나기 6개월 전부터 2개월 전까지의 기간에 행사하여야 한다(동법 제6조의3 제1항).

16 주택임대차계약에 대하여 개업공인중개사가 중개의뢰인에게 설명한 내용으로 틀린 것을 모두 고른 것은? (다툼이 있으면 판례에 의함) 제25회

> ⊙ 임차인이 주택의 인도를 받고 주민등록을 마친 날과 제3자의 저당권설정 등기일이 같은 날이면 임차인은 저당권의 실행으로 그 주택을 취득한 매수인에게 대항하지 못한다.
> ⊙ 임차인이 임차권등기를 통하여 대항력을 가지는 경우, 임차주택의 양수인은 임대인의 지위를 승계한 것으로 본다.
> ⊙ 소액임차인의 최우선변제권은 주택가액(대지가액 포함)의 3분의 1에 해당하는 금액까지만 인정된다.
> ⊙ 주택임대차계약이 묵시적으로 갱신된 경우, 임대인은 언제든지 임차인에게 계약해지를 통지할 수 있다.

① ⊙, ⊙   ② ⊙, ⊙
③ ⊙, ⊙   ④ ⊙, ⊙, ⊙
⑤ ⊙, ⊙, ⊙

> 해설   ⊙ 3분의 1 ⇨ 2분의 1
> ⊙ "임차인"은 언제든지 "임대인"에게 계약해지를 통지할 수 있다.

17 개업공인중개사가 중개의뢰인에게 「주택임대차보호법」을 설명한 내용으로 틀린 것은? 제29회

① 임차인이 임차주택에 대하여 보증금반환청구소송의 확정판결에 따라 경매를 신청하는 경우 반대의무의 이행이나 이행의 제공을 집행개시의 요건으로 하지 아니한다.
② 임차권등기명령의 집행에 따른 임차권등기가 끝난 주택을 그 이후에 임차한 임차인은 보증금 중 일정액을 다른 담보물권자보다 우선하여 변제받을 권리가 없다.
③ 임대차계약을 체결하려는 자는 임차인의 동의를 받아 확정일자부여기관에 해당 주택의 확정일자 부여일 정보의 제공을 요청할 수 있다.
④ 임차인이 상속인 없이 사망한 경우 그 주택에서 가정공동생활을 하던 사실상의 혼인관계에 있는 자가 임차인의 권리와 의무를 승계한다.
⑤ 주택의 등기를 하지 아니한 전세계약에 관하여는 「주택임대차보호법」을 준용한다.

> 해설   ③ 임대차계약을 체결하려는 자, 즉 임차인은 '임대인'의 동의를 받아 정보제공을 요청할 수 있다.

정답 ▶ 14 ①   15 ③   16 ③   17 ③

18 개업공인중개사가 보증금 1억 2천만원으로 주택임대차를 중개하면서 임차인에게 설명한 내용으로 옳은 것은? (다툼이 있으면 판례에 따름) 제27회

① 주택을 인도받고 주민등록을 마친 때에는 확정일자를 받지 않더라도 주택의 경매시 후순위저당권자보다 우선하여 보증금을 변제받는다.

② 주택 소재지가 대구광역시인 경우 보증금 중 2천만원에 대해서는 최우선변제권이 인정된다.

③ 다세대 주택인 경우 전입신고시 지번만 기재하고 동·호수는 기재하지 않더라도 대항력을 인정받는다.

④ 대항력을 갖춘 임차인이라도 저당권설정등기 이후 증액된 임차보증금에 관하여는 저당권에 기해 주택을 경락받은 소유자에게 대항할 수 없다.

⑤ 확정일자를 받은 후 주택의 인도와 전입신고를 하면 그 신고일이 저당권설정등기일과 같아도 임차인이 저당권자에 우선한다.

> **해설** ① 확정일자까지 받아야 우선변제적 효력이 발생한다.
> ② 광역시로서 보증금이 6,000만원을 초과하므로 최우선변제권이 인정되지 않는다.
> ③ 동·호수까지 기재하여 전입신고를 하여야 한다.
> ⑤ 임차인의 우선변제권이 전입신고일 그 다음날 발생하므로 저당권이 임차인에 우선한다.

19 甲은 자기 소유의 X주택을 2년간 乙에게 임대하는 계약을 체결하였다. 개업공인중개사가 이 계약을 중개하면서 「주택임대차보호법」과 관련하여 설명한 내용으로 옳은 것은? 제28회

① 乙은 「공증인법」에 따른 공증인으로부터 확정일자를 받을 수 없다.

② 乙이 X주택의 일부를 주거 외의 목적으로 사용하면 「주택임대차보호법」이 적용되지 않는다.

③ 임대차계약이 묵시적으로 갱신된 경우, 甲은 언제든지 乙에게 계약해지를 통지할 수 있다.

④ 임대차 기간에 관한 분쟁이 발생한 경우, 甲은 주택임대차분쟁조정위원회에 조정을 신청할 수 없다.

⑤ 경제사정의 변동으로 약정한 차임이 과도하게 되어 적절하지 않은 경우, 임대차 기간 중 乙은 그 차임의 20분의 1의 금액을 초과하여 감액을 청구할 수 있다.

> **해설** ⑤ 차임의 증액은 제한규정이 있으나, 감액은 제한규정이 없으므로 차임의 20분의 1의 금액을 초과하여 감액을 청구할 수 있다.
> ① 공증인으로부터도 확정일자를 받을 수 있다.
> ② 주택의 일부가 주거 외의 목적으로 사용되더라도 주된 용도가 주거용이면 동법이 적용된다.
> ③ 임차인은 가능하나, 임대인은 불가하다.
> ④ 임대차 기간에 관한 분쟁은 분쟁조정위원회의 심의·조정사항에 해당하므로 조정을 신청할 수 있다.

20 개업공인중개사 甲의 중개로 丙은 2018. 10. 17. 乙 소유의 용인시 소재 X주택에 대하여 보증금 5,000만원에 2년 기간으로 乙과 임대차계약을 체결하고, 계약 당일 주택의 인도와 주민등록이전, 임대차계약증서상의 확정일자를 받았다. 丙이 임차권등기명령을 신청하는 경우 주택임대차보호법령의 적용에 관한 甲의 설명으로 옳은 것은? 제31회

① 丙은 임차권등기명령 신청서에 신청의 취지와 이유를 적어야 하지만, 임차권등기의 원인이 된 사실을 소명할 필요는 없다.

② 丙이 임차권등기와 관련하여 든 비용은 乙에게 청구할 수 있으나, 임차권등기명령 신청과 관련하여 든 비용은 乙에게 청구할 수 없다.

③ 임차권등기명령의 집행에 따른 임차권등기를 마치면 丙은 대항력을 유지하지만 우선변제권은 유지하지 못한다.

④ 임차권등기명령의 집행에 따른 임차권등기 후에 丙이 주민등록을 서울특별시로 이전한 경우 대항력을 상실한다.

⑤ 임차권등기명령의 집행에 따라 임차권등기가 끝난 X주택을 임차한 임차인 丁은 소액보증금에 관한 최우선변제를 받을 권리가 없다.

> **해설** ① 임차권등기의 원인이 된 사실을 소명하여야 한다(법 제3조의3 제2항).
> ② 임차권등기명령 신청과 관련하여 든 비용도 乙에게 청구할 수 있다(법 제3조의3 제8항).
> ③ 임차권등기명령의 집행에 따른 임차권등기를 마치면 대항력과 우선변제권을 취득한다. 다만, 임차권등기 이전에 이미 대항력 또는 우선변제권을 취득한 경우에는 그 대항력이나 우선변제권 그대로 유지된다(법 제3조의3 제5항).
> ④ 임차권등기 이후 대항요건을 상실하더라도 이미 취득한 대항력·우선변제권을 상실하지 않는다(법 제3조의3 제5항).

21 개업공인중개사가 甲소유 X주택의 乙과의 임대차계약을 중개하면서 양 당사자에게 설명한 내용으로 옳은 것은? (다툼이 있으면 판례에 의함)　　제21회

① 乙이 X주택의 일부를 주거 외의 목적으로 사용하면 「주택임대차보호법」의 적용을 받지 못한다.

② 임차권등기명령에 따라 등기되었더라도 X주택의 점유를 상실하면 乙은 대항력을 잃는다.

③ 乙이 X주택에 대한 대항력을 취득하려면 확정일자를 요한다.

④ 乙이 대항력을 취득한 후 X주택이 丙에게 매도되어 소유권이전등기가 경료된 다음에 乙이 주민등록을 다른 곳으로 옮겼다면, 丙의 임차보증금반환채무는 소멸한다.

⑤ 乙이 경매를 통해 X주택의 소유권을 취득하면 甲과 乙사이의 임대차계약은 원칙적으로 종료한다.

> 해설 ① 주택의 일부가 주거 외의 목적으로 사용되더라도 「주택임대차보호법」의 적용을 받는다.
> ② 임차권등기가 경료된 이후에는 주택의 점유를 상실하더라도 대항력을 잃지 않는다.
> ③ 확정일자는 대항력 취득요건이 아니다.
> ④ 丙의 임차보증금반환채무는 소멸하지 않는다.

22 개업공인중개사가 소유자 甲으로부터 X주택을 임차한 「주택임대차보호법」상 임차인 乙에게 임차권등기명령과 그에 따른 임차권등기에 대하여 설명한 내용으로 옳은 것을 모두 고른 것은? (다툼이 있으면 판례에 따름)　　제35회

> ㉠ 법원의 임차권등기명령이 甲에게 송달되어야 임차권등기명령을 집행할 수 있다.
> ㉡ 乙이 임차권등기를 한 이후에 甲으로부터 X주택을 임차한 임차인은 최우선변제권을 가지지 못한다.
> ㉢ 乙이 임차권등기를 한 이후 대항요건을 상실하더라도, 乙은 이미 취득한 대항력이나 우선변제권을 잃지 않는다.
> ㉣ 乙이 임차권등기를 한 이후에는 이행지체에 빠진 甲의 보증금반환의무가 乙의 임차권등기 말소의무보다 먼저 이행되어야 한다.

① ㉡, ㉢　　　　　　　　　② ㉠, ㉡, ㉣
③ ㉠, ㉢, ㉣　　　　　　　④ ㉡, ㉢, ㉣
⑤ ㉠, ㉡, ㉢, ㉣

> 해설 ㉠ 법원이 임차권등기명령을 결정하면 법원의 임차권등기명령이 임대인(채무자)에게 송달되기 전에도 임차권등기명령을 집행할 수 있다(동법 제3조의3 제3항, 「민사집행법」 제292조 제3항 준용).

23 甲 소유의 X주택에 대하여 임차인 乙이 주택의 인도를 받고 2019. 6. 3. 10:00에 확정일자를 받으면서 주민등록을 마쳤다. 그런데 甲의 채권자 丙이 같은 날 16:00에, 다른 채권자 丁은 다음날 16:00에 X주택에 대해 근저당권설정등기를 마쳤다. 임차인 乙에게 개업공인중개사가 설명한 내용으로 옳은 것은? (다툼이 있으면 판례에 따름)
제30회

① 丁이 근저당권을 실행하여 X주택이 경매로 매각된 경우, 乙은 매수인에 대하여 임차권으로 대항할 수 있다.

② 丙 또는 丁 누구든 근저당권을 실행하여 X주택이 경매로 매각된 경우, 매각으로 인하여 乙의 임차권은 소멸한다.

③ 乙은 X주택의 경매시 경매법원에 배당요구를 하면 丙과 丁보다 우선하여 보증금 전액을 배당받을 수 있다.

④ X주택이 경매로 매각된 후 乙이 우선변제권 행사로 보증금을 반환받기 위해서는 X주택을 먼저 법원에 인도하여야 한다.

⑤ X주택에 대해 乙이 집행권원을 얻어 강제경매를 신청하였더라도 우선변제권을 인정받기 위해서는 배당요구의 종기까지 별도로 배당요구를 하여야 한다.

> **해설** ① 乙의 대항요건 구비시기가 丙보다 시간적으로 앞서지만, 대항력 발생시기가 2019. 6. 4. 오전 0시이므로 X주택의 경매시 乙은 매수인에 대하여 임차권으로 대항할 수 없다.
> ③ 乙은 丁보다 우선하여 보증금 전액을 배당받을 수는 있으나, 丙보다 우선하여 보증금을 배당받을 수는 없다.
> ④ 법원이 아닌 매수인(경락인)에게 인도하여야 한다.
> ⑤ 乙이 집행권원을 얻어 강제경매를 신청한 경우에는 당연배당채권자에 해당하므로 배당요구의 종기까지 별도로 배당요구를 하지 않아도 배당을 받을 수 있다.

제4절 │ 상가건물 임대차보호법

대표 문제

개업공인중개사가 중개의뢰인에게 상가건물 임대차계약에 관하여 설명한 내용으로 틀린 것은?

제29회

① 임차인은 임차권등기명령신청과 관련된 비용을 임대인에게 청구할 수 없다.
② 임대차계약의 당사자가 아닌 이해관계인은 관할 세무서장에게 임대인·임차인의 인적사항이 기재된 서면의 열람을 요청할 수 없다.
③ 임대인의 동의를 받고 전대차계약을 체결한 전차인은 임차인의 계약갱신요구권 행사기간 이내에 임차인을 대위하여 임대인에게 계약갱신요구권을 행사할 수 있다.
④ 임대차는 그 등기가 없는 경우에도 임차인이 건물의 인도와 법령에 따른 사업자등록을 신청하면 그 다음날부터 제3자에 대하여 효력이 생긴다.
⑤ 차임이 경제사정의 침체로 상당하지 않게 된 경우 당사자는 장래의 차임 감액을 청구할 수 있다.

해설 ① 임대인에게 청구할 수 있다(법 제6조 제8항).
② 임대차계약의 당사자와 달리 당사자가 아닌 이해관계인은 관할 세무서장에게 임대인·임차인의 인적사항이 기재된 서면의 열람을 요청할 수 없다(영 제3조의3 제2항).

정답 ①

---

24 개업공인중개사가 중개의뢰인에게 「상가건물 임대차보호법」의 내용에 관하여 설명한 것으로 옳은 것을 모두 고른 것은?

제33회

> ㉠ 대통령령으로 정하는 보증금액을 초과하는 임대차인 경우에도 「상가건물 임대차보호법」상 권리금에 관한 규정이 적용된다.
> ㉡ 임차인이 2기의 차임액에 해당하는 금액에 이르도록 차임을 연체한 사실이 있는 경우, 임대인은 임차인의 계약갱신요구를 거절할 수 있다.
> ㉢ 임대인의 동의를 받고 전대차계약을 체결한 전차인은 임차인의 계약갱신요구권 행사기간 이내에 임차인을 대위하여 임대인에게 계약갱신요구권을 행사할 수 있다.

① ㉠   ② ㉡   ③ ㉠, ㉢
④ ㉡, ㉢   ⑤ ㉠, ㉡, ㉢

해설 ㉡ 2기의 ⇨ 3기의

25 甲과 乙은 2019. 5. 25. 서울특별시 소재 甲 소유 X상가건물에 대하여 보증금 5억원, 월차임 500만원으로 하는 임대차계약을 체결한 후, 乙은 X건물을 인도받고 사업자등록을 신청하였다. 이 사안에서 개업공인중개사가 「상가건물 임대차보호법」의 적용과 관련하여 설명한 내용으로 틀린 것을 모두 고른 것은? (일시사용을 위한 임대차계약은 고려하지 않음) 제28회

> ㉠ 甲과 乙이 계약기간을 정하지 않은 경우 그 기간을 1년으로 본다.
> ㉡ 甲으로부터 X건물을 양수한 丙은 甲의 지위를 승계한 것으로 본다.
> ㉢ 乙의 차임연체액이 2기의 차임액에 달하는 경우 甲은 임대차계약을 해지할 수 있다.
> ㉣ 乙은 사업자등록 신청 후 X건물에 대하여 저당권을 취득한 丁보다 경매절차에서 우선하여 보증금을 변제받을 권리가 있다.

① ㉢

② ㉠, ㉣

③ ㉡, ㉢

④ ㉠, ㉢, ㉣

⑤ ㉡, ㉢, ㉣

해설 ④ 「상가건물 임대차보호법」상 환산합산보증금이 지역별로 일정기준을 초과하는 경우에는 동법이 적용되지 않는다. 따라서 최단기간규정, 우선변제권규정, 임차권등기명령규정, 증액제한규정 등은 적용되지 않는다. 다만, 대항력규정, 임차인의 계약갱신요구권규정, 임차인의 권리금 회수기회 보호규정, 3기의 차임연체시 해지규정, 표준권리금계약서규정 다음의 규정은 예외적으로 적용된다. 설문에서의 상가는 환산합산보증금이 10억원으로서 서울특별시 적용 기준금액 9억원(2019년 4월 2일 이후)을 초과하는 상가에 해당한다.
㉠ 최단기간규정이 적용되지 않으므로 틀린 설명이다.
㉢ 3기의 차임연체시 해지규정은 적용된다. 따라서 차임연체액이 3기의 차임액에 도달해야 임대인이 임대차계약을 해지할 수 있으므로 틀린 설명이다.
㉣ 우선변제권규정이 적용되지 않으므로 틀린 설명이다.

26 개업공인중개사가 상가건물임대차를 중개하면서 의뢰인에게 「상가건물 임대차보호법」 내용을 설명한 것으로 틀린 것은?   제20회

① 임차인의 대항력은 건물의 인도와 「부가가치세법」, 「소득세법」 또는 「법인세법」에 따른 사업자등록을 신청하면 그 다음날부터 생긴다.

② 임대인이 차임증액청구권을 행사할 때 청구 당시 차임의 100분의 9의 금액을 증액청구하는 것은 허용된다.

③ 임대차가 종료한 경우에도 임차인이 보증금을 돌려받을 때까지는 임대차관계는 존속하는 것으로 본다.

④ 임차인이 임대인의 동의 없이 목적건물의 일부를 전대한 경우 임대인은 임차인의 계약갱신의 요구를 거절할 수 있다.

⑤ 이 법은 일시사용을 위한 임대차임이 명백한 경우에는 적용하지 아니한다.

> 해설 ② 임대인이 차임증액청구권을 행사할 때 청구 당시 차임의 100분의 5 범위 내에서 증액청구가 가능하다.

27 개업공인중개사가 상가건물을 임차하려는 중개의뢰인 甲에게 「상가건물 임대차보호법」의 내용에 관하여 설명한 것으로 틀린 것은?   제35회

① 甲이 건물을 인도 받고 「부가가치세법」에 따른 사업자 등록을 신청하면 그 다음날부터 대항력이 생긴다.

② 확정일자는 건물의 소재지 관할 세무서장이 부여한다.

③ 임대차계약을 체결하려는 甲은 임대인의 동의를 받아 관할 세무서장에게 건물의 확정일자부여일 등 관련 정보의 제공을 요청할 수 있다.

④ 甲이 거짓이나 그 밖의 부정한 방법으로 임차한 경우 임대인은 甲의 계약갱신요구를 거절할 수 있다.

⑤ 건물의 경매시 甲은 환가대금에서 우선변제권에 따른 보증금을 지급받은 이후에 건물을 양수인에게 인도하면 된다.

> 해설 ⑤ 임차인은 임차건물을 양수인에게 인도하지 아니하면 경매 또는 「국세징수법」에 따른 공매시 임차건물(임대인 소유의 대지를 포함한다)의 환가대금에서 후순위권리자나 그 밖의 채권자보다 우선하여 보증금을 변제받을 수 없다(동법 제5조 제3항).

28 개업공인중개사가 「상가건물 임대차보호법」의 적용을 받는 상가건물의 임대차를 중개하면서 의뢰인에게 설명한 내용으로 옳은 것은? 제25회

① 상가건물의 임대차를 등기한 때에는 그 다음날부터 제3자에 대하여 효력이 생긴다.

② 임차인은 대항력과 확정일자를 갖춘 경우, 경매에 의해 매각된 임차건물을 양수인에게 인도하지 않더라도 배당에서 보증금을 수령할 수 있다.

③ 임대차 기간을 6개월로 정한 경우, 임차인은 그 유효함을 주장할 수 없다.

④ 임대차가 묵시적으로 갱신된 경우, 그 존속기간은 임대인이 그 사실을 안 때로부터 1년으로 본다.

⑤ 임대인의 동의를 받고 전대차계약을 체결한 전차인은 임차인의 계약갱신요구권 행사기간 이내에 임차인을 대위하여, 임대인에게 계약갱신요구권을 행사할 수 있다.

> 해설 ① 등기가 경료된 때로부터 제3자에 대하여 효력이 생긴다.
> ② 임차인이 보증금을 수령하려면 임차건물을 양수인에게 먼저 인도하여야 한다.
> ③ 임대인과 달리 임차인은 임대차 기간 6개월 이내 유효함을 주장할 수 있다.
> ④ 기간이 만료된 때로부터 1년으로 본다.

29 개업공인중개사 甲이 상가건물 임대차보호법령의 적용을 받는 乙 소유 건물의 임대차계약을 중개하면서 임대인 乙과 임차인 丙에게 설명한 내용으로 틀린 것은 모두 몇 개인가? 제25회

> ㉠ 乙과 丙이 1년 미만으로 임대차 기간을 정한 경우 丙은 그 기간이 유효함을 주장할 수 있다.
> ㉡ 丙이 2기의 차임액에 해당하는 금액에 이르도록 차임을 연체한 경우 丙은 乙에게 계약의 갱신을 요구하지 못한다.
> ㉢ 丙은 임차권등기명령의 신청 및 그에 따른 임차권 등기와 관련하여 지출한 비용을 乙에게 청구할 수 있다.
> ㉣ 임대차계약 종료 전 丙이 계약의 갱신을 요구한 경우 乙은 건물의 대부분을 철거함을 이유로 계약의 갱신을 거절할 수 있다.

① 없음 ② 1개 ③ 2개
④ 3개 ⑤ 4개

> 해설 ㉡ 2기의 차임액에 해당하는 금액에 이르도록 차임을 연체한 경우에도 계약의 갱신을 요구할 수 있다.

정답 ▶ 26 ② 27 ⑤ 28 ⑤ 29 ②

30 개업공인중개사가 「상가건물 임대차보호법」의 적용을 받는 상가건물의 임대차를 중개하면서, 임차인의 계약갱신요구권에 관하여 설명한 내용으로 옳은 것을 모두 고른 것은? 제23회

> ㉠ 임차인의 계약갱신요구권은 최초의 임대차 기간을 포함한 전체 임대차기간이 5년을 초과하지 않는 범위에서만 행사할 수 있다.
> ㉡ 임대인의 동의를 받고 전대차계약을 체결한 전차인은 임차인의 계약갱신요구권 행사기간 이내에 임차인을 대위하여 임대인에게 계약갱신요구권을 행사할 수 있다.
> ㉢ 임차인이 임대인의 동의 없이 목적 건물의 전부 또는 일부를 전대한 경우에는 임대인은 임차인의 계약갱신요구를 거절할 수 있다.
> ㉣ 갱신되는 임대차는 전(前) 임대차와 동일한 조건으로 다시 계약된 것으로 보므로 차임과 보증금은 변경할 수 없다.

① ㉠, ㉡   ② ㉠, ㉢   ③ ㉡, ㉢
④ ㉡, ㉣   ⑤ ㉡, ㉢, ㉣

해설 ㉠ 계약갱신요구권은 최초의 임대차기간을 포함한 전체 임대차기간이 '10년'을 초과하지 않는 범위에서만 행사할 수 있다.
㉣ 차임과 보증금은 증감을 청구할 수 있다.

31 개업공인중개사 甲의 중개로 乙은 丙 소유의 서울특별시 소재 X상가건물에 대하여 보증금 10억원에 1년 기간으로 丙과 임대차계약을 체결하였다. 乙은 X건물을 인도받아 2020. 3. 10. 사업자등록을 신청하였으며 2020. 3. 13. 임대차계약서 상의 확정일자를 받았다. 이 사례에서 상가건물 임대차보호법령의 적용에 관한 甲의 설명으로 틀린 것은? 제31회

① 乙은 2020. 3. 11. 대항력을 취득한다.
② 乙은 2020. 3. 13. 보증금에 대한 우선변제권을 취득한다.
③ 丙은 乙이 임대차기간 만료되기 6개월 전부터 1개월 전까지 사이에 계약갱신을 요구할 경우, 정당한 사유 없이 거절하지 못한다.
④ 乙의 계약갱신요구권은 최초의 임대차 기간을 포함한 전체 임대차 기간이 10년을 초과하지 아니하는 범위에서만 행사할 수 있다.
⑤ 乙의 계약갱신요구권에 의하여 갱신되는 임대차는 전 임대차와 동일한 조건으로 다시 계약된 것으로 본다.

해설 ② 乙에게는 우선변제권이 인정되지 않는다.

32 개업공인중개사가 선순위 저당권이 설정되어 있는 서울시 소재 상가건물(상가건물 임대차보호법이 적용됨)에 대해 임대차 기간 2018. 10. 1.부터 1년, 보증금 5천만원 월차임 100만원으로 임대차를 중개하면서 임대인 甲과 임차인 乙에게 설명한 내용으로 옳은 것은? 제30회

① 乙의 연체차임액이 200만원에 이르는 경우 甲은 계약을 해지할 수 있다.

② 차임 또는 보증금의 감액이 있은 후 1년 이내에는 다시 감액을 하지 못한다.

③ 甲이 2019. 4. 1.부터 2019. 8. 31. 사이에 乙에게 갱신거절 또는 조건 변경의 통지를 하지 않은 경우, 2019. 10. 1. 임대차계약이 해지된 것으로 본다.

④ 상가건물에 대한 경매개시 결정등기 전에 乙이 건물의 인도와 「부가가치세법」에 따른 사업자등록을 신청한 때에는, 보증금 5천만원을 선순위 저당권자보다 우선 변제받을 수 있다.

⑤ 乙이 임대차의 등기 및 사업자등록을 마치지 못한 상태에서 2019. 1. 5. 甲이 상가건물을 丙에게 매도한 경우, 丙의 상가건물 인도청구에 대하여 乙은 대항할 수 없다.

해설 ① 임차인 乙이 3기의 차임액(300만원)에 이르도록 연체한 경우 임대인 甲은 계약을 해지할 수 있다.

② "감액"이 아닌 "증액"에 대해서만 적용되는 내용이다.

③ 2019. 10. 1. 임대차계약이 "해지"가 아닌 "갱신"된 것으로 본다.

④ 임차인 乙의 환산합산보증금이 1억 5천만원으로서 서울지역 최우선변제 보호대상 보증금인 6,500만원을 초과하였으므로 최우선변제를 받을 수 없다.

33 개업공인중개사가 보증금 5천만원, 월차임 1백만원으로 하여 「상가건물 임대차 보호법」이 적용되는 상가건물의 임대차를 중개하면서 임차인에게 설명한 내용으로 옳은 것은? 제27회

① 임차인의 계약갱신요구권은 전체 임대차 기간이 2년을 초과하지 아니하는 범위에서만 행사할 수 있다.

② 임대인의 차임증액청구가 인정되더라도 10만원까지만 인정된다.

③ 임차인의 차임연체액이 2백만원에 이르는 경우 임대인은 계약을 해지할 수 있다.

④ 상가건물이 서울특별시에 있는 경우 그 건물의 경매시 임차인은 2천 5백만원을 다른 담보권자보다 우선하여 변제받을 수 있다.

⑤ 임차인이 임대인의 동의 없이 건물의 전부를 전대한 경우 임대인은 임차인의 계약갱신요구를 거절할 수 있다.

> **해설** ① 2년 ⇨ 10년
> ② 차임증액청구는 5%를 초과할 수 없으므로 5만원까지만 인상할 수 있다.
> ③ 임차인의 차임연체액이 3백만원까지 이르러야 임대인은 계약을 해지할 수 있다.
> ④ 보증금 5천만원, 월차임 1백만원의 상가는 환산합산보증금이 1억 5천만원으로 최우선변제를 받을 수 있는 환산합산보증금(서울특별시 기준 6,500만원)을 초과하였으므로 최우선변제를 받을 수 없다.

34 개업공인중개사가 중개의뢰인에게 「상가건물 임대차보호법」에 대해 설명한 내용으로 틀린 것은? 제26회

① 권리금 계약이란 신규임차인이 되려는 자가 임차인에게 권리금을 지급하기로 하는 계약을 말한다.

② 임차인의 차임연체액이 3기의 차임액에 달하는 때에는 임대인은 계약을 해지할 수 있다.

③ 국토교통부장관은 권리금에 대한 감정평가의 절차와 방법 등에 관한 기준을 고시할 수 있다.

④ 국토교통부장관은 법무부장관과 협의를 거쳐 권리금 계약을 체결하기 위한 표준권리금계약서를 정하여 그 사용을 권장할 수 있다.

⑤ 보증금이 전액 변제되지 아니한 대항력이 있는 임차권은 임차건물에 대하여 「민사집행법」에 따른 경매가 실시된 경우에 그 임차건물이 매각되면 소멸한다.

> **해설** ⑤ 보증금이 전액 변제되지 아니한 대항력 있는 임차권은 경매로 인하여 소멸하지 않는다.

1. 매수신청을 위한 권리분석

대표 문제

매수신청대리인으로 등록한 개업공인중개사가 매수신청대리 위임인에게 「민사집행법」의 내용에 관하여 설명한 것으로 틀린 것은?　　　　제33회

① 후순위 저당권자가 경매신청을 하면 매각부동산 위의 모든 저당권은 매각으로 소멸된다.

② 전세권 및 등기된 임차권은 저당권·압류채권·가압류채권에 대항할 수 없는 경우에는 매각으로 소멸된다.

③ 유치권자는 유치권이 성립된 목적물을 경매로 매수한 자에 대하여 그 피담보채권의 변제를 청구할 수 있다.

④ 최선순위 전세권은 그 전세권자가 배당요구를 하면 매각으로 소멸된다.

⑤ 매수인은 매각대금을 다 낸 때에 매각의 목적인 권리를 취득한다.

> **해설** ③ 유치권자는 유치권이 성립된 목적물을 경매로 매수한 자에 대하여 그 피담보채권의 변제를 청구할 수 없고, 인도를 거절할 수 있을 뿐이다.
>
> **정답** ③

35 　**부동산경매에 있어서 권리분석에 관한 설명으로 틀린 것은?**　　　　제21회

① 담보목적이 아닌 최선순위 소유권이전등기청구권보전의 가등기는 매각으로 소멸하지 않는다.

② 매각부동산 위의 모든 저당권과 담보가등기권리는 매각으로 소멸된다.

③ 임차건물이 매각되더라도 보증금이 전액 변제되지 않는 한 대항력 있는 임차권은 소멸하지 않는다.

④ 최선순위의 전세권으로서 가압류채권에 대항할 수 있는 경우 전세권자가 배당요구를 하더라도 전세권은 매수인이 인수한다.

⑤ 압류의 효력이 발생한 후에 경매목적물의 점유를 취득한 유치권자는 매수인에게 대항할 수 없다.

> **해설** ④ 말소기준권리보다 앞선 전세권자라도 배당요구를 한 경우에는 매각으로 소멸하므로 매수인이 인수하지 않는다.

정답 33 ⑤　34 ⑤　35 ④

36 매수신청대리인으로 등록한 개업공인중개사가 매수신청대리 위임인에게 「민사집행법」에 따른 부동산경매에 관하여 설명한 내용으로 틀린 것은?　　제31회

① 매수인은 매각 대상 부동산에 경매개시결정의 기입등기가 마쳐진 후 유치권을 취득한 자에게 그 유치권으로 담보하는 채권을 변제할 책임이 있다.

② 차순위매수신고는 그 신고액이 최고가매수신고액에서 그 보증액을 뺀 금액을 넘는 때에만 할 수 있다.

③ 매수인은 매각대금을 다 낸 때에 매각의 목적인 권리를 취득한다.

④ 재매각절차에서는 전(前)의 매수인은 매수신청을 할 수 없으며 매수신청의 보증을 돌려줄 것을 요구하지 못한다.

⑤ 후순위 저당권자가 경매신청을 하였더라도 매각부동산 위의 모든 저당권은 매각으로 소멸된다.

> **해설** ① 압류의 효력 발생 이후에 채무자가 부동산에 관한 공사대금채권자에게 그 점유를 이전함으로써 유치권을 취득하게 한 경우 점유자가 유치권을 내세워 경매절차의 매수인에게 대항할 수 없다(대판 2005다22688).

37 매수신청대리인으로 등록한 개업공인중개사가 X부동산에 대한 「민사집행법」상 경매절차에서 매수신청대리의 위임인에게 설명한 내용으로 틀린 것은? (다툼이 있으면 판례에 따름)　　제34회

① 최선순위의 전세권자는 배당요구 없이도 우선변제를 받을 수 있으며, 이때 전세권은 매각으로 소멸한다.

② X부동산에 대한 경매개시결정의 기입등기 전에 유치원을 취득한 자는 경매절차의 매수인에게 자기의 유치권으로 대항할 수 있다.

③ 최선순위의 지상권은 경매절차의 매수인이 인수한다.

④ 후순위 저당권자의 신청에 의한 경매라 하여도 선순위 저당권자의 저당권은 매각으로 소멸한다.

⑤ 집행법원은 배당요구의 종기를 첫 매각기일 이전으로 정한다.

> **해설** ① 최선순위의 전세권자는 배당요구를 해야 소멸하며, 배당요구가 없으면 매수인이 인수하여야 한다.

2. 경매절차

 대표 문제

개업공인중개사가 중개의뢰인에게 「민사집행법」에 따른 부동산 경매에 관하여 설명한 내용으로 틀린 것은? 제28회

① 부동산의 매각은 호가경매(呼價競賣), 기일입찰 또는 기간입찰의 세 가지 방법 중 집행법원이 정한 방법에 따른다.

② 강제경매신청을 기각하거나 각하하는 재판에 대하여는 즉시항고를 할 수 있다.

③ 경매개시결정을 한 부동산에 대하여 다른 강제경매의 신청이 있는 때에는 법원은 뒤의 경매신청을 각하해야 한다.

④ 경매신청이 취하되면 압류의 효력은 소멸된다.

⑤ 매각허가결정에 대하여 항고를 하고자 하는 사람은 보증으로 매각대금의 10분의 1에 해당하는 금전 또는 법원이 인정한 유가증권을 공탁해야 한다.

해설 ③ 강제경매절차 또는 담보권 실행을 위한 경매절차를 개시하는 결정을 한 부동산에 대하여 다른 강제경매의 신청이 있는 때에는 법원은 다시 경매개시결정을 하고, 먼저 경매개시결정을 한 집행절차에 따라 경매한다(「민사집행법」 제87조 제1항). 따라서 이중경매신청이라도 각하하여서는 아니 된다.

정답 ③

---

38 **개업공인중개사가 부동산의 경매에 관하여 설명한 내용으로 틀린 것은?** 제20회

① 부동산에 대한 압류는 채무자에게 경매개시결정이 송달된 때 또는 그 결정이 등기된 때에 효력이 생긴다.

② 부동산의 매각은 호가경매, 기일입찰 또는 기간입찰의 3가지 방법 중 집행법원이 정한 매각방법에 따른다.

③ 배당요구에 따라 매수인이 인수해야 할 부담이 바뀌는 경우 배당요구를 한 채권자는 배당요구의 종기가 지난 뒤에 이를 철회하지 못한다.

④ 기일입찰에서 매수신청의 보증금액은 매수가격의 10분의 1로 한다.

⑤ 매각허가결정에 대하여 항고를 하고자 하는 사람은 보증으로 매각대금의 10분의 1에 해당하는 금전 또는 법원이 인정한 유가증권을 공탁해야 한다.

해설 ④ 기일입찰에서 매수신청의 보증금액은 '최저매각가격'의 10분의 1로 한다.

정답 36 ① 37 ① 38 ④

39 개업공인중개사가 법원의 부동산경매에 관하여 의뢰인에게 설명한 내용으로 틀린 것은? 제25회

① 기일입찰에서 매수신청의 보증금액은 매수신고가격의 10분의 1로 한다.

② 차순위매수신고는 그 신고액이 최고가매수신고액에서 그 보증액을 뺀 금액을 넘는 때에만 할 수 있다.

③ 매수인은 매각대금을 다 낸 때에 매각의 목적인 권리를 취득한다.

④ 가압류채권에 대항할 수 있는 전세권은 그 전세권자가 배당요구를 하면 매각으로 소멸된다.

⑤ 재매각절차에서 전(前)의 매수인은 매수신청을 할 수 없으며, 매수신청의 보증을 돌려줄 것을 요구하지 못한다.

해설 ① 매수신고가격 ⇨ 최저매각가격

40 개업공인중개사가 「민사집행법」에 따른 강제경매에 관하여 중개의뢰인에게 설명한 내용으로 틀린 것은? 제35회

① 법원이 경매절차를 개시하는 결정을 할 때에는 동시에 그 부동산의 압류를 명하여야 한다.

② 압류는 부동산에 대한 채무자의 관리·이용에 영향을 미치지 아니한다.

③ 제3자는 권리를 취득할 때에 경매신청 또는 압류가 있다는 것을 알았을 경우에도 압류에 대항할 수 있다.

④ 경매개시결정이 등기된 뒤에 가압류를 한 채권자는 배당 요구를 할 수 있다.

⑤ 이해관계인은 매각대금이 모두 지급될 때까지 법원에 경매개시결정에 대한 이의신청을 할 수 있다.

해설 ③ 제3자는 권리를 취득할 때에 경매신청 또는 압류가 있다는 것을 알았을 경우에는 압류에 대항할 수 없다(동법 제92조 제1항).

41 개업공인중개사가 부동산경매에 관하여 의뢰인에게 설명한 내용으로 틀린 것은?

제21회

① 경매신청이 취하되면 압류의 효력은 소멸된다.
② 매각결정기일은 매각기일부터 1주 이내로 정해야 한다.
③ 기일입찰에서 매수신청의 보증금액은 최저매각가격의 10분의 1로 한다.
④ 매각허가결정에 대하여 항고하고자 하는 사람은 보증으로 최저매각가격의 10분의 1에 해당하는 금전을 공탁해야 한다.
⑤ 재매각절차에는 종전에 정한 최저매각가격 그 밖의 매각조건을 적용한다.

> 해설 ④ 최저매각가격의 10분의 1 ➪ 매각대금의 10분의 1

42 개업공인중개사가 「민사집행법」에 따른 경매에 대해 의뢰인에게 설명한 내용으로 옳은 것은?

제26회

① 기일입찰에서 매수신청인은 보증으로 매수가격의 10분의 1에 해당하는 금액을 집행관에게 제공해야 한다.
② 매각허가결정이 확정되면 법원은 대금지급기일을 정하여 매수인에게 통지해야 하고 매수인은 그 대금지급기일에 매각대금을 지급해야 한다.
③ 「민법」, 「상법」, 그 밖의 법률에 의하여 우선변제청구권이 있는 채권자는 매각결정기일까지 배당요구를 할 수 있다.
④ 매수인은 매각부동산 위의 유치권자에게 그 유치권으로 담보하는 채권을 변제할 책임이 없다.
⑤ 매각부동산 위의 전세권은 저당권에 대항할 수 있는 경우라도 전세권자가 배당요구를 하면 매각으로 소멸된다.

> 해설 ① 매수가격 ➪ 최저매각가격
> ② 현행법상 매각대금의 납부는 기한제이므로 기한 내에 언제라도 납부할 수 있다.
> ③ 배당요구의 종기까지 배당요구를 하여야 한다.
> ④ 유치권으로 담보하는 채권을 변제할 책임이 있다.

정답 ▶ 39 ① 40 ③ 41 ④ 42 ⑤

43 개업공인중개사가 중개의뢰인에게 「민사집행법」에 따른 부동산경매에 관하여 설명한 내용으로 옳은 것을 모두 고른 것은? 제29회

> ㉠ 차순위매수신고는 그 신고액이 최고가매수신고액에서 그 보증액을 뺀 금액을 넘지 않는 때에만 할 수 있다.
> ㉡ 매각허가결정이 확정되어 대금지급기한의 통지를 받으면 매수인은 그 기한까지 매각대금을 지급해야 한다.
> ㉢ 매수인은 매각대금을 다 낸 후 소유권이전등기를 촉탁한 때 매각의 목적인 권리를 취득한다.
> ㉣ 매각부동산의 후순위저당권자가 경매신청을 하여 매각되어도 선순위저당권은 매각으로 소멸되지 않는다.

① ㉠
② ㉡
③ ㉠, ㉢
④ ㉡, ㉣
⑤ ㉢, ㉣

해설 ㉠ 차순위매수신고는 그 신고액이 최고가매수신고액에서 그 보증액을 뺀 금액을 넘는 때에만 할 수 있다.
㉢ 매수인은 매각대금을 다 낸 때에 매각의 목적인 권리를 취득한다.
㉣ 저당권은 순위를 불문하고 매각으로 소멸한다.

44 개업공인중개사가 부동산 경매에 관하여 의뢰인에게 설명한 내용으로 옳은 것은? 제23회

① 기일입찰에서 매수신청의 보증금액은 매수신고가격의 10분의 1로 한다.
② 차순위매수신고는 그 신고액이 최고가매수신고액에서 그 보증액을 뺀 금액을 넘는 때에만 할 수 있다.
③ 매수인은 매각대금이 지급되어 법원사무관 등이 소유권이전등기를 촉탁한 때에 매각의 목적인 권리를 취득한다.
④ 매각허가결정이 확정되면 매수인은 법원이 정한 대금지급기일에 매각대금을 지급해야 한다.
⑤ 재매각절차에서 전(前)의 매수인은 매수신청을 할 수 있다.

해설 ① 매수신청보증금액은 '최저매각가격'의 10분의 1로 한다.
③ 매수인은 매각대금을 완납한 때에 매각의 목적인 권리를 취득한다.
④ 매각대금은 법원이 정한 '대금지급기한'까지 납부하면 된다.
⑤ 재매각절차에서 전(前)의 매수인은 매수신청을 할 수 없다.

45 법원은 X부동산에 대하여 담보권 실행을 위한 경매절차를 개시하는 결정을 내렸고, 최저 매각가격을 1억원으로 정하였다. 기일입찰로 진행되는 이 경매에서 매수신청을 하고자 하는 중개의뢰인 甲에게 개업공인중개사가 설명한 내용으로 옳은 것은? 　제30회

① 甲이 1억 2천만원에 매수신청을 하려는 경우, 법원에서 달리 정함이 없으면 1천 2백만원을 보증금액으로 제공하여야 한다.

② 최고가매수신고를 한 사람이 2명인 때에는 법원은 그 2명뿐만 아니라 모든 사람에게 다시 입찰하게 하여야 한다.

③ 甲이 다른 사람과 동일한 금액으로 최고가매수신고를 하여 다시 입찰하는 경우, 전의 입찰가격에 못 미치는 가격으로 입찰하여 매수할 수 있다.

④ 1억 5천만원의 최고가매수신고인이 있는 경우, 법원에서 보증금액을 달리 정하지 않았다면 甲이 차순위매수신고를 하기 위해서는 신고액이 1억 4천만원을 넘어야 한다.

⑤ 甲이 차순위매수신고인인 경우 매각기일이 종결되면 즉시 매수신청의 보증을 돌려줄 것을 신청할 수 있다.

해설 ① 최저매각가격이 1억원이므로 보증금으로 1천만을 제공하면 된다.
② 최고가매수신고인이 2인 이상일 경우에는 그들만을 상대로 추가입찰 실시한다.
③ 최고가 매수신고인의 추가입찰의 경우 입찰자는 전의 입찰가격에 못 미치는 가격으로는 입찰할 수 없다
⑤ 차순위매수신고인은 "매각기일 종결"이 아닌 "매수인이 대금을 납부"함으로써 매수의 책임을 면하고 즉시 보증금을 반환받을 수 있다.

46 다음 (　)에 들어갈 금액으로 옳은 것은? 　제27회

> 법원에 매수신청대리인으로 등록된 개업공인중개사 甲은 乙로부터 매수신청대리의 위임을 받았다.
> 甲은 법원에서 정한 최저매각가격 2억원의 부동산입찰(보증금액은 최저매각가격의 10분의 1)에 참여하였다. 최고가매수신고인의 신고액이 2억 5천만원인 경우, 甲이 乙의 차순위매수신고를 대리하려면 그 신고액이 (　)원을 넘어야 한다.

① 2천만 　　　　　　　　　② 2억
③ 2억 2천만 　　　　　　　④ 2억 2천 5백만
⑤ 2억 3천만

해설 ⑤ 차순위매수신고는 최고가매수신고액에서 보증금을 공제한 금액보다 높게 매수신고해야 가능하다. 따라서 2억 5천만원에서 입찰보증금 2천만원을 공제한 2억 3천만원을 넘어야 한다.

정답 ▶ 43 ② 　 44 ② 　 45 ④ 　 46 ⑤

제6절 매수신청대리인 등록제도

대표 문제

공인중개사의 매수신청대리인 등록 등에 관한 규칙에 따라 매수신청대리인으로 등록한 甲에 관한 설명으로 틀린 것은?　　　　　　　　　　　　　　제29회

① 甲은 공인중개사인 개업공인중개사이거나 법인인 개업공인중개사이다.
② 매수신청대리의 위임을 받은 甲은 「민사집행법」에 따른 공유자의 우선매수신고를 할 수 있다.
③ 폐업신고를 하여 매수신청대리인 등록이 취소된 후 3년이 지나지 않은 甲은 매수신청대리인 등록을 할 수 없다.
④ 甲은 공인중개사자격이 취소된 경우 지방법원장은 매수신청대리인 등록을 취소해야 한다.
⑤ 甲은 매수신청대리권의 범위에 해당하는 대리행위를 할 때 매각장소 또는 집행법원에 직접 출석해야 한다.

해설 ③ 폐업신고에 의하여 매수신청대리인 등록이 취소된 경우에는 결격사유에 해당하지 않으므로 즉시 매수신청대리인 등록을 할 수 있다.

정답 ③

---

47 매수신청대리인으로 등록된 개업공인중개사가 매수신청대리의 위임을 받아 할 수 없는 행위는?　　　　　　　　　　　　　　제24회

① 입찰표의 작성 및 제출
② 매각기일 변경신청
③ 「민사집행법」에 따른 차순위매수신고
④ 「민사집행법」에 따른 매수신청 보증의 제공
⑤ 「민사집행법」에 따른 공유자의 우선매수신고

해설 ② 매각기일 변경신청은 개업공인중개사의 대리권을 벗어난다.

48 공인중개사의 매수신청대리인 등록 등에 관한 규칙에 관한 설명으로 틀린 것은?

제20회

① 법원에 매수신청대리인으로 등록된 개업공인중개사가 매수신청대리의 위임을 받은 경우 「민사집행법」에 따른 공유자의 우선매수신고를 할 수 있다.

② 이 규칙상의 업무정지기간은 1개월 이상 2년 이하로 한다.

③ 소속공인중개사도 매수신청대리인 등록을 신청할 수 있다.

④ 매수신청대리인이 되고자 하는 개업공인중개사는 위임인에 대한 손해배상책임을 보장하기 위해 보증보험 또는 협회의 공제에 가입하거나 공탁을 해야 한다.

⑤ 매수신청대리인으로 등록된 개업공인중개사가 보수를 받은 경우 예규에서 정한 양식을 영수증을 작성하여 서명 및 날인한 후 위임인에게 교부해야 한다.

> 해설 ③ 개업공인중개사가 아닌 소속공인중개사는 매수신청대리인 등록이 불가하다.

49 「공인중개사의 매수신청대리인 등록 등에 관한 규칙」에 따른 개업공인중개사의 매수신청대리에 관한 설명으로 옳은 것은? (다툼이 있으면 판례에 따름) 제34회

① 미등기건물은 매수신청대리의 대상물이 될 수 없다.

② 공유자의 우선매수신고에 따라 차순위매수신고인으로 보게 되는 경우 그 차순위매수신고인의 지위를 포기하는 행위는 매수신청대리권의 범위에 속하지 않는다.

③ 소속공인중개사도 매수신청대리인으로 등록할 수 있다.

④ 매수신청대리인이 되려면 관할 지방자치단체의 장에게 매수신청대리인 등록을 하여야 한다.

⑤ 개업공인중개사는 매수신청대리행위를 함에 있어서 매각장소 또는 집행법원에 직접 출석하여야 한다.

> 해설 ① 미등기건물은 매수신청대리의 대상물이 될 수 있다.
> ② 공유자의 우선매수신고에 따라 차순위매수신고인으로 보게 되는 경우 그 차순위매수신고인의 지위를 포기하는 행위는 매수신청대리권의 범위에 속한다.
> ③ 소속공인중개사는 매수신청대리인으로 등록할 수 없다.
> ④ 매수신청대리인이 되려면 중개사무소 소재지 관할 지방법원장에게 매수신청대리인 등록을 하여야 한다.

정답 ▶ 47 ② 48 ③ 49 ⑤

50 개업공인중개사 甲은 「공인중개사의 매수신청대리인 등록 등에 관한 규칙」에 따라 매수신청대리인으로 등록하였다. 이에 관한 설명으로 옳은 것을 모두 고른 것은?

제33회

> ㉠ 甲은 「공장 및 광업재단 저당법」에 따른 광업재단에 대한 매수신청대리를 할 수 있다.
> ㉡ 甲의 중개사무소 개설등록이 취소된 경우 시·도지사는 매수신청대리인 등록을 취소해야 한다.
> ㉢ 중개사무소 폐업신고로 甲의 매수신청대리인 등록이 취소된 경우 3년이 지나지 아니하면 甲은 다시 매수신청대리인 등록을 할 수 없다.

① ㉠   ② ㉡   ③ ㉠, ㉢
④ ㉡, ㉢   ⑤ ㉠, ㉡, ㉢

해설 ㉡ 시·도지사 ⇨ 지방법원장
㉢ 중개사무소 폐업신고로 甲의 매수신청대리인 등록이 취소된 경우에는 3년의 결격기간이 적용되지 않는다.

51 「공인중개사의 매수신청대리인 등록 등에 관한 규칙」의 내용으로 틀린 것은?

제26회

① 개업공인중개사의 중개업 폐업신고에 따라 매수신청대리인 등록이 취소된 경우는 그 등록이 취소된 후 3년이 지나지 않더라도 등록의 결격사유에 해당하지 않는다.
② 개업공인중개사는 매수신청대리인이 된 사건에 있어서 매수신청인으로서 매수신청을 하는 행위를 해서는 아니 된다.
③ 개업공인중개사는 매수신청대리에 관하여 위임인으로부터 보수를 받은 경우, 그 영수증에는 중개행위에 사용하기 위해 등록한 인장을 사용해야 한다.
④ 소속공인중개사는 매수신청대리인 등록을 할 수 있다.
⑤ 매수신청대리인 등록을 한 개업공인중개사는 법원행정처장이 인정하는 특별한 경우 그 사무소의 간판에 "법원"의 휘장 등을 표시할 수 있다.

해설 ④ 소속공인중개사는 매수신청대리인 등록을 할 수 없다.
⑤ 원칙적으로 허용되지 않으나, 법원행정처장이 인정하는 특별한 경우에는 표시할 수 있다.

52 「공인중개사의 매수신청대리인 등록 등에 관한 규칙」의 내용으로 틀린 것은?

① 공인중개사는 중개사무소 개설등록을 하지 않으면 매수신청대리인 등록을 할 수 없다.

② 개업공인중개사가 매수신청대리를 위임받은 경우 당해 매수신청대리 대상물의 경제적 가치에 대하여는 위임인에게 설명하지 않아도 된다.

③ 개업공인중개사는 매수신청대리에 관한 보수표와 보수에 대하여 위임인에게 위임계약 전에 설명해야 한다.

④ 개업공인중개사는 매수신청대리행위를 함에 있어서 매각장소 또는 집행법원에 직접 출석해야 한다.

⑤ 개업공인중개사가 매수신청대리 업무정지처분을 받은 때에는 업무정지사실을 당해 중개사무소의 출입문에 표시해야 한다.

> **해설** ② 매수신청대리 대상물의 경제적 가치도 설명사항에 해당한다.

53 개업공인중개사 甲은 「공인중개사의 매수신청대리인 등록 등에 관한 규칙」에 따라 매수신청대리인으로 등록한 후 乙과 매수신청대리에 관한 위임계약을 체결하였다. 이에 관한 설명으로 옳은 것은?

① 甲이 법인이고 분사무소를 1개 둔 경우 매수신청대리에 따른 손해배상책임을 보장하기 위하여 설정해야 하는 보증의 금액은 6억원 이상이다.

② 甲은 매수신청대리 사건카드에 乙에게서 위임받은 사건에 관한 사항을 기재하고 서명날인 한 후 이를 3년간 보존해야 한다.

③ 甲은 매수신청대리 대상물에 대한 확인·설명사항을 서면으로 작성하여 사건카드에 철하여 3년간 보존해야 하며 乙에게 교부할 필요는 없다.

④ 등기사항증명서는 甲이 乙에게 제시할 수 있는 매수신청대리 대상물에 대한 설명의 근거자료에 해당하지 않는다.

⑤ 甲이 중개사무소를 이전한 경우 14일 이내에 乙에게 통지하고 지방법원장에게 그 사실을 신고해야 한다.

> **해설** ② 5년간 보존해야 한다.
> ③ 5년간 보존해야 하며 乙에게 교부하여야 한다.
> ④ 등기사항증명서는 甲이 乙에게 제시할 수 있는 매수신청대리 대상물에 대한 설명의 근거자료에 해당한다.
> ⑤ 甲이 중개사무소를 이전한 경우 10일 이내에 지방법원장에게 그 사실을 신고해야 한다. 乙에게 통지할 의무는 없다.

> **정답** 50 ① 51 ④ 52 ② 53 ①

54 공인중개사법령과 「공인중개사의 매수신청대리인 등록 등에 관한 규칙」에 관한 설명으로 틀린 것은? 제21회

① 매수신청대리인으로 등록된 개업공인중개사가 매수신청대리의 위임을 받은 경우 「민사집행법」의 규정에 따른 매수신청 보증의 제공을 할 수 있다.

② 매수신청대리인으로 등록한 개업공인중개사는 업무를 개시하기 전에 위임인에 대한 손해배상책임을 보장하기 위하여 보증보험 또는 협회의 공제에 가입하거나 공탁을 하여야 한다.

③ 개업공인중개사가 매수신청대리를 위임받은 경우 대상물의 경제적 가치에 대하여 위임인에게 성실·정확하게 설명해야 한다.

④ 개업공인중개사가 매수신청대리 위임계약을 체결한 경우 그 대상물의 확인·설명서 사본을 5년간 보존해야 한다.

⑤ 중개업과 매수신청대리의 경우 공인중개사인 개업공인중개사가 손해배상책임을 보장하기 위한 보증을 설정해야 하는 금액은 같다.

> **해설** ② 매수신청대리인 등록관련 보증설정은 등록신청 전에 하여야 한다.

55 「공인중개사의 매수신청대리인 등록 등에 대한 규칙」에 관한 설명으로 틀린 것은? 제23회

① 매수신청대리인이 되고자 하는 공인중개사인 개업공인중개사는 중개사무소가 있는 곳을 관할하는 지방법원장에게 매수신청대리인 등록을 해야 한다.

② 매수신청대리인으로 등록된 개업공인중개사가 매수신청대리의 위임을 받은 경우, 「민사집행법」의 규정에 따른 차순위매수신고를 할 수 있다.

③ 매수신청대리인이 된 개업공인중개사가 손해배상책임을 보장하기 위하여 공탁한 공탁금은 그가 폐업, 사망 또는 해산한 날부터 3년 이내에는 회수할 수 없다.

④ 공인중개사법령상 중개사무소 개설등록에 필요한 실무교육을 이수하고 1년이 경과되지 않은 자는 매수신청대리인으로 등록하기 위하여 부동산 경매에 관한 실무교육을 별도로 받지 않아도 된다.

⑤ 개업공인중개사가 매수신청대리를 위임받은 경우 매수신청대리 대상물의 경제적 가치도 위임인에게 확인·설명해야 한다.

> **해설** ④ 중개업 실무교육을 이수한 자라도 매수신청대리인으로 등록하기 위해서는 경매에 관한 실무교육을 별도로 이수하여야 한다.

56 「공인중개사의 매수신청대리인 등록 등에 관한 규칙」의 내용으로 옳은 것은?

제27회

① 중개사무소의 개설등록을 하지 않은 공인중개사라도 매수신청대리인으로 등록할 수 있다.

② 매수신청대리인으로 등록된 개업공인중개사는 매수신청대리행위를 함에 있어 매각장소 또는 집행법원에 중개보조원을 대리출석하게 할 수 있다.

③ 매수신청대리인이 되고자 하는 법인인 개업공인중개사는 주된 중개사무소가 있는 곳을 관할하는 지방법원장에게 매수신청대리인 등록을 해야 한다.

④ 매수신청대리인으로 등록된 개업공인중개사는 매수신청대리의 위임을 받은 경우 법원의 부당한 매각허가결정에 대하여 항고할 수 있다.

⑤ 매수신청대리인으로 등록된 개업공인중개사는 본인의 인감증명서가 첨부된 위임장과 매수신청대리인등록증 사본을 한번 제출하면 그 다음날부터는 대리행위마다 대리권을 증명할 필요가 없다.

> **해설** ① 중개사무소의 개설등록을 해야 매수신청대리인으로 등록할 수 있다.
> ② 개업공인중개사 본인이 직접 출석하여야 하므로 중개보조원을 대리출석하게 할 수 없다.
> ④ 즉시항고는 매수신청대리권에 포함되지 않는다.
> ⑤ 대리권 증명서면은 대리행위마다 제출하여야 한다.

57 매수신청대리인으로 등록한 개업공인중개사 甲이 매수신청대리 위임인 乙에게 「공인중개사의 매수신청대리인 등록 등에 관한 규칙」에 관하여 설명한 내용으로 틀린 것은? (단, 위임에 관하여 특별한 정함이 없음)

제32회

① 甲의 매수신고액이 차순위이고 최고가매수신고액에서 그 보증액을 뺀 금액을 넘는 때에만 甲은 차순위매수신고를 할 수 있다.

② 甲은 乙을 대리하여 입찰표를 작성·제출할 수 있다.

③ 甲의 입찰로 乙이 최고가매수신고인이나 차순위매수신고인이 되지 않은 경우, 甲은 「민사집행법」에 따라 매수신청의 보증을 돌려줄 것을 신청할 수 있다.

④ 乙의 甲에 대한 보수의 지급시기는 당사자 간 약정이 없으면 매각허가결정일로 한다.

⑤ 甲은 기일입찰의 방법에 의한 매각기일에 매수신청대리행위를 할 때 집행법원이 정한 매각장소 또는 집행법원에 직접 출석해야 한다.

> **해설** ④ 당사자 간 약정이 없으면 매각대금 지급기한일로 한다.

정답 54 ② 55 ④ 56 ③ 57 ④

58 甲은 매수신청대리인으로 등록한 개업공인중개사 乙에게 「민사집행법」에 의한 경매대상 부동산에 대한 매수신청대리의 위임을 하였다. 이에 관한 설명으로 틀린 것은? 제28회

① 보수의 지급시기에 관하여 甲과 乙의 약정이 없을 때에는 매각대금의 지급기한일로 한다.

② 乙은 「민사집행법」에 따른 차순위매수신고를 할 수 있다.

③ 乙은 매수신청대리인 등록증을 자신의 중개사무소 안의 보기 쉬운 곳에 게시해야 한다.

④ 乙이 중개업을 휴업한 경우 관할 지방법원장은 乙의 매수신청대리인 등록을 취소해야 한다.

⑤ 乙은 매수신청대리 사건카드에 중개행위에 사용하기 위해 등록한 인장을 사용하여 서명·날인해야 한다.

해설 ④ 중개업의 휴업은 매수신청대리업의 '등록취소사유'가 아닌 '필요적 업무정지사유'에 해당한다.

59 공인중개사의 매수신청대리인 등록 등에 관한 규칙에 따라 甲은 매수신청대리인으로 등록하였다. 이에 관한 설명으로 틀린 것은? 제31회

① 甲이 매수신청대리의 위임을 받은 경우 「민사집행법」의 규정에 따라 차순위매수신고를 할 수 있다.

② 甲은 매수신청대리권의 범위에 해당하는 대리행위를 할 때 매각장소 또는 집행법원에 직접 출석해야 한다.

③ 매수신청대리 보수의 지급시기는 甲과 매수신청인의 약정이 없을 때에는 매각대금의 지급기한일로 한다.

④ 甲이 중개사무소를 이전한 경우 그 날부터 10일 이내에 관할 지방법원장에게 그 사실을 신고하여야 한다.

⑤ 甲이 매수신청대리 업무의 정지처분을 받을 수 있는 기간은 1개월 이상 6개월 이하이다.

해설 ⑤ 1개월 이상 6개월 이하 ⇨ 1개월 이상 2년 이하

정답 58 ④ 59 ⑤

MEMO

윤영기

주요 약력

- 서울시립대학교 법과대학 졸업
- 새롬행정고시학원 전임교수 역임
- 프라임에듀 전임교수 역임
- 방송통신대학 출강교수 역임
- 박문각 종로학원 전임교수
- 박문각 부천행정고시학원 전임교수

주요 저서

- 공인중개사법령 및 중개실무 기본서(새롬)
- 공인중개사법령 및 중개실무 기본서(프라임에듀)

제36회 공인중개사 시험대비 **전면개정판**

2025 박문각 공인중개사
윤영기 기출문제 2차 공인중개사법·중개실무

초판인쇄 | 2025. 1. 5. **초판발행** | 2025. 1. 10. **편저** | 윤영기 편저
발행인 | 박 용 **발행처** | (주)박문각출판 **등록** | 2015년 4월 29일 제2019-000137호
주소 | 06654 서울시 서초구 효령로 283 서경빌딩 4층 **팩스** | (02)584-2927
전화 | 교재 주문 (02)6466-7202, 동영상문의 (02)6466-7201

저자와의
협의하에
인지생략

정가 25,000원
ISBN 979-11-7262-506-1